GÜTERSLOHER
VERLAGSHAUS

G

Gütersloher Verlagshaus. Dem Leben vertrauen

Jörg Zink

Gotteswahrnehmung

Wege religiöser Erfahrung

Gütersloher Verlagshaus

Bibliografische Information der Deutschen Nationalbibliothek
Die Deutsche Nationalbibliothek verzeichnet diese Publikation
in der Deutschen Nationalbibliografie; detaillierte bibliografische Daten
sind im Internet über http://dnb.d-nb.de abrufbar.

Verlagsgruppe Random House FSC-DEU-0100
Das für dieses Buch FSC-zertifizierte Papier *Munken Premium*
liefert Arctic Paper Munkedals AB, Schweden.

1. Auflage
Copyright © 2009 by Gütersloher Verlagshaus, Gütersloh,
in der Verlagsgruppe Random House GmbH, München

Umschlagmotiv: © Quint Buchholz
Satz: Satz!zeichen, Landesbergen
Druck und Einband: GGP Media GmbH, Pößneck
Printed in Germany
ISBN 978-3-579-06479-6

www.gtvh.de

Inhalt

VIERTER TEIL
Wie Gott in unsere Nähe kommt und wir ihn als gegenwärtig erfahren

Vorwort

Gegen das späte Ende seines Leben scheint mancher ein Bedürfnis zu verspüren, nun aufs Ganze zu gehen. Das Vielerlei hinter sich zu lassen und das Eine, das noch wichtig ist, beim Namen zu nennen. Und zwar so, wie es ihm unausweichlich in den Weg tritt.

Für mich fasst sich dieses Unausweichliche in diesem Punkt zusammen: Gott schauen mit den offenen Augen der Seele. Was wäre ein Leben, wenn in ihm von Gott, dem einzig entscheidenden Geheimnis und Zielpunkt, nichts wahrzunehmen wäre!

Ich bin kurz nach dem Ersten Weltkrieg zur Welt gekommen. In mehr als fünfundachtzig Jahren habe ich ihr im Großen und im Kleinen, im Herrlichen und Schrecklichen zugesehen. Und nun will ich sagen, was sich mir gezeigt hat. Was die Erfahrungen waren, die mich als Kind bedrängt haben oder beglückt, die mich als jungen Mann herausgefordert haben, die mich in einem langen Leben mit den Schicksalen anderer Menschen verbunden oder in einsamen Stunden besucht und gewiesen haben. Immer wieder haben sie mich oder andere vor jene Grenze geführt oder geworfen, an der das Unbekannte beginnt und an der wir plötzlich wissen, dass das Unbekannte das Wichtige ist. Dass in weitem Umkreis des Ungeheuren, des Unbekannten jene Wahrheit beginnt, die uns über den Wert oder Unwert unseres Daseins auf dieser Erde das Entscheidende zu sagen hat.

Es war ein Leben in dem kleinen Maßstab, der uns Menschen zugewiesen ist. Aber es war kaum ein Schritt, der nicht über die Grenze des Menschlichen hinaus verwies in irgendeinen großen Zusammenhang. Es war ein Stück der Menschengeschichte auf dieser Erde. Schuld und Verbrechen, Gewalttat und Unrecht waren so konkret zu erfahren wie die glücklichen Augenblicke von Frieden, Gelingen und Gemeinsinn. Und immer wieder war Widerstand gefordert, Aufbruch oder Protest, wo der große Zusammenhang mit dem Unbekannten geleugnet oder vergessen war. Immer wieder führte es an jenen Rand, an dem etwas wie eine große Stimme hereinsprach, die uns von den Anfängen und den Zielbildern der Menschengeschichte und von der Nähe der Gottesgeschichte in dieser Welt redet. Und immer wird mir, was so vom Rand unseres Menschenwissens zu uns hereinspricht, der Schlüssel sein, mit dem die vielen Türen ins Unbekannte zu öffnen sind. Um die offenen Augen der Seele soll es gehen und um die große Bilderwelt der religiösen Erfahrung.

Was ich hier sagen will, geht nicht auf wissenschaftliche Forschung zurück. Es sind nur meine Erfahrungen und viele Erfahrungen anderer. Und es ist das, was mir als einem Zeitgenossen des nunmehr vergangenen Jahrhunderts im Großen und im Einfachen und Bescheidenen begegnet ist. Ich möchte sozusagen beim Großen der Ereignisse und Aufträge beginnen, die diese Zeit uns vor Augen führt, und mich von dort aus den inneren Erfahrungen zuwenden, die zu machen uns kleinen Einzelmenschen möglich ist.

Erster Teil

Die Zukunft hat etwas mit uns vor

I

Was im 20. Jahrhundert für die Kirche
am dringendsten war
und was es im 21. sein wird

1 Die Christen begegneten im 20. Jahrhundert drei neuen Aufträgen, die alle ein radikales Umdenken erforderten: Es ging um gewaltlose Wege zum Frieden, um globale Gerechtigkeit und um den Schutz der Biosphäre vor der menschlichen Zivilisation

Es hat sich etwas getan in den vergangenen Jahren. Und es ist zu unserer Orientierung wichtig, zunächst einen Blick zurück zu tun, ehe wir von der Zukunft reden. Vor unseren erstaunten Augen hat sich in unserer evangelischen Kirche ein vorsichtiger Wandel angebahnt. Was durch lange Jahrhunderte feste Lehre gewesen war, begannen viele plötzlich anders zu sehen und zu werten. Das 20. Jahrhundert war eine Zeit der Neuorientierung.

Nach dem Zweiten Weltkrieg kam zunächst der Gedanke auf, wir Christen könnten doch vielleicht berufen sein, den Frieden zwischen den Völkern auf dem Wege der Gewaltlosigkeit zu suchen. Für unsere staatstragende Kirche war das sehr neu. Seit dem 4. Jahrhundert war sie mit der Tatsache, dass christliche Staaten ihre Kriege führten und die Christen als Soldaten Dienst taten, immer einverstanden gewesen. Die Schwärmer und Träumer, die sich dem widersetzten, fanden an ihren Kirchen mehr Widerstand als Rückhalt. Noch der Erste Weltkrieg sah eine Kirche, die mit der ganzen Glut ihrer Hingabe an den Kaiser und an das bedrohte »heilige Vaterland« ins Feld zog. Die wenigen ersten Pazifisten galten als Verräter. Noch der Zweite Weltkrieg fand unter der zustimmenden Mithilfe des Großteils der offiziellen Kirche statt. Von gewaltlosen Wegen zum Frieden sprach keine der anerkannten christlichen Ethiken. Und so war es nur folgerichtig, dass, wer in der Gründungszeit der Bundesrepublik von Friedenspolitik und einem Friedensauftrag zwischen Ost und West sprach, seiner Kirche als rätselhaft weltfremder Außenseiter galt. Wollte er die christlichen Werte angesichts der bolschewistischen Gefahr nicht verteidigen? Einige wenige evangelische Kirchenführer wie Martin Niemüller, Hanns Lilie, Kurt Scharf, der beginnende Kirchentag und kleine Friedensgruppen an der Basis wagten, von einem Umdenken zu sprechen. Auf den ökumenischen Versammlungen von Genf 1966 oder Uppsala 1968 kam in dieser Sache mehr in Bewegung als in Deutschland. Noch in den achtziger Jahren, auf dem Höhepunkt der Friedensbewegung, standen Hunderttausende engagierter Christen mit ihren Großdemonstrationen ohne den Rückhalt an ihren amtlichen Kirchen auf der Straße. Und heute? An der Basis der Kirche hat es sich herumgesprochen, hier liege ein christlicher Auftrag. In den amtlichen Verlautbarungen spricht heute mancher von Friedenspolitik, aber dass hier ein zentraler Auftrag für diese und die kommende Zeit liege, ist an den vorsichtigen und widersprüchlichen Verlautbarungen kaum abzulesen. Immerhin, wer heute von Gewaltlosigkeit spricht, ist nicht mehr automatisch der politische Träumer, er hat das Recht, so zu reden, und er hat dieses Recht nach einer erstaunlich kurzen Zeit, wie sie für unsere Kirche der ewigen Wahrheiten durchaus nicht typisch ist, gewonnen. Seien wir dankbar dafür, dass viele in unserer Kirche in diesem Thema die Worte des Mannes aus Nazareth wiederzuerkennen begonnen haben.

Ein Zweites: Als die ökumenische Bewegung in den sechziger Jahren das Thema »Friedenspolitik« aufgriff, war der weltweite Ruf zu hören: Das ist nicht das Erste! Das Erste, das die Christen zu vertreten haben, ist das Thema Gerechtigkeit. Die so riefen, waren die nach dem Zweiten Weltkrieg aus ihrer kolonialen Versklavung entlassenen Völker der Dritten Welt. In Deutschland brauchte es geraume Zeit, bis man unter Christen und Kirchen darin eine glückliche Entwicklung zu sehen vermochte. Menschenrechte? Ich erinnere an den Streit zwischen breiten Kreisen der Christenheit in Deutschland und dem ökumenischen Rat der Kirchen über die Wertung der Rassentrennung in Südafrika. Und ich denke an jene Frauengruppen, die dieses System auf die Weise anklagten, dass sie zum Boykott des Kaufs von Orangen in jenem Land aufriefen. Ihnen stand das Unverstehen ganzer Kirchen gegenüber. Wie sollte man denn die von Europa aus aufgebauten Missionen in jenen Ländern schützen können, wenn die Kolonien zu freien Staaten würden? Waren die Bewohner von Urwäldern oder Savannen nicht mit Recht den kultivierten christlichen Völkern untertan? Gerade die deutschen Kirchen standen lange Zeit in diesen Fragen auf der Bremse. Aber da alle Welt begann, von globaler Gerechtigkeit zu reden, blieb unseren deutschen Kirchen nichts anderes übrig, als das Thema aufzugreifen. Heute, eine Generation später, ist der Ruf nach globaler Gerechtigkeit wie selbstverständlich zu einer christlichen Forderung geworden, auch wenn in keiner christlichen Ethik je etwas von dieser allen Menschen zustehenden Gerechtigkeit gestanden hat.

Ein Drittes: Immer hat die Kirche über die Schöpfung, über die Erde als Lebensraum der Menschen sich ihre Gedanken gemacht. Bis zum Ende des 20. Jahrhunderts allerdings so, dass der gefallene Mensch als privilegierter Herrscher über die durch ihn selbst in ihre Gefallenheit geratene Natur auftritt, mit dem Recht, alles, was die Erde anbietet, für sich zu nutzen. Von seiner Herrscherrolle war immer die Rede, nie aber von seinem Frevel gegenüber der Erde. Ein Pfarrer, den ich gut kenne, der 1965 zwei Filme im Fernsehen brachte über die tödliche Ausbeutung und Zerstörung der Natur durch den Menschen, erhielt von seiner Kirchenleitung den Verweis, dies sei kein Thema, das ihn angehe, die Beschäftigung mit Umweltfragen habe er der Wirtschaft zu überlassen. Wer noch in den siebziger Jahren von der zerstörenden Auswirkung dieser christlichen Herrenmoral sprach, verfiel dem Spott. Er galt als harmlos verträumter Romantiker oder Barfußapostel. Aber ein allmähliches Lernen geschah an der Basis, parallel zu den Aufrufen des Club of Rom, nicht in der Theologie. Und heute dringt das Thema allmählich auch bis zu den Verlautbarungen der offiziellen Kirche durch und gar zur akademischen Theologie. Viele haben gelernt, was ihnen noch bis zum Ende des 20. Jahrhunderts hin neu und fremd gewesen war. Freilich, dieses Thema wurde von den Kirchen nicht zeitgleich mit der allgemeinen Entwicklung des Bewusstseins der Zeit vorausgedacht, sondern wie üblich stockend hinterher.

Nun sind diese drei neuen Einsichten wichtig, aber wohl nur, wenn sie auf unserer Erde wirklich etwas in Bewegung bringen. Die Frage bleibt doch: Wie werden sie aus verbalen Deklamationen zu politischen, wirtschaftlichen, kulturellen Kräften? Denn das scheint mir am Beginn des 21. Jahrhunderts überdeutlich zu sein: dass es von der globalen Verwirklichung dieser drei Forderungen abhängt, ob der Mensch auf die Dauer in der Biosphäre der Erde ein Überleben hat.

2 Was die konkrete Auswirkung dieses Umdenkens hindert, ist die fehlende Glaubwürdigkeit der bisherigen kirchlichen Praxis

Wenn eine Kirche sich an der Rettung des Lebens auf dieser Erde beteiligen kann, dann muss sie es tun. Wer auf einem dieser Felder auf andere einwirken will, muss aber auf diesem Feld glaubwürdig sein. Da erleben also die Völker der Welt das ganz und gar Überraschende, dass die christlichen Kirchen von gewalt-losen Wegen zum Frieden reden, von globaler Gerechtigkeit oder vom behutsamen Umgang mit der Erde, und es ist zu vermuten, dass sie von ihnen bislang nicht den Eindruck hatten, sie seien die glaubwürdigsten Herolde solcher Forderungen.

Ist es nicht das allererste Mal in 1600 Jahren seit Kaiser Konstantin, dass offizielle christliche Kirchen von Gewaltlosigkeit sprechen? Traten sie in dieser ganzen Zeit nicht immer eher als die Haudraufhelden auf denn als Friedensengel? Und wer war es denn, der die Kriege so entsetzlich gemacht hat? Wer hat das ganze Kriegsgerät, das in den heutigen Kriegen eingesetzt wird, erfunden? Waren es nicht allen anderen voran die christlichen Völker? Und heute? Wer in den christlichen Völkern nimmt sich vor, diese Waffen tatsächlich zu vernichten, statt sie in alle Welt zu exportieren?

Globale Gerechtigkeit? Es waren doch wohl nicht die Chinesen oder Inder, sondern die christlichen Abendländer, die seit fünfhundert Jahren mit ihren Kriegsflotten von Ufer zu Ufer gefahren sind, um die Reichtümer anderer Länder in ihrer Heimat anzuhäufen, bis am Ende die Erde von Kolonien überzogen war? Und ist nicht das System der heutigen Weltwirtschaft das von den Christen erfundene Mittel zu ihrer weltweiten ungerechten Herrschaft?

Sorgfalt mit der Erde? Wer hat denn die moderne technische Zivilisation erfunden? Wer die Energie fressende Industrie? Wer ist es denn, der heute auf der Bühne dieser Welt mit dem arroganten

Anspruch auftritt, alle anderen Völker hätten sich dieser zerstörerischen Lebensweise anzupassen? Die Kirchen tun gut daran, ihre neuen Bekenntnisse vernehmlich in die Welt hinauszusprechen. Aber sie sollten sich dabei nicht der Illusion hingeben, was sie sagen, sei in den Augen irgendeines Menschen außerhalb der christlichen Welt glaubwürdig.

Dazu aber kommt ein zweites Hindernis. Wir Christen sind in diesen drei Themen die Anfänger. Die Wissenden sind die anderen. Neben der Glaubwürdigkeitslücke klafft eine breite Lücke an Wissen und Erfahrung. Was wissen denn wir Christen noch über die Weisheit eines Denkens ohne Gewalt? Der Eine, der sie uns angeraten hat, Jesus Christus, blieb in eintausendsechshundert Jahren praktisch ungehört. Hängen uns nicht die eisernen Helme unserer Geschichte über die theologischen Augen herein? Kein Zweifel, der Buddhismus weiß seit Jahrtausenden mehr davon, als wir Christen je gewusst haben. Der Taoismus auch. Die Weisen des Hinduismus.

Wer weiß auf dieser Erde besser als wir, wie man achtsam mit dem Lebendigen der Erde umgeht? Wer weiß mehr von der Würde von Tieren? Mehr von der Sorgfalt mit Ressourcen? Ich vermute, viele Völker aus den Wüsten Asiens oder den Urwäldern Afrikas und mancher indianische Stamm im Wilden Westen wissen mehr darüber als alle christlichen Völker zusammen.

Wer hat über Gerechtigkeit je wirklich nachgedacht auf dieser Erde? Ohne Zweifel das Judentum. Oder der Konfuzianismus. Oder auf je ihre eigene Weise alle Völker. Wenn wir nicht, was an den vielen Stellen zum Thema Gerechtigkeit gedacht wurde, mit unserer Stimme zusammen in ein weltweites Nachdenken einbringen, werden wir zu diesem Thema vergeblich unsere Stimme erheben.

Stellen wir uns also in der Gemeinschaft der Völker an den uns zukommenden Ort, so wird es der Ort der Anfänger, der Lernbereiten und der Lernenden sein. Und soll das Rettende auch durch uns geschehen, so werden wir uns unter Anleitung der Wissenden das erste Wissen aneignen müssen.

3 Das 21. Jahrhundert mutet uns ein viertes Umdenken zu: Das Thema lautet »Allianz der Religionen«

Als ich studierte, vor mehr als sechzig Jahren, galt es unter evangelischen Theologen als unsinnig, sich für fremde Religionen zu interessieren. Man war überzeugt, das Christentum und die fremden Religionen seien so verschieden zu werten, dass es keinen Sinn habe, das Christentum als Religion zu bezeichnen. Das Christentum sei Offenbarung Gottes, die fremden Religionen seien Produkte menschlicher Phantasie, wenn nicht menschlichen Unglaubens. Damals wuchsen zwei Generationen von Theologen heran, die über fremde Religionen einfach nichts wussten. Inzwischen drängen diese fremden Religionen in unser Land und in unsere Kultur von allen Seiten herein. Sie leben neben uns und mit uns zusammen. Und noch geht das Bemühen unter Christen vielfach dahin, sich von ihnen abzugrenzen. Das heißt den globalen Kulturkampf einzuläuten.

Al Halladsch, der große Mystiker des frühen Islam (858–922), hat gesagt:

»Wenn du meinst, eine Religion sei falsch,
dann täuschst du dich über die Weise,
wie Menschen zu ihrer Religion kommen.
Du sagst damit, sie hätten sie selbst erfunden
oder sie hätten sie sich ausgesucht.
Aber ihre Religion hat Gott selbst den Menschen gegeben.
Darum ehre sie, wie du Gaben Gottes ehrst!«

Ich würde hinzufügen: Und lebe die Wahrheit deines eigenen Glaubens so, dass sie verstanden werden kann, und vor allem so, dass es anderen möglich wird, sie zu ehren. Vielleicht gar, sie zu lieben!

Wirklich: Hat Gott auch den anderen Völkern ihre Religionen gegeben? Allein mit dieser Frage ist dem Christentum eine Jahrhundertaufgabe gestellt. Wir haben ja seit dem Auftreten der dialektischen Theologie vor fast hundert Jahren nicht mehr ernsthaft darüber nachgedacht. Waren es ihre klugen Köpfe, die sich ihre Religion ausdachten? Waren es die Bedürfnisse ihrer verängstigten Seelen? War es die Dynamik der Geschichte, die sie dahin führte? Waren es Visionen von einzelnen Großen der Religion? Waren es Eingebungen? Und wenn ja, woher kamen sie? Standen am Anfang einer Religion Menschen mit einer besonderen Offenheit für andere Dimensionen der Wirklichkeit? Oder war es vielleicht Gott selbst, der sie in langen Zeiträumen allmählich dorthin führte, wo ihnen ihre religiösen Bilder oder Rituale einfielen? Was mögen sie an Wahrheit geschaut haben? Und gibt es das tatsächlich: ein Schauen von religiöser Wirklichkeit?

Auf welche Weise denn kamen sie dazu zu verstehen, was ihnen von Gott zugesprochen wurde? War es einfach die innere Welt ihrer Seelen oder ihres Unbewussten, die sich ihnen als die Wirklichkeit der religiösen Welt darstellte? Oder gibt es eine andere Wirklichkeit, die sie wahrnahmen? Auf alle Fälle wäre, wenn wir wissen wollten, auf welche Weise sie zu ihrem Glauben kamen, das zentrale Thema das der religiösen Erfahrung. Für einen Christen stellen sich die Grundfragen so: Was muss sich von Gott her in einem Volk ereignen, dass dieses Volk zu religiösen Vorstellungen kommt? Was muss von den Menschen her geschehen, damit etwas wie eine Religion entsteht? Wie finden sich die Führung durch Gott und die Erfahrung dieser Führung unter den Menschen zusammen? Der Geist Gottes wendet sich nach dem Glauben der Christen den Menschen zu. Und die Menschen werden dadurch fähig, zu hören oder zu schauen, was Gott ihnen zuspricht oder zeigt. Eine Offenbarung und eine Erkenntnis, ein Verstehen, ein Aufnehmen und Berühren. = *Mystik*

Man wird bis ans Ende der Welt darüber streiten können, ob es nur eine »richtige« Religion gebe oder vielleicht mehrere, ob die

Religionen alle von Gott gestiftet oder inspiriert seien oder alle außer der einen christlichen menschliche Erfindung, ob sie am Ende alle in dasselbe Meer münden oder ob die eine oder andere vorzeitig versande oder versickere, ob also Heil geschehe nur durch eine oder durch mehrere oder durch alle, ob Gottes Offenbarungen fertig vom Himmel fallen oder sich im Lauf von Jahrtausenden in langsamen geistigen Entwicklungen einstellen, ob Gott das Heil nur bestimmter Menschen, Zeiten oder Völker will oder das Heil aller, ob Gott seine Gnade an den Vollzug bestimmter Rituale oder Leistungen binde oder nicht, an eine bestimmte Religionszugehörigkeit, schließlich, ob es eine Herabminderung der Offenbarung in Jesus Christus bedeute, wenn wir annehmen, es könnten vielleicht Menschen zu Gott auch auf anderen Wegen gefunden haben als auf dem, den Jesus zeigt. In allen Fällen werden wir keine tragfähigen Antworten finden, wenn wir von religiöser Erfahrung so wenig halten, dass wir nicht über sie nachdenken.

Auf jeden Fall werden wir, wenn wir den christlichen Glauben einem Menschen anderen Glaubens liebenswert machen wollen, anders auftreten müssen, als es bisher in der christlichen Geschichte üblich war. Es könnte im Gegensatz zu unseren bisherigen Sitten durchaus geschehen, dass wir unserem Eigenen näher kämen, wenn wir über das Fremde begännen, anders zu denken, wenn es zum Beispiel wirklich Christus selbst wäre, der uns zu Menschen führte, die uns fremd sind. Denn ein Christ wird, wenn das Kreuz von Golgata für ihn irgendeinen wichtigen Sinn haben soll, niemals herrschend auftreten, niemals mit der Geste des Überlegenen, niemals auf jemanden herabblickend. Er kann immer nur dienend, arm, leidensbereit und geschwisterlich auftreten wie der Arme von Nazaret. Er kann immer nur zum Gespräch einladen, zum Austausch von Gedanken und Erfahrungen, und er wird, was er zu sagen hat, immer nur bezeugend und einfach, aber niemals aufdringlich und deklamatorisch vermitteln. Er kann, was ihm an fremder Glaubensüberzeugung begegnet, immer nur in hörender Liebe verstehen wollen. Freundschaft mit fremden Gedanken und Bekenntnis zur eigenen Überzeugung sind, so scheint mir, durchaus zu vereinbaren. Die Freiheit aber, die wir für unseren eigenen Glauben in Anspruch nehmen, wird ein Kind des Respekts sein müssen, den wir dem anderen entgegenbringen.

Denn lieben kann ich das Fremde auch in seiner Fremdheit; und es ist ein Kernsatz unseres christlichen Glaubens, dass ich lieben muss, was ich verstehen will, und dass es kein Verstehen gibt anders als auf dem Wege des Liebens.

Ein Lied von einem, der kein Christ war, dem Philosophen Epiktet, der vor 2000 Jahren gelebt hat, sagt mir: Du kannst das als Christ mitsingen:

»Was kann ich, der ich alt und gelähmt bin,
noch tun als Gott rühmen?
Wäre ich eine Nachtigall,
ich würde singen wie eine Nachtigall.
Wäre ich ein Schwan,
ich würde singen wie ein Schwan.
Ich bin ein Mensch, so kann ich Gott preisen.
Das ist mein Amt, ich erfülle es und lasse es nicht,
solange es mir bestimmt ist.
Euch aber fordere ich auf, einzustimmen
in meinen rühmenden Gesang.«

Und noch eins, ein abendliches Lied des schon genannten Moslem, Mansur al Halladsch. Ich frage mich: Was kann dich hindern, ein solches Gebet mit dem fernen Beter zusammen zu sprechen?

»Niemals steigt die Sonne,
niemals sinkt sie,
ohne dass mein Sinn
nach dir stünde.

Niemals sitz ich
sprechend mit den Menschen,

ohne dass am Ende
du mein Wort bist.

Niemals trinke ich
dürstend einen Becher Wasser,
ohne dass ich dein Bildnis
im Glase schaute.

Keinen Hauch atme ich
in Trauer oder Freude,
ohne dass ich mit seiner Kraft
deiner gedächte.«

Es muss und kann heute eine Art Allianz zustande kommen. Und
da sie vor allem unter denen zustande kommen muss, die jene
dreifache Weisheit, die uns im 20. Jahrhundert neu begegnet ist,
gesammelt und bewahrt haben, so wird es eine Allianz sein zwischen uns Christen und den anderen Religionen dieser Erde. Wir
fragen also: Da wir schon miteinander leben – was können wir
denn miteinander tun? Wir fragen also nicht plötzlich in die
Runde: Wer hat die Wahrheit? Und wir antworten nicht: Natürlich
wir! Wir fragen nicht: Was muss geschehen, damit die einsame
Herrlichkeit des christlichen Glaubens sich strahlend herausstellt?
Sondern: Was muss geschehen, damit zwischen uns und euch Vertrauen wächst? Was muss geschehen, damit wir miteinander das
Rettende für die Menschheit bewirken?

Dieses Thema hat für uns Christen keinerlei Tradition. Denn es
geht nicht darum, dass wir freundlich miteinander reden. Schon
das wäre viel. Nicht nur, dass wir gerecht miteinander umgehen.
Nicht nur, dass wir auf Kampfpositionen verzichten und darauf,
die Schlachtreihen für den kommenden kulturellen Krieg auszu-
richten. Es geht um eine klare und tätige Bundesgenossenschaft.

Es zeigt sich heute überdeutlich, dass der Mensch, homo sapiens
sapiens, auf dieser Erde intelligent genug ist, seine eigene Kultur

und seinen Planeten zu zerstören, aber zu einfältig, um dabei zu überleben. Es muss sich zeigen, ob die Religionen dieser selben Erde eine Weisheit haben, Wege zu zeigen, auf denen das Leben dieser Erde bewahrt werden kann.

Was uns dabei Angst nehmen kann, ist das schlichte Wort Jesu:

»Frieden lasse ich euch. Frieden gebe ich euch.
Ich gebe nicht, wie die Welt gibt.
Euer Herz erschrecke nicht und fürchte sich nicht.«
Johannes 14,27

Und:

»In der Welt habt ihr Angst.
Aber verlasst euch darauf:
Ich habe die Welt überwunden.«
Johannes 16,33

Christus heißt im Evangelium auch »der Vorausgänger«. Das meint: Er nimmt die Zukunft vorweg, und wir brauchen ihm nur zu folgen, um unseren Weg und Auftrag zu finden. Heute jedenfalls ist er der, der uns diese neuen Wege vorausgeht.

4 Um dorthin umdenken zu können, fehlt es uns an Klarheit darüber, ob und wie wir Menschen zu religiösen Erfahrungen gelangen

Die seltsame Tatsache, vor der wir heute stehen, ist die, dass wir eine christliche Lehre vor uns haben, die alles, was wir als »religiöse Erfahrung« bezeichnen, aus ihrem Denken ausgewiesen hat. Wir wissen tatsächlich nicht mehr, wo das arme Waisenkind sich aufhält. Zum letzten Mal hat man in der evangelischen Theologie über sie nachgedacht in der Zeit vor dem Ersten Weltkrieg. Das ist fast hundert Jahre her. Damals schrieb William James sein großes Werk »Die religiöse Erfahrung in ihrer Mannigfaltigkeit« und Rudolf Otto sein grundlegendes Buch »Das Heilige«. Damals trafen fremde Religionen und fremdartige Gotteserfahrungen auf ein breites Interesse. Führende Geister waren Adolf von Harnack mit seinem Buch über »Das Wesen des Christentums« oder der Universalgelehrte Ernst Troeltsch, der zu einer Gemeinschaft unter den Religionen der Welt hin unterwegs war. Die Verbindungen zwischen Religion und allgemeiner Kultur waren fest und sicher. Das alte Dogma wurde in großer Freiheit diskutiert. Die Frömmigkeit dieser christlichen Liberalität hatte nur einen freilich schwer wiegenden Fehler: Was das Besondere, das Eigene und Wesentliche am christlichen Glauben sei, wussten viele nicht mehr zu sagen.

Diese Zeit ging plötzlich zu Ende. Unter den Gewittern des Ersten Weltkriegs erfolgte ein Umbruch, ein Gegenschlag von großer Kraft. Karl Barth, überzeugt, die Zeit kultivierter Beliebigkeit sei zu Ende, fragte direkt und ohne Umschweife nach dem, was denn das Eigentliche am christlichen Glauben sei und was denn das christliche Bekenntnis im Ernst aussage. Eine ganze Welt des geistigen Selbstvertrauens ging im plötzlichen Ernstfall unter. Sie erwies sich in den schrecklichen Ereignissen jener Zeit als nicht tragfähig. Gilt denn, fragte Barth, in der Kirche, was wir Menschen uns ausdenken, oder das ganz andere, das als Wort von Gott souverän in die Welt des christlichen Bürgers einbricht? Die religiöse

Erfahrung eines Christen geriet dabei unter das Urteil, sie sei Selbsttäuschung des Menschen oder Ausdruck für seine Anmaßung, wenn nicht gar seiner Feindschaft gegen Gott.

Im Zweiten Weltkrieg hat sich für meine Generation dasselbe noch einmal wiederholt, was der Generation Karl Barths im Ersten Weltkrieg widerfahren war. Ich kam nach fünf Jahren Krieg und Gefangenschaft nach Hause und traf eine Theologie an, die in religiösen Erfahrungen weder Sinn noch Wahrheit sah. Wir haben das Wort, sagte man. Das reine Wort. Die Offenbarung senkrecht von oben. Wozu der Firlefanz mit unseren privaten religiösen Erlebnissen? Was man dabei übersah oder nicht zur Kenntnis nahm, vielleicht auch einfach nicht sehen konnte, war die Tatsache, dass unter den zurückgekehrten jungen Soldaten viele waren, die wirkliche und wirksame religiöse Erfahrungen gemacht hatten, dass viele gerade von ihren religiösen Erfahrungen in den Extremsituationen des Krieges dazu geführt worden waren, in der Theologie Klarheit zu suchen. Mir selbst ging es so und vielen meiner Freunde. Sie hatten Führungen und Bewahrungen erlebt, Begegnungen mit rätselhaften Erscheinungen an der Grenze des Todes, Fernwissen und Voraussehen bei sich oder anderen, Anrufe und Visionen. Sie hatten erlebt, dass sich ihnen Wirklichkeiten öffneten, die sie nicht einordnen konnten, sie hatten in Dimensionen hinein- oder hinübergeschaut, deren Wahrnehmung man als außersinnlich zu bezeichnen pflegt. Nun hörten sie: Religiöse Erfahrung gibt es nicht. Auf sie zu achten, führt in die Irre. Haltet euch an das Wort der Bibel! Und die meisten fügten sich. Ich tat es zunächst auch. Andere folgten ihren Erfahrungen und verließen die Theologie.

Natürlich hatte die damalige Einseitigkeit ihren wichtigen Sinn. Sie war geschichtlich gesehen ein Glücksfall. Dass die dialektische Theologie Karl Barths und seiner Freunde in den zwanziger Jahren ihren höchst einseitigen Kampf für die Geltung der Offenbarung des göttlichen Wortes durchkämpfte, erwies sich im Reich Hitlers als für die Kirche lebensrettend. Dem universellen Anspruch des totalitären Staates war nur der universelle Anspruch der Offenbarung in Christus gewachsen. Alles offene, tolerante, kultivierte Denken ging im Hitlerreich an seiner Wirkungslosigkeit zugrunde. Wer widerstehen wollte, brauchte eine klare, eindeutige, kämpferische Auskunft über seinen Glauben. Und wer nach dem Zweiten Weltkrieg Europa neu aufbauen wollte, wer vor allem für Deutschland einen neuen Weg suchte, wer dem Unheil des Nationalsozialismus ein neues Denken entgegensetzen wollte, brauchte einen klaren Kurs. Meine Generation von Studenten ließ sich dementsprechend weitgehend von der Kampftheologie Karl Barths prägen.

Inzwischen sind wir längst in eine andere Epoche eingetreten. Soll es für unsere Kirche heute und morgen noch etwas anderes geben als ihr Beharren auf dem gegenwärtigen Stand ihres Nachdenkens und ihr allmähliches Absinken in die Bedeutungslosigkeit, so wird sie dem, was sich heute abspielt, anders begegnen müssen als bisher. Sie sollte nicht meinen, sie könne diese Phase der bunten Religiosität und des bunten Begegnens zwischen den Religionen aussitzen. Sie wird für sich selbst und für die Menschen dieser Zeit eine am Evangelium orientierte Spiritualität finden müssen, die Phänomene wie die religiöse Erfahrung der Menschen einschließt. Das Thema ist gestellt.

II

Religiöse Erfahrung gab es,
seit es Menschen gibt

5 Es begann in der Steinzeit

Es mag vor vielleicht 200 oder 300 Jahrtausenden begonnen haben, etwa in der Zeit des Mousterien, in der Epoche des Präneandertalers oder früher oder auch später – es liegt nicht viel daran –, als der Mensch anfing, sich Behausungen zu bauen und seine Toten zu begraben. Vielleicht war dies die älteste menschheitliche Zeit, für die sich etwas wie Religion vermuten lässt. Sie entstand wohl, seit der Mensch sich bewusst wurde, dass er ein Ich habe oder sei, vor allem aber, seit er wusste, ihm stehe der Tod bevor. Seit er also von Grenzen weiß, die ihm gesetzt sind, und seit er ahnt, es gebe Mächte, die von jenseits dieser Grenzen her auf ihn einwirkten. Aber schon Tiere hatten gewiss lange vorher Ahnungen von ihrem Tod, und der Übergang vom Tier zum Menschen dauerte sicher 100 000 Jahre oder mehr. Dabei hat sich vom Tier zum Menschen weniger verändert, als wir gerne meinen. Und der Übergang ist noch nicht zu Ende gekommen. Die Tiere aber haben durch die Wandlung eines schmalen Zweigs in der Evolution, der zum Menschen hinführte, auch selbst zunehmend an Bewusstheit gewonnen.

Später, im Aurignacien, stellten die Menschen kleine Figuren in ihren Wohnhöhlen auf, die für bestimmte, meist tierähnlich gedachte und als überlegen geltende Mächte standen, mit denen ein Einvernehmen bestehen oder die man sich gefügig machen musste. Diese frühen Menschen um 30 000 vor Christus müssen das Bedürfnis empfunden haben, zwischen allerlei als bedrohlich oder hilfreich erlebten Kräften und ihrem eigenen mühsamen Leben etwas wie eine verlässliche Verbindung herzustellen, die ihnen Sicherheit gab.

Von hier aus entwickelten sich mit dem klarer werdenden Bewusstsein vielerlei Religionen sehr alten Zuschnitts. Von hier aus blieben auch in den entstehenden Hochreligionen der Zeit nach 4000 vor Christus archaische Reste von Gedanken, Bildern und

Ritualen erhalten und bildeten sich bis um die Mitte des ersten Jahrtausends vor Christus ausgereifte, mit philosophischer Genauigkeit und Deutlichkeit reflektierte Religionssysteme. Es ist deutlich: Wahrheit, also eine verstehbare Offenheit des Wirklichen, zeigte sich im Lauf einer Geschichte. Äußere Zwänge, wachsendes Verstehen und die sich allmählich zu religiöser Achtsamkeit und Gestaltungskraft entwickelnde Menschenseele treten zusammen. Sie sind heute noch die Kräfte, mit deren Hilfe ein Mensch zur Klarheit über sich selbst, zur Klarheit über seine Welt und ihren religiösen Hintergrund gelangt. Und immer werden wir heutigen Menschen mit dem Mousterien und allen Stufen der Menschheitsentwicklung seither, die in unserer Seele aufbewahrt sind, zu tun haben. Der Steppennomade, der Großwildjäger, der frühe Ackerbauer und die Gedanken der führenden Geister der Kulturgeschichte sind allesamt in uns gegenwärtig. Ihre Erfahrungen, ihre Leiden und Ängste reichen herein in unser noch so modernes Bewusstsein. Ihre Versuche, zu beschwören, was Ängste schafft, es zu bannen oder durch Opfer zu beschwichtigen, vollziehen sich bis heute in vielerlei Weise in uns, nicht nur, aber auch dort, wo wir heute mit religiösen Gedanken umgehen. Man kann darüber trauern, wie eng eine Mehrheit der Menschen von heute in archaischen Vorstellungen von Religion eingebunden ist. Umgekehrt liegt in der Bindung auch des heutigen Menschen an die lange Geschichte des religiösen Bewusstseins eine große stabilisierende Kraft.

Wo aber diese Gebundenheit aller Religionen an die archaische Welt erkannt und verstanden ist, da muss nun einsetzen, was jünger ist, was uns seit dem ersten Jahrtausend vor Christus mitüberliefert ist, nämlich das kritische Bedenken des überlieferten religiösen Gutes ebenso wie unserer eigenen Versuche, zu religiöser Klarheit zu gelangen. So alt, so ehrwürdig und so schützenswert das vererbte religiöse Gut an Gedanken, an Erfahrungen, an Orten und Zeiten, an Ritualen und Ordnungen sein mag, wir können es nicht mehr einfach übernehmen, so, als wären wir noch Menschen aus den Jahrtausenden der beginnenden Sesshaftigkeit. Und dennoch: Was uns da in Jahrtausenden geprägt hat und bis heute unseren Empfindungen und Gedanken die Richtung gibt, können wir nur vor unserer kurzatmigen Modernität schützen. Der Steinzeitmensch lebt in uns weiter. Und dass er das tut, ist etwas vom Schützenswerten in uns.

In der magisch-animistischen Welt, in der die Menschen Jahrhunderttausende lang lebten, einer Welt später mit Geistern, Kobolden, Dämonen und Drachen, noch später mit Ahnenkulten und Beschwörungsritualen, sind wir bis heute verwurzelt, und dass das so ist, macht nicht unsere Primitivität aus, sondern unsere in großer Tiefe gegründete Menschlichkeit. Wir sind auch in den Zeiten zu Hause, in denen die Hochreligionen entstanden, in denen der menschliche Geist sich erhob, nachzudenken, Moralen aufzurichten, Pyramiden und Tempel zu bauen und an den einen, das ganze Dasein umfassenden Gott zu glauben. Wir sind geprägt freilich auch, wenn auch weniger tief, durch die rationale Gedankenwelt etwa der Griechen, die im ersten Jahrtausend vor Christus in Erscheinung trat und sich bis zur Neuzeit in unserer westlichen Zivilisation weiterentwickelte.

Im Grunde vollziehen auch wir heutigen Menschen in unserer inneren Entwicklung die Schritte nach, die die Menschheit seit ihren Anfängen gegangen ist, und die sehr alten Texte können auch uns das Muster zeigen, nach dem in unserer unsicher gewordenen Seele etwas wie Anfänge geschehen können. Denn vielen von uns erscheint die christliche Weise, fromm zu sein, unerreichbar, weil sie von vornherein ein hohes Maß religiöser Einsicht und Differenziertheit voraussetzt und anfängliche Wege kaum gestattet. Und in der Tat bewegt sich die christliche Glaubenslehre auf dem Niveau eines sehr bewussten und hochreflektierten religiösen Verstehens. Sie kann nach allem, was in den vergangenen fünfhundert Jahren in Europa geschehen ist, vielleicht nicht anders, aber sie muss bedenken, dass Frömmigkeit, die in der Erfahrung der natürlichen Kräfte und Phänomene entsteht, nicht gottlos, sondern sinnvoll und dass sie ein Anfang ist.

Alle Frömmigkeit war und ist zuerst und zunächst Ausdruck einer natürlichen Hingabe an alles, was das Leben möglich macht: an Erde und Feuer, an Luft und Wasser, an Steine, Pflanzen und Gestirne. Sehen, Staunen und Danken, Sich einfügen in die Ordnungen der Zeit, in die Bedingungen des Lebens und Sterbens und in die Gesetze des Daseins sind die Zeichen für die Anfänge religiösen Lebens.

Es ist so auch keineswegs abzulehnen, wenn ein Mensch von heute nach der Liebesbeziehung sucht, die ihn mit »Mutter Erde« verbindet, und dass er in ihr die Anfänge eines Vertrauens findet, die ihm sein Leben tragbar machen und ihm erstmals von einem Sinn und einer Beheimatung seines Daseins Kunde geben. Auch die Liebesfrömmigkeit, die sich irgendeinem Gott zuwendet, wie sie durch alle Religionen und alle Epochen hin von feinfühligen Menschen empfunden und gelebt worden ist, kann ein guter und sinnvoller Schritt sein hin zu einer persönlichen Erfahrung des wirklichen Gottes.

Denn so entstanden die anfänglichen Gleichnisse und Sinnbilder, mit denen die Menschen ausdrücken konnten, was ihnen Gott war. Sie sahen ihn gespiegelt in Sonne und Mond, in Falke oder Baum, in Väterlichkeit oder Herrschaft, und es bedurfte eines langen Verharrens in diesen Bildern, bis das Wissen um die Bildlosigkeit Gottes und zuletzt das erneute Erfahren der alten Bilder allmählich in die Menschen und in ihr religiöses Bewusstsein Eingang fanden.

Vielleicht ist es sinnvoll, das von Schleiermacher beschworene »Gefühl schlechthinniger Abhängigkeit« mehr in den Anfängen menschlicher Religion als unter unseren Zeitgenossen aufzusuchen. Rudolf Otto nennt es das Gefühl, wie die Kreatur in ihrem eigenen Nichts versinkt und gegenüber dem, was über aller Kreatur ist, vergeht. Dieses »Gefühl des Versinkens und der eigenen Nichtigkeit« gegenüber einem schlechthin Übermächtigen dürfte einen heutigen Menschen nur in einem seltenen Ausnahmefall überkommen. Er ist viel zu überzeugt, dass »alles möglich« sei, dass es gegenüber jedem Bedrohenden irgendeinen Ausweg oder irgendeine Abwehrmaßnahme gebe. Es wäre wenig aussichtsreich, wollte eine Religionsgemeinschaft heute die Menschen auf dieses »Abhängigkeitsgefühl« ansprechen.

Eine spätere Stufe des religiösen Bewusstseins treffen wir dort an, wo der Mensch dem unbekannt Übermächtigen eine Gestalt verleiht. Dass eine streifende Horde von Tieren oder frühen Menschen etwas wie einen »Chef« braucht, ein Alphatier, einen Anführer, und dass die Führerschaft dieses Einen unangreifbar ist, dass sie in irgendeinem magischen Schutz steht, dürfte dem frühen Menschen von seiner Übergangszeit zwischen Tier und Mensch her selbstverständlich gewesen sein. Das führende Tier oder der Hordenhäuptling waren zu fürchten. So kam es zu einer weiteren Urform des religiösen Bewusstseins, die Otto die »tremenda majestas« nennt. Die fremde Macht rückt näher. Sie wird zur beherrschenden Gestalt, später zum himmlischen König oder dem Helfer eines von Feinden bedrohten Volkes. Sie wird etwa im Alten Testament zum »Herrn der himmlischen Heere«, das heißt zum Heerführer, der in die Kämpfe auf der Erde rettend eingreift. Ihm entsprechend wird der irdische Anführer ein Stellvertreter des himmlischen. Er wird wie jener unantastbar sein. Der »Clanchef« Gott wird danach zum Bundesgott eines bestimmten, von ihm erwählten Volkes. Dieser regierende Gott wird schließlich zum Stifter auch aller lebenserhaltenden Ordnung unter den Menschen.

Ottos Arbeit hat nach 50 Jahren im Lebenswerk von Mircea Eliade ihre Fortsetzung gefunden. Inzwischen hat sich in der Soziologie der letzten Jahre das Interesse an der öffentlichen Rolle der Religion unter den Bedingungen der Individualisierung und Differenzierung verstärkt zu Wort gemeldet. Nach Meinung des Soziologen Hans Jonas kann heute die Beschäftigung mit Religion die Menschen dazu führen, sich des Heiligen in ihren eigenen Weltbildern und Wertungen bewusst zu werden und neuen Anschluss zu finden an den Reichtum der religiösen Traditionen unserer Kultur.

Dorothee Sölle schreibt:

»Ich meine nicht, dass Menschen heute Gott weniger erfahren als früher; Gottes Präsenz und Gottes Abwesenheit sind im Jubel und in der Verzweiflung und manchmal gar in der rätselhaften Vermischung beider auch uns gegeben. Das Leben selber ist von dieser Qualität, die wir Gott nennen, so durchdrungen, dass wir gar nicht umhin können, von ihr zu zehren und nach ihr zu hungern. Nur wissen wir das oft nicht, weil wir sprachunfähig gemacht worden sind. Wir wagen nicht, das, was in der Tat Gotteserfahrung genannt zu werden verdiente, mit Gott in Beziehung zu setzen.«

Der Endstand religiöser Bilder von Gott ist die Vorstellung von dem »einen Gott«. Aber hier liegt zugleich eine Wendung vor. Wenn die menschliche Seele sich viele Mächte, viele Gottheiten vorstellt, so tut sie es aufgrund der Tatsache, dass in ihr selbst viele Kräfte, Mächte, aber auch viel Gegenläufiges, viel Gefährliches im Sinne des »tremendum« am Werk ist. Wenn von Monotheismus geredet wird, so wird gegen die Bedürfnisse der menschlichen Seele geredet. Monotheismus setzt Offenbarung irgendeiner Art voraus. Und Monotheismus setzt sich durch und bleibt bestehen nur dann, wenn eine menschliche Autorität ihn sichert.

Der am Ende immer wieder vergebliche Kampf der alttestamentlichen Propheten um die Geltung des einen Gottes ist ein fünfhundert Jahre währender Anschauungsunterricht. Die Notwendigkeit der Marienfrömmigkeit oder auch der seltsame Vorgang, dass in der frühen christlichen Geschichte das Gesicht Gottes nicht durch eine, sondern durch drei Masken gezeigt werden musste, indem man die Lehre von der Dreieinigkeit Gottes schuf, desgleichen. Auch das Bild einer Religion, die ungeheure Energien ständig aufwenden muss, damit das Bewusstsein, Gott sei einer, erhalten bleibe, etwa im Islam, ebenso.

Es ist auch nicht so ganz zufällig, dass heute in Deutschland mehr Menschen an Engel als an einen Gott glauben. Der Grund für die

Fremdheit des Monotheismus der menschlichen Seele gegenüber ist nicht nur die kompakte Geschlossenheit des Gottesbildes, die in der Seele keine Spiegelung hat, sondern ist auch das ausweglose, hoffnungslose, unerklärliche Problem des Zusammengehens von Gut und Böse, Licht und Finsternis im Glauben an den einen Gott, das heißt das Problem der Theodizee, und das ebenso unausgleichbare Zusammengehen der vielen Kräfte, die der Mensch in sich selbst antrifft, wenn er anfängt, ernstzunehmen, dass er ein Selbst ist und nicht nur ein Massenwesen.

Wohin die gegenwärtige Entwicklung zielt, können wir nicht wissen. Verstehen und begründen lässt sich immer nur, was vergangen ist. Wir sehen, dass die Aufklärung in ihrer neuzeitlichen Form beendet ist, und ahnen, es komme etwas auf uns zu wie ein Übergang zu einer neuen Phase der Zivilisationsgeschichte. Wir ahnen, das religiöse Thema komme in veränderter Form neu auf uns zu, und wissen doch nicht, wie wir es fassen sollen. Vielleicht ist uns noch vorstellbar, dass dieses religiöse Thema unseren Globus als ganzen, die Menschheit als ganze angehen wird und dass wir ihm ein neues Nachdenken und ein neues Erfahren, wie es von langer Vergangenheit her in uns lebt und uns orientiert, entgegen zu bringen haben.

6 Die frühe Erfahrung schlug sich in der mythischen Erzählung nieder

Hier entsteht nun ein Problem, mit dem die Theologie sich im vergangenen Jahrhundert intensiv beschäftigt hat: das Problem des Mythos. Denn das ist deutlich: Mit den unzähligen mythischen Aussagen der religiösen Tradition haben die Menschen heute ihre Schwierigkeiten. Aber wir rühren mit ihnen an den riesigen Bestand an religiöser Erfahrung, den die Menschheit im Lauf von Jahrtausenden ihrer geistigen Entwicklung angesammelt hat und an dem wir nicht vorbeikommen, eben weil dieses ganze Bilder- und Gedankenmaterial in unserer eigenen Seele seine deutlichen Spuren hinterlassen hat. Es geht um den Niederschlag des menschheitlichen Erfahrens und unserer daran anschließenden eigenen Erfahrung, wenn wir einander heute eine mythische Erzählung weiterberichten. Wir sind – auch – unsere eigene seelische Geschichte mit ihren fernen Anfängen.

Ich bin der Überzeugung, dass ein neues Nachdenken und Nachvollziehen des Mythischen zu den Aufgaben und zu den Chancen gehört, die wir ergreifen müssen, um den nächsten kleinen Schritt in der religiösen Entwicklung unserer Kultur zu machen. Das könnte einen einfachen Grund haben. Es könnte sich erweisen, dass die Welt des Mythischen und der kosmische und geschichtliche Zusammenhang, in dem unsere Seele lebt, ein und dasselbe wären, und wir mit der mythischen Erzählung im Grund immer auch von uns selbst berichteten. Ist das so, dann gilt es wohl, drei Dinge so zusammenzubringen, dass alle drei einander kontrollieren:

Das erste: den mythologisch überlieferten Zusammenhang unserer Kultur mit der Erfahrungswelt fremder Kulturen. Das zweite: die rationale Reflexion, die wir aus der Denkgeschichte des Abendlandes erlernen konnten, als die Kraft der prüfenden Kontrolle. Und das dritte: die Achtsamkeit auf die Erfahrungsgeschichte unseres eigenen Lebens, aus der viel mehr zu gewinnen sein könnte, als uns vertraut ist.

Ich beginne also mit dem Mythos. Was ist das? Er ist eine Erzählung, die schildert, was in der Erfahrung vieler Jahrtausende begonnen hat und begründet ist. Die zugleich schildert, was heute geschehen kann und geschieht. Und die schildert, was in der Zukunft geschehen könnte, so wie die Menschen je einer bestimmten Zeit es erfasst haben. Sie erzählt zum Beispiel: Gott schuf den Menschen ihm zum Bilde. Sie erzählt: Gott sprach: Es werde Licht, und es ward Licht. Sie erzählt: Gott sprach zu einem Menschen: Ich lege meine Worte in deinen Mund. Sie erzählt: Und Gott sprach: Du sollst nicht töten. Sie erzählt: Gott sandte seinen Sohn herab auf die Erde. Oder: Gottes Geist brach über ein paar Menschen herein wie ein Sturmwind. Oder: Der Zielpunkt der Weltgeschichte ist Gottes Reich. Es beginnt, spürbar zu werden, und wird sich vollenden. Sie erzählt das alles und deutet es zugleich.

Diese mythische Sprache kann mich anrühren und zu einem bestimmten Tun befähigen. Zugleich mich befähigen, sie auf meine eigene Weise zu deuten. Die mythische Erzählung gründet in frühen Jahrtausenden, und was sie schildert, hat auf irgendeine Weise mit den Ursprüngen, den Inhalten und Aufträgen und mit der Zielbestimmung des menschlichen Daseins zu tun. Zunächst aber vor allem mit dem Anfänglichen, dem Primordialen, wie die Religionswissenschaft sich ausdrückt.

Dieses Ursprüngliche zeichnet sich ab in der Bilderwelt meiner Seele und wird danach für meinen Lebensweg von prägender Bedeutung. Es drückt sich aus im Traum, im schöpferischen Einfall, auch im Durchhaltevermögen eines Menschen, in seiner Leidensfähigkeit, in der Fähigkeit, den eigenen Auftrag zu erkennen und zu ihm zu stehen, aber auch im Gelingen und Misslingen seiner Lebensweise, in Neurosen auch und Psychosen aller Art und im Ablauf einer Heilung. Die Bilderwelt aus der urzeitlichen Erfahrung der Menschheit ist uns eingestiftet und hilft uns, dieses Dasein zu bestehen.

Das Bildmaterial religiöser Sprache liegt aber im Bildervorrat der menschlichen Seele bereit, und wer religiös reden will und dabei die Menschen erreichen, wird auf dieses Bildmaterial zurückgreifen. Die Bilder, die in der menschlichen Seele leben, sind die Mittel, mit denen ein Mensch seine Welt erkennt und deutet, und mit deren Hilfe er mit sich selbst zurechtkommt. Diese Bilder entwickeln sich, werden deutlicher im Laufe eines Lebens, deutbarer, und was an religiöser Einsicht in einem Menschen erwachen soll, wird geweckt werden durch eine Sprache, die ihm aus der Bilderwelt seiner Seele vertraut ist. Die Bilder der Seele spiegeln die Erfahrung, die ein Mensch mit seiner Welt macht, und so gelangt eine religiöse Botschaft auf dem Weg der Bildersprache in den Erfahrungsraum eines Menschen, prägt wiederum die Erfahrung, weckt neue Erfahrung, korrigiert die Erfahrung, und am Ende findet das religiöse Wort sich unter den Bildern der Erfahrung wieder, ob bewusst oder unbewusst. Und anders als im steten Hin und Her zwischen den Bildern einer Botschaft und den Bildern, in denen ein Mensch seiner eigenen Erfahrung gewahr wird, kann die religiöse Botschaft nicht gehört werden, vor allem: wird sie in der praktischen Erfahrungswelt eines Menschen keine hilfreiche Gestalt annehmen.

Wenn wir den Zugang zu Symbolen verlieren oder zu mythischen Erzählungen, wenn sie für uns unsichtbar bzw. stumm werden, so beweisen wir damit nicht, wir seien über eine primitive mythische Welt hinausgekommen, sondern im Gegenteil, wir seien in eine archaische Welt zurückgefallen, in der die Menschen noch nicht deuten konnten, was ihnen draußen in der Welt oder drinnen in ihrer Seele begegnete. Die lebendige Gegenwart von Symbolen ist nicht Merkmal eines noch schlafenden Bewusstseins, sondern im Gegenteil Zeichen eines Geistes, der aus seinen Träumen wach wird. Denn um über Träume Rechenschaft zu geben, muss einer wach geworden sein.

Nun ist für das Mythische noch etwas Weiteres bezeichnend, und das macht die mythische Erzählung tauglich dafür, dass in ihr etwas wie Offenbarung geschieht, etwas wie das Herüberkommen einer Wahrheit in die Menschenwelt:

Was Menschen vor einigen tausend Jahren in ihrem Leben erfuhren, das fand für sie zugleich statt in der äußeren Welt und in ihrer eigenen Seele. Für sie ging ineinander über auch, was sie wach erlebten und was sie träumten. Für sie war der numinose Teil der Welt ebenso in ihnen selbst wie um sie her.

Wir Erben der Aufklärung, für die noch immer ein klarer Gegensatz besteht zwischen unserer Seele und unserer Umwelt, kommen, wenn wir die Erzählungen der Bhagavadgita oder der tibetischen Schriften oder der Bibel nachlesen, rasch zu dem Schluss: Das ist alles Phantasie, das hat alles so nicht stattgefunden. Wir ahnen heute aber wieder etwas von der tiefen Einheit der Seele mit dem Geschehen in der Welt und mit ihrem Hintergrund. Wir beginnen etwas zu ahnen von der Identität zwischen uns selbst und unserer Welterfahrung, aus der wir uns auf keine Weise herauslösen können. Und wir ahnen auch, dass eben dies unsere Welt bewohnbar macht, dass wir in einer langen Folge von Menschen stehen, die uns von ihren Erfahrungen nicht nur mit unserer Welt, sondern auch an den Rändern unserer Welt erzählen. Und dass wir – mit ihren Erfahrungen ausgestattet – die Geschichte der menschheitlichen Lebensbewältigung fortsetzen.

7 Religiöse Erfahrung widerfährt den Menschen rund um die Erde

Wir sind als christliche Abendländer gewohnt, falsche und richtige Anreden an Gott zu unterscheiden. Wir stellen uns merkwürdigerweise vor, das Gebet eines Christen höre Gott, während das Gebet irgendeines Stammes aus dem Urwald zu irgendeiner Gottheit nicht zum wirklichen Gott gelange. Bei den Magandscha, einem afrikanischen Stamm, betet die Priesterin:»Höre, du, o Mpambu, sende uns Regen«, und der versammelte Stamm antwortet mit einem Klatschen und in singendem Ton:»Höre, o Mpambu«.

Da es diesen Regengott für uns nicht gibt, so sind wir Theologen noch immer weitgehend überzeugt, dass die Priesterin mit ihrem Gebet ins Leere stößt und dass sie von ihrem Gott weder gehört wird noch Regen bekommt. Sie muss also dringend zunächst vom Vater Jesu Christi hören, ehe ihre Bitte erhört werden kann.

Ich meine nicht, der Regengott werde antworten. Wer aber, so frage ich mich, hört den Ruf der Priesterin und die Bitte der Menschen wirklich? Wer sieht die beschwörenden Tänze? Wird es nicht der eine, der wirkliche Gott sein, der jedem Menschen auf dieser runden Erde nahe ist, der jede Stimme hört, die irgendwo im Guten oder im Bösen laut wird, und der sie immer gehört hat oder hört wie die Stimmen der Christen? Oder wird er, der eine, wirkliche Gott, sein Ohr verschließen, weil er nicht mit seinem korrekten Namen angeredet wird? Wie wichtig sind denn überhaupt die Namen, die die Menschen Gott beilegen? Haben nicht die Muslime recht, wenn sie meinen, Gott habe hundert Namen, neunundneunzig könne der Mensch nennen, den hundertsten aber, der seine eigentliche Wahrheit ausdrückt, wisse allein das Kamel, das aber spreche ihn nicht aus?

Wie wichtig ist denn für ein Gebet die Vorstellung, die ein Mensch sich von Gott macht? Wenn das Gebet eines heutigen, europäischen

Zeitgenossen Berechtigung haben soll, Sinn und Wert, je nach der Richtigkeit der Vorstellungen, die er sich von Gott macht – wessen Gebet soll Gott dann überhaupt hören? Ein Kind betet zu dem Gott, den es sich in seinen kindlichen Bildern vorstellt, und Gott hört. Gebildete und Ungebildete, Erfahrene und Ahnungslose, Armselige und Weise wenden sich auch unter Christen an den Gott, den sie sich jeweils vorstellen, und verlassen sich darauf, dass er hört. Sind unsere Vorstellungen nicht in jedem Fall, auch unter sehr viel Wissenden, ein einziges kindliches Bilderbuch, mit dem wir den beschreiben, der doch nicht zu beschreiben ist?

Ich stelle mich also neben irgendeinen fremden Menschen aus irgendeiner fernen Weltgegend und aus irgendeiner fremden Religion und rufe mit ihm zusammen Gott an, ich mit den Worten, die ich gelernt habe, er mit den seinen. Ich muss seine Vorstellungen nicht teilen, ich weiß aber, wenn Gott mich hört, so wird er auch für ihn nicht taub sein.

Nun aber kommt das Thema »religiöse Erfahrung« mit Macht auf uns zu. Wollen wir auf dem Feld des gegenseitigen Verstehens zwischen den Religionen einen Schritt weiterkommen, so müssen wir über fremde Religionen anders denken, als wir es nun fast zweitausend Jahre lang getan haben. Was muss ein Mensch wie Gautama Buddha an religiösen Erfahrungen gemacht haben, bis er zu den Vorstellungen, den Wegen, den Grundgedanken kam, die die von ihm gestiftete Religion oder Philosophie prägen? Was für religiöse Erfahrungen liegen überhaupt irgendwelchen primitiven oder reiferen oder hoch differenzierten Religionen zugrunde, Erfahrungen, die die Geltung der jeweiligen Religion begründen? Es gilt wohl sehr neu – so neu, wie es die drei Themen des 20. Jahrhunderts waren – festzustellen, Gott habe offensichtlich viele Wege, Menschen zu den Anfängen religiösen Nachdenkens zu führen, viele Mittel, ihnen zu ausgebauten religiösen Gedankenwelten zu helfen, sie anzuregen, religiöse Ordnungen zu schaffen, religiöse Rituale zu feiern, ein religiöses Leben zu gestalten. Wir müssen endlich, nach neunzig Jahren der Verdrängung, das Thema der religiösen

Erfahrung aufgreifen, um zu verstehen, wie es zugeht, dass irgendein Mensch oder irgendeine Kultur beginnen kann, von Mächten zu reden, von Göttern oder von Gott. Und zwar aufgreifen mit einer großen Behutsamkeit und ohne alle Rechthaberei. Wir müssen wissen, dass hier eine der unausweichlichen Aufgaben dieser Zeit liegt für eine Kirche, die im Konzert der weltweiten Stimmen, die über den künftigen Weg der Menschheit reden, ihre Stimme einbringen will. Die Behauptung, die wir seit den zwanziger Jahren des vorigen Jahrhunderts gelernt und verinnerlicht haben, das Christentum sei die einzige Offenbarung Gottes auf dieser Erde, alle anderen Religionen seien von Menschen erdachte Abwehrmaßnahmen gegen Gott, werden wir in ihrer törichten Arroganz und fundamentalen Unwahrheit erst einmal ins Auge fassen müssen. Mit fremden Religionen kundig und fair umzugehen, war früher eine Frage der Bildung, heute ist es eine Frage auf Leben und Tod der Menschheit.

Zunächst werden wir dazu überhaupt erst einmal klären müssen, was wir unter religiöser Erfahrung verstehen wollen. Wie wir sie werten. Was wir ihr an wahrheitsuchender Kraft zuerkennen wollen. Wie sie zustande kommt. Was die gemeinsamen christlich-nicht-christlichen Merkmale einer wirklichen religiösen Erfahrung seien. Es ist das Grundthema für alle Arbeit der Kirchen hinaus in die globale Öffentlichkeit. Dazu will dieses Buch das Seine beitragen. Ich werde dabei nicht von fremden Religionen reden, sondern nur von unserer eigenen, aber zu einer wachen interreligiösen Diskussion zu diesem Thema will ich aufrufen. Und ich tue das mit einer gewissen Zuversicht. Wenn ich sehe, wie unsere Kirche auf den Feldern der drei Aufträge des 20. Jahrhunderts mit ihrem Umdenken begonnen hat, kann ich darauf vertrauen, dass wir heute in ein offenes und unvoreingenommenes Gespräch finden werden, das unser gewohntes Besserwissen fair und freundlich hinter sich lässt.

III

Religiöse Erfahrung hat als ihr Instrument vor allem die Intuition

24. 05. 2020 Sonntag Exaudi

8   Die heutige Naturwissenschaft zeigt uns eine immer rätselhaftere Offenheit unserer Welt

Jede Welt- oder Gotteserfahrung steht im Rahmen eines heute unter den Menschen geltenden Weltbildes. Was für ein Weltbild aber steht uns heute, am Beginn des 21. Jahrhunderts, vor Augen? Die Vorstellung der Aufklärung von einer in sich stimmigen, ausgeglichenen, berechenbaren, erkennbaren Wirklichkeit, die uns zutreffende Erfahrungen ermöglicht auf dem Weg über einen in sich logisch aufgebauten Verstand, sie ist dahin. Seit Max Planck die Quanten fand und Einstein die Relativität, seit Popper seine Wissenschaftstheorie erstellte und der Urknall zum Weltanfang wurde, ist nichts mehr so, wie es in den schönen Zeiten der aufgeklärten Weltharmonie gewesen war.

Die Natur scheint heute weniger bestimmt von zwingenden Gesetzen und mehr von statistischen Wahrscheinlichkeiten. Das Universum war einmal ewig in Vergangenheit und Zukunft. Inzwischen hat es einen Anfang und ein Ende. Die Wahrheit stellt sich nicht mehr von selbst ein, wo vernünftig gedacht wird. Der Glaube und die Naturwissenschaft lassen sich nicht mehr säuberlich trennen. Sie beginnen, sich in unübersichtlichster Weise einander anzunähern und sich zu überschneiden. Die Wirklichkeit besteht nicht mehr aus »Materie«. Nun hat man seit den ionischen Naturphilosophen nach den Bausteinen der Wirklichkeit gesucht, und heute will es so scheinen, als sei die Wirklichkeit überhaupt nicht wissbar.

Was ein Elektron sei, weiß niemand. Was ein Vakuum ausfüllt. Was ein Antiteilchen sei. Was dunkle Materie oder dunkle Energie. Ob unsere Naturgesetze universell gelten oder ob anderswo andere zu vermuten sind. Wie viele Dimensionen in unserem Universum sich ausbreiten. Ob Raum und Zeit objektive Gegebenheiten oder Konstrukte unseres Verstandes sind. Ob sie mit der Weltentwicklung sich bildeten oder mit der Evolution des Lebens auf dieser

Erde. Dass 96 Prozent des Universums aus einem »Stoff« bestehen, den wir nicht kennen, steht fest. Und wie viele Universen es geben mag, bleibt offen.

Und was eigentlich ist Bewusstsein? Bewusstsein hat offenbar nicht mehr nur der privilegierte Mensch, Bewusstsein dringt für unsere heutige Einsicht immer tiefer in die biologische und physikalische Welt ein. Information muss vermutet werden nicht mehr nur etwa zwischen Menschen oder Tieren, sondern auch zwischen Teilchen, die aber keine Teilchen sind. Geist und Natur scheinen ein und dieselbe unbekannte Realität zu werden. Die Welt überhaupt scheint außerhalb unseres Bewusstseins nicht in der Weise zu existieren, die sich unser Bewusstsein vorzustellen vermag. Vielleicht ist die ganze Wirklichkeit nur ein gewaltiger Gedanke. Naturwissenschaft besteht vielleicht nur scheinbar aus rationaler Forschung, und vielleicht lassen sich ihre Entdeckungen am genauesten mit den Mitteln einer surrealen Intuition darstellen. In welcher Welt aus Phantasie und Nichtwissen spielt sich eigentlich das ab, was wir unsere Erfahrung nennen?

Man könnte auch sagen, die Welt sei eigentlich nicht mehr vorzeigbar, sondern nur noch aussagbar – und das mit den Mitteln der Mathematik, also im Rückzug auf Gleichnis und Symbol. Die Physik scheint sich nur noch mit ihren eigenen Beobachtungen zu beschäftigen, aber nicht mit etwas, was beobachtet werden könnte. Wir haben einmal gelernt, ein Vakuum sei eine Leere, aber in Wahrheit scheint es ein Meer aus unendlichen Energien zu sein. Die Wirklichkeit scheint auf einem unbekannten, unendlich tiefen Energiemeer zu schwimmen, und die Dichte dieser Energie scheint so ungeheuerlich, dass selbst die bisher unangefochten geltende Einsteinsche Weltgleichung $E = mc^2$ sie nicht mehr erfasst. Wir haben einmal gelernt, eine Erkenntnis weise sich als wahr aus damit, dass sie keine Widersprüche in sich habe. Von Photonen, die einmal als Teilchen, einmal als Welle erscheinen, hätten wir niemals vermutet, es könne sie geben. Das Universum wird aus einer konkreten Ansammlung von Gegenständen zu einer vorüberflutenden

Wolke. Man beginnt von Geist-Stoff zu reden. Die Welt scheint sich in einen Schleier aufzulösen.

Ich will in diesem Buch zeigen, was Erfahrung zu leisten vermag, und ich kann nicht einmal sagen, was wir auf ihren Wegen aufsuchen. Ich kann nach der heutigen Bewusstseinsforschung nicht einmal mehr sagen, wie mein Gehirn funktioniert. Ich müsste mich an eine der kurzschlüssigen Lösungen halten, die auf dem Markt angeboten werden und denen im Gesicht steht, dass sie das wirkliche Leben des Gehirns nicht zeigen. Wenn also Erfahrung zwischen einer Wirklichkeit und meinem Gehirn stattfinden soll, so bin ich von beiden Seiten her verlassen. Immerhin freilich: Es könnte ein ungeheurer Gewinn in dieser Rätselhaftigkeit verborgen liegen: der Gewinn nämlich einer großen, neuen Offenheit für den Geist und der Gewinn einer unendlich ins Ungeheure offenen Wirklichkeit, die uns in eine Freiheit stellen, in der unsere Erfahrung anfangen könnte, sich abzuspielen. Alles scheint immer mehr daraufhin zu deuten, dass alles anders ist, nicht beschreibbar und nicht begehbar.

Es ist deutlich: An die Stelle von Wirklichkeiten treten heute rätselhafte Offenheiten. Und zwar nicht, weil wir die Antwort nicht kennen, sondern vielleicht weil es Antworten gar nicht gibt. Was uns in der Hand bleibt, sind die Strukturen von Beziehungen. Aber was sind Beziehungen, wenn nichts ist, was zueinander in Beziehung tritt? Ich bin kein Physiker. Ich verstehe die heutige Physik nicht. Aber es hat mich sehr getröstet, als ein mir befreundeter Atomphysiker, der ein Leben lang bei CERN in Genf gearbeitet hat, mir unlängst sagte: »Ich verstehe die Physik nicht. Und ich glaube auch nicht, dass es irgendjemanden gibt, der sie versteht.« Diesem Satz stelle ich gerne den meinen an die Seite: »Ich verstehe die Hintergründe der Theologie nicht. Und ich glaube auch nicht, dass es irgendjemanden gibt, der sie versteht.« Wenn es nun gelänge, dieses beiderseitige Nichtwissen in ein Gespräch einzubringen, so könnte die Hoffnung bestehen, dass unsere Verständigung auf dem Wege des Nichtwissens ein Stück weiterführte.

Ich kann nur hören, was führende Fachleute der Physik in der gängigen Literatur sagen. Ich höre da: Nichts ruht, alles ist Bewegung, aber es gibt keine Objekte, die sich bewegen. Alles ist ein großer Tanz, aber es gibt keine Tänzer. Solche Sätze sind nicht poetisch gemeint. Oder: Geist und Materie sind sich gegenseitig einfaltende Projektionen einer größeren Wirklichkeit, die weder Natur noch Geist ist. Oder: Es gibt ein kosmisches Bewusstsein, das in alle Dinge hineinreicht. Oder: Alle Dinge haben an der Freiheit teil. Oder: Das Universum ist eine in einem Code abgefasste Nachricht, und der Wissenschaftler hat die Aufgabe, diesen Code zu entschlüsseln. Er wird am Ende aber nur seine Deutung in der Hand haben und nie die Wirklichkeit. Er wird Bilder in der Hand haben, Metaphern, Gleichnisse, die ihm sagen, was über seine Experimente zu seinem Denken durchdringen will. Oder: Was auf uns zukommt, ist der Verzicht auf eine Naturphilosophie von der realen Außenwelt und ihr Ersatz durch eine mythologische Sprachphilosophie.

Einige Physiker von heute nennen die Beziehungen, die aller Gegenständlichkeit voraus sind, Geist. Dieser Geist ist vor allem Wahrnehmbaren. Aber damit gerät die Naturwissenschaft sehr in die Nähe zur religiösen Sprache. Denn Ähnliches hat die religiöse Sprache immer gesagt. Und was hat das Ganze, das wir Weltwirklichkeit nennen, für einen Sinn? Sinn gewinnt diese Art Wirklichkeit für uns nur, wenn wir dieses Ganze nicht außerhalb von uns sehen, wenn wir uns selbst also nicht als Teile sehen, die neben anderen Teilen sind, sondern als Teilhaber am Ganzen.

Der Verzicht auf eine bloße Außenwelt, die Einbeziehung der Erfahrungsweise des Menschen und der Einsatz einer mythologischen Sprachphilosophie werden wohl die letzte Phase jenes Paradigmenwechsels ausmachen, der mit der Naturwissenschaft in unseren Tagen seinem Abschluss zugeht. Sie hat, nach den Bekundungen der wichtigsten Vertreter dieser Wissenschaft, nicht mehr die Wirklichkeit vor sich, sondern nur noch ihre eigenen Aussagen über die Wirklichkeit. Was sie aber heute über die Welt der »Superstrings« aussagt, ist reine Mythologie. Wobei das Wort »Mythologie« noch lange nicht meint, was sie sagt, sei nicht zutreffend. Der Paradigmenwechsel dieses vergangenen Jahrhunderts zielt eindeutig von einer als real erkennbaren zu einer gedeuteten Welt.

Das gilt vermutlich auch von unserem Glauben. Es gibt keine Lehre, mit der wir unseren Glauben fassen könnten. Es gibt nur noch die Aussage: Ich glaube. Ich glaube so, wie ich es von meinen Vorfahren übernommen habe. Ich glaube so, wie ich geistig dazu stehen kann. Ich glaube so, dass die ganze reiche Welt meiner Erfahrungen sich in meinem Glauben spiegelt. Streit über den Glauben wird weder mich weiterbringen noch den, der gegen mich streitet. Uns kann nur helfen, zu bekennen, was uns begegnet ist, was uns angeredet hat, was uns in die Quere kam und was wir an Erfahrung zu bündeln vermögen, und das vor dem Hintergrund des überlieferten Wortes.

Wenn wir als Christen in das 21. Jahrhundert sehen, werden wir unter den nachdenklichen Menschen vermutlich ein Weltbild antreffen, das mit der Welt, in der wir noch heute leben, fast nichts mehr gemeinsam hat. Dieses neue Weltbild wird dem Christentum in vielem näher sein als das bisherige. Es wird sich jedenfalls nicht aus dem Gegensatz zum Glauben verstehen. Es wird uns auf der anderen Seite viel ferner sein als das bisherige und einen Neuentwurf unseres Denkens fordern, an den wir uns noch längst nicht gewagt haben. Man darf auch gespannt sein, was die Armeen von Physikern im neuen Genfer Riesenspielzeug ans Tageslicht fördern werden, und ob es das Tageslicht sein wird, in dem wir leben.

In fast allen Forschungsgebieten scheint sich die Aufmerksamkeit weg von den Einzelheiten und hin zu einer integrierenden Ganzheit zu verschieben. In den neuen komplexen Wissenschaften wie der Systemtheorie, Ungleichgewichtsthermodynamik, Kybernetik, allgemeine Evolutionstheorie oder der Theorie von der Selbstorganisation wird mit Hilfe von Computerprogrammen nach einem übergreifenden Ganzen gesucht, und zwar deshalb, weil Physik, Biologie und Bewusstseinsforschung trotz all ihrer Erfolge sich einer wachsenden Zahl ungelöster Fragen gegenübersehen. Die Welt ist nicht ein riesiger Mechanismus, von einigen Anteilen Geist gesteuert, wie die Neuzeit annahm, sondern ein – vielleicht sich selbst steuerndes, sich selbst organisierendes – offenes System, das nur als Ganzes lebt und funktioniert. Immer mehr von ihm beginnt für unser Auge zusammenzuhängen, und es will scheinen, als gebe es keine einfachen Ursachen in ihm und keine begrenzbaren Wirkungen.

Unsere Erfahrung, um die es uns hier letztlich geht, wird uns weniger als ein Hin- und Hergehen von Informationen zwischen einer äußeren und einer inneren Welt erscheinen, sondern mehr als ein Ausdruck für die Weise, wie wir im Ganzen sind. Sollten wir aber keine Wege finden, das Ganze zu denken, dann wird uns die Welt bei allem Fortschritt unseres Erkennens zu einem immer undurchdringlicheren Rätsel werden.

Wir können heute von Naturwissenschaftlern hören oder lesen, die Wirklichkeit sei eine Art von universellem Bewusstsein, und es sei keine Höhendifferenz erkennbar zwischen dem Bewusstsein, das in einem Molekül als treibende, führende und weitergestaltende Kraft am Werk sei, und einer pflanzlichen Zelle oder dem Gehirn eines Menschen. Bis in die Welt der Sterne hinaus sei alles durchwirkt von einem umfassenden Bewusstsein. Aber damit kommen wir sehr nahe an das heran, was die Religions- und Kulturgeschichte rund um die Welt je über Gott, über seine Welt und über uns Menschen gesagt hat.

»Das herrlichste und tiefste Gefühl,
das wir spüren können,
ist die mystische Empfindung.
Dort liegt der Keim jeder wahren Wissenschaft.
Derjenige, dem dieses Gefühl fremd ist,
der nicht mehr von Bewunderung ergriffen

oder von Ekstase hingerissen werden kann,
ist ein toter Mensch.
Zu wissen, dass das, was undurchdringlich ist,
dennoch existiert,
sich als höchste Weisheit
und strahlendste Schönheit manifestiert,
die unsere stumpfen Fähigkeiten
nur in äußerst primitiver Form wahrnehmen können,
diese Gewissheit, dieses Gefühl
steht im Kern jedes wahrhaft religiösen Sinnes.«

Albert Einstein

C. F. von Weizsäcker sagte mir in einem Gespräch, die wissenschaftliche Physik werde in naher Zukunft etwas wie eine Einübung in mystische Dimensionen erfordern.

Max von Laue, Physiker, sagt:

»Die Naturforscher wollten Gott
von Angesicht zu Angesicht sehen.
Da das nicht möglich war,
beteuerte ihre exakte Wissenschaft,
dass es ihn nicht gebe.
Um wie vieles sind wir Naturforscher
bescheidener geworden!
Wir beugen uns in Demut vor dem Übergroßen,
vor dem Übermächtigen,
dem ewig Unsichtbaren,
dem niemals Erfassbaren.«

9 Alle Grenzen, die wir wahrnehmen, ziehen wir selbst. Der Raum unserer Erfahrungen hat keine festen Grenzen

Es ist für uns Menschen lebensnotwendig, zu unterscheiden, zu urteilen, zu trennen. Unser Verstand ist ein Instrument des Unterscheidens. Wir trennen zwischen Geist und Leib, zwischen Himmel und Erde, zwischen Verstand und Seele, zwischen schön und hässlich, zwischen nützlich und unnütz, zwischen Leben und Tod, zwischen böse und gut, zwischen außen und innen, oben und unten, zwischen eng und weit, zwischen angenehm und quälend, zwischen gefährlich und lebensdienlich. Wir kämen mit unserer Welt nicht zurecht, ohne solche Trennungen und Unterscheidungen vorzunehmen.

Was uns aber heute gerade an der Wirklichkeit unserer Welt aufzugehen beginnt, das ist, dass alle solche Unterscheidungen von uns Menschen getroffen werden und dass wir die Gegensätze, die uns die Welt handhabbar machen, in die Wirklichkeit unserer Welt selbst einbringen. Nähern wir uns aber dem, was wir Erfahrung nennen, so müssen wir uns mit allem verbunden sehen, vernetzt oder für alles zugänglich. Was wir als Erfahrung bezeichnen, könnte also über alle »Grenzen« zu allem hinübergreifen, das uns umgibt.

Die Naturwissenschaft von heute sagt uns über die Struktur unserer Wirklichkeit dies: Es gibt in der Natur keine trennenden Grenzen, auch nicht zwischen Geist und Materie, so wenig wie zwischen unserer Seele und unserer Welt. Es geht alles ineinander über, und nichts kann »definiert«, das heißt mit Hilfe von Grenzziehungen beschrieben werden. Jedes Molekül muss als ein »geistiges« Phänomen beschrieben werden. Wenn wir sagen, die Natur sei »der Geist, der sich noch nicht selbst als Geist erkennt«, so ist schon dieser Satz ein Ausdruck menschlicher Arroganz. Wissen wir denn, wie weit in der Natur das reicht, was wir Selbsterkenntnis nennen? Der Philosoph Schelling dachte schon vor zweihundert Jahren in solche Bereiche hinüber.

Noch einmal: Unser Verstand kann über sich und seine Umwelt Klarheit schaffen, indem er Gegensätze feststellt. Aber damit tut er etwas, das der Natur fremd ist. In der Natur geht immer eins ins andere über, lebt eins mit dem anderen, gilt das eine wie das andere, gibt es kein Gut und Böse und kein wichtig und unwichtig. Alle Grenzen sind unwirklich. Wo ich zwischen Gut und Böse eine Grenze ziehen muss, ist nicht eine Grenze, die gut und böse säuberlich trennt, sondern eine Übergangszone zwischen beiden, in der Gutes und Böses sich mischen, sich verbinden, sich durchdringen. Die Grenze ist künstlich. Es scheint also mindestens vorschnell, der menschlichen Erfahrung feste Grenzen zu setzen, an denen sie zu enden hätte.

So sagt der Physiker David Bohm: »Beobachter und Beobachtetes sind miteinander verschmelzende und sich gegenseitig durchdringende Aspekte einer einzigen, ganzen Realität, die unteilbar und unzerlegbar ist.« Hans Peter Dürr sagt: »Die Quantenphysik hat aufgezeigt, dass eine Zerlegung eines Zustandes in Teilzustände strenggenommen nicht möglich ist. Eigentlich gibt es nur das eine, das sich in gewisser Weise als ein Ganzes von Teilen auffassen lässt, was aber dann mehr ist als die Summe seiner Teile.« Und Carl Friedrich von Weizsäcker: »Nimmt man die Quantentheorie ernst, so gibt es in ihr überhaupt keine getrennten Objekte, sondern nur ein Ganzes. Die Frage ist nicht: Wie kommen wir an das Ganze, sondern: Wie ist überhaupt eine Physik denkbar, die sich den Teilen als Objekten zuwendet?« Oder der Anthropologe Gregory Bateson kam zu dem Schluss, es sei logisch zwingend, »die Existenz von geistigen Prozessen auf allen Ebenen … anzunehmen, also auf der Ebene der Zellen, der Organe, der Gewebe, der Organismen, der tierischen und menschlichen Gruppen, der Ökosysteme und sogar der Erde und des Universums als Ganzem.« Nach ihm sind alle Grenzen im Weltall illusorisch, die mentalen Funktionsweisen des menschlichen Gehirns kommen überall in der Natur vor, Geist und Natur sind eine untrennbare Einheit. Und die heutige transpersonale Psychologie, etwa Ken Wilber, tut mit unserer Seele dasselbe, was die Quantenmechanik mit unserer vierdimensionalen

Wirklichkeit tut: Sie respektiert Grenzen als unsere subjektiven Hilfsmittel. Aber sie sagt: Im Grund ist alles rätselhaft. Anders und fremd. Und alles geht in alles über. Auch unsere Erfahrung. Wir wissen fast nichts.

Wenn aber unser Geist forschend oder gestaltend arbeitet, was ereignet sich dabei? Er schafft Gedanken und bewegt sie. Ruft andere auf, die ihnen widersprechen. Sucht nach Antworten, wo Fragen sich stellen. Schafft er Gedanken? Oder ist es nicht vielmehr so, dass Gedanken kommen und gehen? Ein Gedanke aber ist die Fußspur einer Offenbarung. Was sich offenbart, wissen wir nur vordergründig. Ein Ding. Ein Geschehen. Ein Kampf. Ein Unglück. Im genaueren Hinsehen erkennen wir: Was sich offenbart, hat keinen Namen. Es kann von uns also nicht aus dem Zusammenhang des Seins herausisoliert werden. Ein Gedanke ist der Beweis für die Grenzenlosigkeit unserer Welt und unserer eigenen Seele. Ein guter Gedanke hat etwas mit Gnade zu tun. Er kann nicht gewollt und nicht gemacht werden. Er »fällt ein«. Er »kommt«. Auf ihn kann ich nur warten. Wenn er aus dem Hintergrund meines Daseins oder woher immer in Erscheinung tritt, bin ich in Verbindung mit dem großen Bewusstsein, das durch alle Dinge und alle Dimensionen meines Daseins hindurch lebt und wirkt. Ich bin Person, das ist gewiss. Aber ich stehe in ständiger Verbindung mit Kräften und Bereichen unserer Welt. Ich bin Person, aber mein Leben und Denken verbindet mich mit der großen Wirklichkeit. Ich bin ebenso »trans-personal«, wie ich »personal« bin.

Und nun sind wir wieder bei unserer »Seele«. Mein Geist kann mir einreden, ich sei ein einzelnes Wesen. Meine Seele, die sieht und hört, die in Verbindung lebt mit allem, was um sie her ist, die aufnimmt, was ihr gegeben wird, und die gibt, was sie zu geben hat, die leidet und mitleidet mit anderen, die den eigenen Tod fürchtet und den Tod anderer vor Augen hat, ist das »Organ« (ich sage Organ, obwohl ich weiß, wie unsinnig es ist, die Seele als Organ zu beschreiben), das mich einflicht in das Größere, in den größeren Raum, die vielen Kräfte. Das mich teilhaben lässt an den Geschicken der anderen Wesen dieser Erde. Unsere Seele ist von Anfang bis Ende überpersönlich angelegt. Und wenn ich ihr zuhöre, dann weiß ich: Ich bin nicht nur ich. Ich bin eins mit allem, was lebt. Ich bin nicht eine Burg mit festen Mauern, wie ich es mir zu Zeiten wünsche, ich bin offenes Land. Es wird also keine Seele geben, die mit den Mitteln etwa der Psychologie vollständig zu beschreiben wäre, sie wird über den Rand jeder Definition, und zwar entscheidend, hinausreichen. Es wird aber jeder Seele die Bestimmung mitgegeben sein, Medium zu werden einer Offenbarung des Anderen, des Ganzen, einer Offenbarung von Sinn und Wahrheit.

Was wir Heutigen zu lernen haben, ist dies:

Unsere Welt, unser Dasein ist immer klar aufgetrennt zwischen Ich und Welt, Ich und Du, Ich und Nicht-ich. Das ist unsere von uns selbst geschaffene, strenge Wahrheit, von der wir immerfort ausgehen. Dass aber das Gegenbild zu dieser zerlegten Welt auch seine Wahrheit hat, und dass es für uns heilsam wäre, was wir zertrennt sehen, in seiner großen Einheit zusammenzusehen, ist mir sicher. Die Grenzenlosigkeit, in der unsere Seele lebt, zu empfinden, ist so notwendig wie die Klarheit der Unterscheidung und der Verantwortung für das, was nicht wir selbst sind. Unser in sich geschlossenes Ich zu öffnen für das Ganze und die Lockung des Grenzenlosen nicht für eine Versuchung zu irgendetwas Bösem oder Falschem zu halten, sondern für einen Weg zur Wahrheit, das könnte für die Ausweglosigkeit, in der wir mit unserer dualen Weltsicht festsitzen, lösend und befreiend sein. Echte Spiritualität geht davon aus, dass alle Widersprüche und Gegensätze sich in Gott aufheben und dass sie nur für uns Menschen in unserer engen Welt bedeutsam sind. Das aber will heißen, dass sie für uns prinzipiell aufhebbar sind und der Raum unserer Erfahrung größer werden, wachsen, sich ausdehnen kann über das für uns bislang gültige Maß hinaus.

10 Für die religiöse Erfahrung sind nicht unsere Verstandeskräfte die geeigneten Mittel, sie aufzunehmen. Es sind vielmehr die Kräfte der Intuition

Unser Verstand orientiert sich in der Welt seiner Erfahrungen so, dass er in vier Kategorien ordnet, was ihm begegnet. Er fragt zum Ersten nach der Quantität dessen, was er wahrnimmt. Er fragt also: Ist das eines? Sind das viele? Sind das alle? Er fragt nach der Menge, der Größe, und er fragt, ob sich, was er wahrnimmt, auch zerlegen lasse. Er fragt zum Zweiten nach der Qualität dessen, was ihm begegnet: Ob er es bejahen könne, verneinen müsse oder hinnehmen könne, weil es allgemein gelte. Er fragt zum Dritten nach der Relation zwischen den einzelnen Objekten seines Wahrnehmens, das heißt, er fragt, ob zwischen zwei Dingen oder zwischen einem Ding und mir selbst eine Beziehung bestehe, ob sie bedingt gelte, unbedingt oder ob sie ohne Bedeutung sei. Und er fragt zum Vierten nach dem Maß von Notwendigkeit oder Möglichkeit, also, ob ein Stück der Wirklichkeit real sei, notwendig oder möglich. Diese vier Kategorien, nach denen unser Verstand mit der Wirklichkeit umgeht, hat vor zweihundert Jahren Immanuel Kant gefunden, und sie gelten nach wie vor. Dass unser Verstand logisch arbeitet, das heißt nach diesen Regeln, das ist für unser Überleben in unserer Welt eine Grundbedingung.

Nun ist aber der Verstand durchaus nicht die einzige Kraft, mit der wir Menschen unsere Welt zu erkennen und zu verstehen suchen. Nach der analytischen Psychologie ist er nur eine von vier Kräften, mit denen wir uns orientieren. Sie sagt, wir orientierten uns auf vierfache Weise: mit Hilfe unseres Denkens, unseres Empfindens, unseres Fühlens und unserer Intuition. Diese Unterscheidung geht auf C. G. Jung zurück, und sie scheint mir nach wie vor hilfreich und tragfähig zu sein. Wir beginnen damit, dass wir von der Empfindung unserer Sinne geleitet feststellen: Hier ist etwas. Wir schreiten fort damit, dass wir ahnen: Das könnte diese oder diese Bedeutung haben. Beides produzieren wir nicht selbst, es kommt vielmehr auf uns zu. Wir bleiben an das, was wir wahrnehmen, ausgeliefert. Aber danach gehen wir zwei Schritte weiter und stellen dem, was wir wahrnehmen, unser Gefühl entgegen, wir stellen uns zu ihm oder wir lehnen es ab. Oder wir suchen zu klären, ob es mit uns etwas zu tun hat oder nicht. Und zuletzt setzen wir unser Denken, unseren Verstand ein, und können mit seiner Hilfe beurteilen, was uns begegnet ist.

Wir haben also zwei empfangende Funktionen, die sinnliche Ebene und die Intuition auf der Ebene geistiger Erfahrung. Das ist sozusagen die waagerechte Achse unseres Erkenntnisvermögens. Dem tritt eine senkrechte Achse hinzu, wir distanzieren oder nähern uns dem Gegenstand unseres Erkennens mit Hilfe der Kräfte unseres Gefühls und gehen danach mit unserem Verstand zur Klärung und Ordnung unserer Erfahrungen über. Man könnte also die beiden Achsen so zueinander stellen:

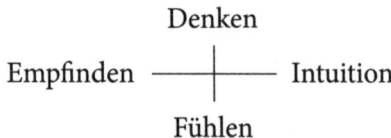

Denken

Empfinden ———|——— Intuition

Fühlen

Man könnte sagen: Die waagerechte Achse mache die passiven Kräfte unserer Erkenntnis aus, die senkrechte die aktiven. Man könnte weiter vermuten: Empfindung und Intuition machten das Wesen eines Erlebnisses aus. Die verarbeitende Funktion des Fühlens und Denkens führt das vorübergehende Erleben weiter zu einer dauerhaften Erfahrung.

Wenn nun zutrifft, was zu vermuten ist, dass religiöse Erkenntnis weitgehend durch die Kräfte der Intuition in das Dasein von uns Menschen eintritt: Was haben wir uns unter »Intuition« vorzustellen? Das Wort kommt aus dem Lateinischen und bedeutet Schau oder Anschauung. Es meint eine Art von Erkenntnis, die nicht durch die abstrakte, rechnende, begriffliche, diskursive Tätigkeit des Verstandes gewonnen wird, in der aber die Tätigkeit des Verstandes gründet und auf die am Ende die Tätigkeit des Verstandes hinausläuft.

Nach Platon bemüht sich diese unmittelbare Schau um die Wahrnehmung der Bilder des Überweltlichen, die er Ideen nennt. Intuition ist nach ihm die Weise, wie ein Mensch das Wesenhafte, das Andersartige einer Wahrheit suchen und finden kann. Er »schaut sie an«. Er lässt sie in sich eintreten. Nach dem Philosophen und Mathematiker Nikolaus von Kues (15. Jahrhundert) gibt es außer in der Mathematik keinerlei exakte Wahrnehmung einer Wirklichkeit mit den Mitteln des Verstandes. Es gibt mit seiner Hilfe nur Mutmaßungen, Konjekturen, wie Nikolaus von Kues sagt. Die aber werden ihre Gewissheit auf der Grundlage des Schauens gewinnen. Auch in der Mathematik schafft nach ihm die entscheidende Einsicht nicht der rechnende Verstand, ihre Axiome werden nicht bewiesen, sondern nur in ihrer rätselhaften Selbstverständlichkeit geschaut. Nach Ockham, dem mittelalterlichen Nominalisten (14. Jahrhundert), ist die Intuition die einzige Form der Wahrnehmung, durch die ein Mensch wissen kann, ob etwas sei oder nicht. Nach Spinoza ist sie die höchste Form des Erkennens, sie lehrt uns, wahr und falsch zu unterscheiden. Für die Geisteswissenschaften ist sie die Weise, wie wir Einsicht gewinnen in etwas Geschichtliches oder Individuelles, die Weise, wie wir einen Menschen verstehen, wie wir Situationen und ihre Anforderungen erkennen, wie wir Aufgaben als die unseren erkennen, wie wir irgendetwas von »Sinn« erfassen. Intuition unterscheidet sich vom diskursiven Denken darin, dass sie nicht die logische Richtigkeit und nicht die sachliche Genauigkeit sucht, sie vollzieht sich vielmehr in nacherlebender Einfühlung, sie lässt sich passiv ergreifen von einer begegnenden Wirklichkeit.

Wer solches Erkennen für nutzlos halten möchte, denke an das verbreitete Verfahren des Brainstorming in der heutigen Welt der Wirtschaft oder der Wissenschaft. Brainstorming meint: Menschen stehen vor einem Problem und kommen ihm mit aller exakten Prüfung von Lösungsmöglichkeiten nicht bei. Da treffen sie sich, um ihre freie Kreativität auszuspielen und Lösungen wie Luftballons steigen zu lassen. Sie begeben sich auf die Ebene der Intuition, und was sie dabei zu Gesicht bekommen, prüfen sie danach auf seine Brauchbarkeit und Produzierbarkeit. Das Brainstorming oder ähnlich die Synektik beziehen ihre Chance aus der Erfahrung, dass die Wege des intuitiven Phantasierens zu Ergebnissen führen können, die auf der Ebene des rechnenden Verstandes liegen, die aber der rechnende Verstand selbst nicht gefunden hätte. Denn Intuition ist die Ebene, auf der Zusammenhänge erfasst werden. Sie ist die schöpferische Quelle für ein erfolgreiches und realistisches Umgehen mit einer nur schwer durchschaubaren Realität. Sie ist unabhängig von den Sinnesorganen. Sie stellt einen erfahrungsbezogenen, unbewussten Verarbeitungsprozess dar. Zu ihr zählen Einfälle, Geistesblitze, Inspirationen, imaginative Eingebungen. Zu ihr gehören instinktives Wissen, Ahnen, Wittern oder Spüren. Auch viel, das wir der Parapsychologie zurechnen wie telepathisches oder präkognitives Wissen. Auch das ekstatische Hinaustreten dürfte zu ihrem Bereich zu zählen sein.

Mit all dem ist der Weg der rationalen, auch der technischen Welterkenntnis auf keine Weise abgewertet. Das methodisch geklärte Erkennen und Verstehen als wissenschaftliches Verfahren, sich die Wirklichkeit empirisch anzueignen, bleibt in seinem Rang und seiner breiten Unentbehrlichkeit bestehen. Es geht vor mit den Schritten von trial und error, von These und Widerlegung, von Verifikation und Falsifikation der wissenschaftlichen Aussagen. Man könnte dieses Verfahren, seine eigenen Methoden und Erkenntnisse ständig in Frage zu stellen, zu untersuchen und zu prüfen, durchaus die Frömmigkeit des Wissenschaftlers nennen, und es liegt mir sehr fern, dem seinen Sinn, seine Notwendigkeit, seine Fruchtbarkeit und seinen konkreten wie geistigen Nutzen abzusprechen. Das Leben der Menschen wird künftig eher stärker als bisher von dieser rationalen Weltzugewandtheit und ihrer asketischen Kraft abhängen.

Die eigenständige Person des Menschen und sein Recht auf diese Eigenständigkeit in der konkreten Wirklichkeit dieser Welt waren einst eines der großen Geschenke des christlichen Glaubens an die Menschheit. Diese Eigenständigkeit gründete auf dem Wirken des Gottesgeistes im Herzen und im Geist des Menschen. Es ist nun die Frage, ob eine nur redende Kirche, die sich für die Eigenerfahrungen des glaubenden Einzelnen nicht interessiert, diesen Gewinn an Wirklichkeit noch zu vermitteln vermag. Von jeher hatte man gewusst, dass dem äußeren Wort der christlichen Verkündigung ein inneres Wort gegenüber stehe, das äußere kritisch begleitend, es ergänzend oder korrigierend, und das sich an die Aufnahmefähigkeit der Intuition wende. Dass aber beide einander nötig hätten, und dass Wahrheit dort aufleuchte, wo beide, das äußere und das innere Wort, das Ihre aussagten. Auch hier gilt: Das Thema »Erfahrung« ist gestellt.

Meister Eckart spricht von der intuitiven Kraft des Empfangens so:

»Ich habe eine Kraft in meiner Seele,
mit der ich Gott empfange.
Ich bin mir so gewiss, wie ich lebe,
dass nichts mir so nahe ist wie Gott,
ja, dass er mir näher ist, als ich mir selbst bin.«

11 Wie orientiert sich die Intuition in der Wirklichkeit ihrer Erfahrungswelt?

Nun könnte man fragen, auf welche Weise die Intuition die Wirklichkeit dieser Welt erkenne und ordne. Der Verstand ordnet sie, wie gesagt, nach den Kategorien der Quantität, der Qualität, der Beziehungen und der Notwendigkeit. Was sind die Gesichtspunkte, nach denen die Intuition vorgeht? Wenn die Intuition das spontane und ganzheitliche Erfassen der Wirklichkeit meint, wie ordnet sie, was sie wahrnimmt? Gibt es Naturgesetze oder Lebensgesetze, die denen, nach denen der Verstand sucht, querstehen?

Ich will einen Versuch kurz wiederholen, den ich einmal angestellt habe und der sich mir seitdem bewährt hat. Ich frage: Kann ich mit meinen menschlichen Sinnen und meinen intuitiven Kräften Grundmuster finden, nach denen in unserer Welt gelebt wird und auf die hin wir Menschen geistig und spirituell angelegt sind? Ich finde immer wieder deren vier:

Die Analogie, das heißt die Entsprechung im Netzwerk und im Stufenaufbau unserer Welt.
Die Polarität, das heißt ihre durchgehende Struktur in Gegensätzen.
Den Rhythmus in ihren Prozessen und Abläufen.
Und die Resonanz zwischen jedem und jedem, hin und her gehend.

Die Analogie. Unsere Welt ist als Netzwerk angelegt. Was am einen Ende gilt, gilt, auf eine andere Weise, am anderen Ende der Verknüpfungen. Was auf einer materiellen Stufe gilt, das gilt, freilich anders, auf der biologischen oder der geistigen und vielleicht auch der religiösen. Überall herrscht ein Zusammenspiel von Proportionen, Spiegelungen, Wiederholungen, so dass ich vermuten kann, was für meine sichtbare Wirklichkeit gilt, gelte auch für die unsichtbare. Das sagt die Weisheit in allen Religionen auf unterschiedliche Weise. Was im Himmel gilt, gilt auf der Erde. Was für den Einzelnen gilt, gilt für die Gemeinschaft. Darin gründet die Aussagekraft aller Gleichnisse, auch der Gleichnisse Jesu. Er sagt mit ihnen: Wer Unsichtbares begreifen will, muss das Sichtbare mit offenen Augen sehen. Wer in die Zukunft denken will, muss die Gegenwart verstehen. Das »Symbol« fasst zusammen, was es selbst zeigt und was draußen in der Welt oder in einer Seele geschieht. Analogie meint, wörtlich übersetzt: ein Hinaufsprechen von einer Ebene des Seins auf eine andere, und das gelte, weil sie alle, diese Ebenen, nach demselben Muster angelegt sind. Lässt sich all das beweisen? Selten. Aber es lässt sich ahnen. Und zwar mit den Kräften der Intuition.

Polarität: Ob sie von unserem Verstand erst hergestellt wird oder ob sie der Wirklichkeit innewohnt, wir begegnen jedenfalls in allen Dingen der Polarität und den Gegensätzen. Das Gute und das Böse sind eine solche Polarität. Licht und Finsternis. Oben und unten, groß und klein, Tun und Ruhen, Ordnung und Chaos, Liebe und Streit. Ich sehe jedenfalls, dass ich in einer Welt lebe, die mir in Gegensätzen entgegentritt. Vor allem bemerke ich, dass ich fast immer das eine will und das andere von mir weise. Ich verstehe dabei, dass jeder Pol aus dem anderen seine Kraft schöpft. Wenn ich in einem elektrischen Kabel den einen Draht durchtrenne, bewegt sich auch im anderen nichts mehr. Aber über meine schlichten Erfahrungen hinaus spricht die Naturwissenschaft heute von Komplementarität, das heißt von Polaritäten, die sich nicht auflösen lassen, die die Wirklichkeit vielmehr gemeinsam bezeichnen und gemeinsam »ausfüllen«. Der Welle-Teilchen-Dualismus ist eine solche Polarität, von der ich nicht weiß, ob sie ein Produkt des Nachdenkens oder ein Element der Wirklichkeit ist. Ich kann es nur mit meiner Intuition nachspüren.

Rhythmus: Überall begegne ich in meiner Wirklichkeit Schwingungen, Bewegungen, Rhythmen. Ich lebe in Tag und Nacht, Sommer und Winter, mit Ein- und Ausatmen, mit meinem Herzschlag, mit dem Pendel einer Uhr. Und ich finde mich immer wieder in

Versuchen, einen solchen Rhythmus nachzuvollziehen oder nachzuschaffen, im Spiel, in der Musik, in der Dichtung, im Ritual, im Tanz. Ich sehe die Welt als Tanz, und ich spiele mit der Welt meinen eigenen Tanz. Zwischen Regel und Würfelspiel, zwischen Ordnung und Phantasie geht das Spiel hin und her. Und am Ende wird die Welt für uns Menschen bewohnbar damit, dass sie sich nachspielen lässt mit ihren großen und unendlich zahlreichen kleinen Rhythmen.

Und endlich Resonanz: Wo eine Schwingung ist, muss die Schwingung, um hörbar zu sein, ihre Resonanz finden. Zu einem Klang gehört ein Ohr, das Ohr aber hört nur die Klänge, für die es geschaffen ist. Für jede Wahrnehmung brauche ich ein Instrument in mir, das die Wahrnehmung sichtbar macht. Ich kann nur die Bereiche kennen lernen, für die ich die Resonanzfähigkeit besitze. Ich muss für das Schöne empfänglich sein, soll es mich anrühren. Ich werde in einem anderen Menschen nur das erwähnenswert finden, für das ich empfänglich bin. Im Grunde erlebe ich immer nur mich selbst in der Resonanz meiner Umwelt. Wenn mich ein Schicksal trifft, so kommt es nicht allein von außen, es kommt vor allem, weil ich für dieses Schicksal disponiert bin. In allem, was mir begegnet, treffe ich mich selbst an. Alles, was ich fördere, bin ich selbst. Alles auch, was ich zerstöre. Das sagen viele Religionen aus ihrer intuitiven Einsicht. Alles, was ich hasse, alles, was ich liebe, bin ich selbst. Denn die Welt schwingt in allen ihren Bereichen, und alles schwingt zusammen.

So sagt Rumi, der große islamische Mystiker:

»Gott, ohne dein Wort hat die Seele kein Ohr,
ohne dein Ohr hat die Seele kein Wort.«

Der Verstand sammelt am Ende Wissen. Die Intuition sammelt Weisheit. Und so kommt die Intuition zu ihren großen Vermutungen, die besagen: Alles ist eins. Alles ist eine Welt. Nichts steht allein. Alles lebt vom Leben aller. Alles ist ein Ganzes. Nichts kann aus dem Ganzen gelöst werden. Alles, was geschieht, geschieht im großen Zusammenhang. Nichts geschieht aus sich selbst. Wer ein einzelnes Problem angeht, hat es mit Leben und Tod aller Dinge vom Uranfang bis zum fernen Ende zu tun.

Wir nehmen uns vor, ein politisches Tagesproblem zu lösen, und finden uns mitten in den geheimnisvollen Zonen der menschlichen Seele. Wir suchen einen religiösen Weg zu gehen und begegnen dabei den Entdeckungen der Naturwissenschaft. Wir haben technische Schwierigkeiten vor uns und befinden uns mitten in den Überlebensfragen der Menschheit. Wir nehmen uns vor, über das schmale Thema der religiösen Erfahrung nachzudenken, und können nicht verhindern, dass wir in Vernetzungen geraten, in denen unser Denken und Erfahren auf allen Seiten verfangen ist. Es gibt keine Grenzen und keine Schranken, unsere Welt ist grundsätzlich auf allen Ebenen offen. Die religiöse Welt kann so offen vor uns stehen wie die, die wir bewohnen.

Ich versuche also, nachdem ich von Gott gehört habe, so aufmerksam in meiner Welt zu stehen, dass ich es bemerke, wenn sich mir irgendjemand oder irgendetwas von außerhalb meiner Welt her mitteilt. Wenn ein Gott ist, so muss das in irgendeiner Weise dieser Welt anzumerken sein. Dann ist diese Welt mehr als der funktionierende Apparat, dessen ich mich bediene. Dann reicht sie hinaus in Räume, die ich ahne, die ich spüre, denen ich nachtaste. Dann ist meine Welt reicher und offener. Dann sind in ihr Räume, in die ich hinausgreife. Dann wird die große Fremde vertrauenswürdig und begehbar dadurch, dass darin und dahinter die Nähe eines vertrauenswürdigen Gottes spürbar wird.

Ich bin der Überzeugung, dass unsere Theologie, will sie die Menschen künftig erreichen, um dieses Thema auf die Dauer nicht herumkommen wird. Das Thema, was denn Intuition sei. Wie spirituelle Erkenntnis vonstatten gehe. Was aus Erfahrungen zu gewinnen sei. Auf welcherlei außersinnliche Wahrnehmungen unsere dogmatischen Begriffe zurückgehen. Was gemeint sei, wenn wir vom heiligen Geist reden, vom inneren Wort, von Offenbarung oder von jener Transparenz des Wirklichen, die wir »Wahrheit« nennen. Es genügt nicht mehr, sich mit den beiden theologischen Spielwiesen der Theorie und der Moral zu begnügen.

Vor fast hundert Jahren haben wir die religiöse Erfahrung aus dem Haus unserer Theologie gewiesen. Ich sagte, die religiöse Erfahrung stehe irgendwo herum wie ein verlassenes Waisenkind. In der theologischen Literatur ist es kaum auszumachen. Was es selbst meint, hat es durch drei bis vier Generationen von Theologen nicht mehr sagen dürfen. Es wird Zeit, dass wir es an unseren Tisch holen und ihm zuhören. Es will erzählen.

12 Das Gegensatzpaar Materie – Geist erweitert sich uns heute zu dem Beziehungsquadrat Geist – Wort – Materie – Bild

Zu sagen, was Materie sei und was Geist, wird für die heutige Naturwissenschaft schwieriger, denn nicht nur, was Materie sei, wird rätselhaft, sondern auch die Beschreibung dessen, was wir Geist nennen. Im Laufe seiner Frühzeit entwickelte der Mensch die Fähigkeit, Informationen selbstständig zu verarbeiten und über die Information hinaus eigene Gedanken zu fassen. Dieses Bewusstsein ist verbunden mit einem Gehirn, das materieller Natur ist, dessen graue Zellen keinerlei Bewusstsein zeigen und sich in nichts von anderen Molekülen und Zellen sonstwo im Universum wesentlich unterscheiden.

Wie aber geht es zu, wenn Neuronen in unserem Gehirn Bewusstsein erzeugen? Niemand hat eine Erklärung dafür. Oder, wenn es nicht die Neuronen sind, wer weckt das Bewusstsein? Vielleicht ist es so, dass das Bewusstsein in unserem Gehirn eine Art Außenstelle eines größeren Geistes ist, der nicht dem Gehirn einwohnt, sondern sich unserem Gehirn nur mitteilt, und der alles umfasst und enthält, was an geistigen Regungen im Universum am Werk ist? Die transpersonale Psychologie in Amerika denkt in diese Richtung.

Was der Mensch der Frühzeit zuletzt entwickelte, die vordere Gehirnregion, die wir »Neocortex« nennen, unterscheidet das menschliche Bewusstsein vom Bewusstsein oder Denkvermögen anderer Lebewesen. Es stellt den Datenmengen, die die Sinne ihm vermitteln, vorgeformte Strukturen entgegen, geordnete und ordnende Daten, und zwar jeweils in einem Vielfachen an Zahl im Vergleich zu dem, was es aufnimmt. Dadurch ist es in der Lage, wesentlich mehr zu leisten, als nur Informationen zu speichern und zu verarbeiten. Es vermag die eingehenden Signale mit anderen Signalen zu verknüpfen, die es schon gespeichert hat. Es stellt die Rezeptoren auf sie ein. Es formt das Empfangene neu. Es verbindet empfangene Bilder mit Symbolen, die es schon bewahrt, mit Sinn, mit Abstraktionen, die zum Teil auf Datenmaterial beruhen, die es selbst erzeugt, mit Gefühlen, Emotionen, mit Intuitionen und Phantasie. Es lässt sich neue Ideen einfallen, woher immer sie kommen mögen. Es ist also weder ein nur passives System, das aufnimmt, was ihm zugeführt wird, noch ein verschlossenes, das uns nur mit uns selbst verbindet. Es ist ein offenes und lebendiges, das die Beziehung zwischen Innen- und Außenwelt überwacht und reguliert und das, weit darüber hinaus, auch komplexe, spontan entstehende Gedanken, Werte und Verhaltensweisen hervorbringt wie Güte, Gerechtigkeit oder Schönheit. Alles tut es mit Hilfe von Neuronen, die etwas wie Geist, wie wir meinen, nicht besitzen. Wie aber entsteht Geist, und worin mag er bestehen? Die rein physiologisch vorgehende Gehirnforschung ist mit Sicherheit eine Sackgasse.

Der Trick der Neuzeit, die Materie als ausgedehnte, den Geist als denkende Sache zu begreifen, kann heute auf keine Weise mehr gelingen. Beide sind einander ähnlicher und näher, als die Neuzeit annahm. Sie scheinen ineinander überzugehen. Und vielleicht wird sich eines Tages herausstellen, dass sie ein und dasselbe sind. Wenn wir aber von Erfahrung reden, dann reden wir von der unbekannten Weise, wie komplexe Regungen in unserem Gehirn entstehen, und vielleicht verstehen wir Erfahrungen am genauesten dann, wenn wir unser Gehirn als ein Geschöpf jenes kosmischen Bewusstseins verstehen, das sich im Einzelgehirn einen selbstständigen Wirkungsraum schafft. Und wieder will es so scheinen – falls dies nämlich zuträfe –, dass die Möglichkeiten unseres Geistes und unserer Seele, Erfahrungen zu machen, unendlich weit über das hinausreichen könnten, was wir ihnen zutrauen oder zugestehen möchten.

An die Stelle eines einfachen Gegensatzes von Geist und Materie, wie ihn die Aufklärung vorgetragen hatte, tritt heute ein Beziehungsviereck:

Geist ———— Wort

Bild ———— Materie

Von jedem der vier Felder, aus denen Wirklichkeit bestehen könnte, geht ein Fließen zu jedem anderen hinüber. Ich kann nicht sagen, sie seien dasselbe. Ich kann auch nicht beschreiben, was ein einzelnes von ihnen sei. Ich kann nur sagen, das Ganze dieser vier ineinander übergehenden Chiffren sei eine fließende Kontinuität. Dabei könnte das »Wort« das Ferment sein, das die lebendige Verbindung der vier schafft, die »Personanz«, wie ich sie nennen möchte, vom einen zum anderen.

Das bedeutet auch, dass der Weg von der Naturwissenschaft zur mystischen Erfahrung kein Überschritt in eine andere Zone der Wirklichkeit sein kann, dass beides vielmehr in einer Welt nebeneinander und ineinander aufgesucht werden muss.

Ein Weiteres ist am Ende dieses Abschnitts festzuhalten. Die Naturwissenschaft mündet überall in die technische Anwendung. Der Mensch, der verstehen wollte, was an Geheimnissen zwischen Himmel und Erde sei, ist auch der, der als der zugreifende Täter seine Welt zu verändern bestrebt ist, um sie als seine Welt bewohnbar zu machen. Neben die verstehende Wort- und Wahrnehmungslinie tritt mit Notwendigkeit die Tatlinie. Sie stellt das Konstrukt her, die Technik, die Prothese der Menschlichkeit, die unsere menschlichen Fähigkeiten ergänzt, und dies zum Teil auf Kosten anderen Lebens.

Das Wesen des Wirklichen kann keine Naturwissenschaft ergründen, wohl aber kann, was die Naturwissenschaft erkennt, angewandt werden. Das aber geschieht dadurch erfolgreich, dass die Anwendung durch das Verfahren von Versuch und Irrtum, also eine ständige Suchbewegung erreicht wird. Also auf dem Weg eines ständigen Scheiterns. Dieses Scheitern zwingt aber ständig zum Neuanfang, zur Neuschaffung von Prothesen des Lebens. Und das wiederum mit der Phantasie eines Gehirns und der Kontrolle durch die intuitive Erkenntnis.

IV

Die Bibel wird immer dann
im spirituellen Sinn konkret,
wenn sie von Erfahrungen spricht

13   Die Bibel ist eine Lichterkette weitergesagter Gotteserfahrung

Es muss einmal gesagt werden: Wer religiöse Erfahrung nicht gelten lassen will, denkt an der Bibel vorbei. Er kennt weder die Visionäre der Bibel noch die Propheten, noch die Weisen, noch die Dichter, weder die Erfahrungen der Einzelnen noch die Erfahrungen, die ein ganzes Volk aus seinem geschichtlichen Schicksal gewann. Wie ging es denn zu, wenn ein Wort von Gott zu den Menschen kam?

Der junge Samuel empfing die Weisung für sein künftiges Leben nicht von Eli, seinem Lehrer, sondern aus einem Wort, das er im Traum hörte (1. Samuel 3,1–14). Abraham schlug nicht in den Geschichtsbüchern oder den Lebensweisheiten seines Landes oder den religiösen Traditionen, die er erlernt hatte, nach. Er hörte Gott unter dem Sternenhimmel, der über der Steppe leuchtete (1. Mose 15,5–6). Andere hörten ein an sie gerichtetes Wort teils im wachen Bewusstsein, teils in der Trance, jedenfalls abseits der offiziellen Auslegung des Gesetzes, abseits der Lehre der Priester. Elia hörte, er solle an den Bach Krith gehen (1. Könige 17,3), Abraham, er solle seine Familie verlassen. Als Kind habe ich meine Lehrerin im Kindergottesdienst gefragt, wie sich denn das angehört habe, wenn Gott zu Abraham sprach, denn mir war wichtig, seine Stimme zu kennen, wenn er zu mir reden sollte. Die Antwort, die mich damals an allem Christentum zweifeln machte, lautete: »So darf man nicht fragen!« Ja, warum darf man das nicht? Dass auch meine theologischen Lehrer es mir später nicht sagen konnten, hängt wohl mit der grundsätzlichen Einseitigkeit unserer theologischen Deutungsversuche zusammen, die darin besteht, dass immer und immer vom Sprechen Gottes die Rede ist, aber kaum je von den vielerlei Weisen, in denen ein Mensch dieses Sprechen vernimmt. Es hängt wohl auch damit zusammen, dass für uns, ganz anders als für die Bibel, das »Wort« immer als Element eines gesprochenen Satzes verstanden wird, aber nicht als Bild, nicht als Berührtsein von etwas auf uns zu Kommendem, nicht als Begegnung. Denn für die Bibel ist ein Wort, ein Dabar, wie sie es nennt, ein Teil eines Satzes zwar auch, aber vor allem ein Geschehen, ein Ereignis, ein schöpferischer Vorgang, für sie ist »Wort« ein Ausdruck für jede Art visueller oder existenzieller oder verbaler Information, von der anschließend bestimmt wird, was geschieht oder zu geschehen habe. Wenn ein Wort an einen Menschen der Bibel ergeht, so geschieht das in grenzenloser, farbiger Vielfalt.

Amos schaut einen Korb mit reifem Obst und hat damit eine Botschaft an sein Volk (Amos 8,1–3). Mose spricht auf dem Horeb mit Gott »von Angesicht zu Angesicht« (2. Mose 33,11). Johannes schaut von seiner Insel aus dramatische Bildfolgen, die ihm die Zukunft deuten (Offenbarung 1,9–11). Daniel geht seinen Weg, geführt von einer Vision (Daniel 7). Der sterbende Stefanus schaut wie auch Paulus den erhöhten Christus (Acta 7,56). Belsazar liest an einer Wand Gottes Urteil (Daniel 5). Jesaja schaut, wie die Engel Gott im Tempel verehren (Jesaja 6,1ff). Saul weiß sich in einer Ekstase zum König berufen (1. Samuel 10,9–12). Hesekiel erlebt außergewöhnliche Bewusstseinzustände. Er fühlt sich am Schopf gepackt und an einen Ort versetzt, an dem er zu reden habe, was er schaute (Hesekiel 8,1–6). Er erfuhr in der babylonischen Gefangenschaft den Einbruch einer Vision: »Dort kam die Hand des Herrn über mich. Ich sah: Ein Sturm kam vom Norden, eine große Wolke mit flackerndem Feuer, umgeben von einem hellen Schein. Aus dem Feuer strahlte es wie glänzendes Gold. Mitten darin erschien etwas wie vier Lebewesen« usw. (Hesekiel 1). Als ekstatisches Geschehen wird die Pfingstgeschichte berichtet (Acta 2). Paulus erfährt sich als in Gottes Bereich entrückt (2. Korinther 12). Elia erkennt Gott an der wortlosen Stille, in der Gott wohnt (1. Könige 19).

Allen diesen und anderen Erzählungen sollen wir, so meinen es die Geschichten der Bibel, die Dignität eines authentischen Zeugnisses zuerkennen, unabhängig von unserer späteren Deutung, denn all dies seien die Weisen, in denen Gott sich kundtue. In jedem Geschehen dieser Art sagt ein Mensch: Das ist mir widerfahren. So habe ich es erlebt. Das war wichtig für mich, und nun wird es wichtig auch für dich. Die zentralen Texte der Bibel handeln von religiösen Erlebnissen oder Erfahrungen. Jedes dieser Erlebnisse traf einen bestimmten Menschen. Dieser Mensch erfuhr es innerhalb seiner konkreten Erlebniswelt. Es traf ihn als eine Erfahrung von Wirklichkeit. Und er hatte darauf seine ebenso konkrete Antwort zu geben.

Wollen wir also sachgemäß einordnen, was da erfahren wurde, so müssen wir heute eine Psychologie der religiösen Erfahrung erstellen. Und zwar nicht nur eine psychiatrische oder seelenkundliche, sondern eine theologische. Wir müssen, was für viele unter uns sehr neu wäre, beschreiben, auf welche Weise ein moderner Mensch eine Stimme von Gott zu hören vermöge, auf welche Weise er das Schweigen Gottes erfahre oder Gottes Eingriff in ein Geschehen auf dieser Erde erlebe.

Die Bibel ist offensichtlich ein einziges buntes Bilderbuch unzähliger außergewöhnlicher Bewusstseinzustände, außergewöhnlicher spiritueller Erfahrungen. Erfahrungen mit dem lebendigen Gott. Wollen wir denn nun sagen: Nach dem Abschluss der Redaktion der biblischen Texte hat Gott zu reden aufgehört? Eine solche Meinung müsste sich angesichts der reichen und aussagestarken spirituellen Tradition seither erst noch beweisen. Gott, sofern er je der Lebendige war, ist lebendig. Er redet weiter. Ist das aber so, dann liegt viel an unserer Achtsamkeit, an unserer Hörfähigkeit, an unserem Mut, uns dieser Stimme auszusetzen, wie sie in dem uralten religiösen Erbe der Menschheit, aber auch aus der Bibel, auch aus den Stimmen von Menschen seither ergeht. Aus heutigen Ereignissen und Schicksalen. Aus den Stimmen von Menschen dieser Zeit. Und vor allem: auch aus uns selbst. Aus Gottes Geist, wie er sich in uns selbst kundtut. Es sei denn, wir könnten nicht an den Geist Gottes und wie er in dieser Welt wirkt und in uns selbst spricht, glauben.

Gilt das alles, so geht die Geschichte der Offenbarungen auf höchst authentische Weise weiter. Und sie wird weitergehen in derselben Vielfalt, in der sie in der Bibel geschah. In unseren fünf Sinnen oder außerhalb ihrer, in Wahrträumen und Ahnungen, in Prophetien und Visionen, in Verleiblichung und Entleiblichung, Entrückung und Totenerscheinung. In unserem Diesseits und überall, wo Zeit und Raum gesprengt werden, von einem unzugänglichen Jenseits her in ein echtes Diesseits herein. Wer solches Weitergehen der Offenbarung Gottes in der religiösen Erfahrung heutiger Menschen leugnen oder es untersagen will, wird die Bibel, auf die er sich beruft, nicht auf seiner Seite haben.

Gott sprach, sagt die Bibel, in der Urzeit. Er sprach in der Geschichte der Menschen. Was Menschen hörten, sagten sie weiter. Was sie einander sagten, schrieben sie auf. Das Wort von Gott wurde lesbar. Später wurde das lesbare Wort ausgelegt, gedeutet. Wer es hörte, trat in den Raum eigener Erfahrung, eigenen Sprechens und Hörens ein.

Dieses Wort gelangt zu einem Menschen grundsätzlich so, dass der Mensch es empfängt. Wahrheit muss auf ihn zukommen. Nicht der Mensch macht sich auf den Weg zur Wahrheit. Er öffnet vielmehr nur die Türen und die Fenster und lässt das Licht, das zu ihm kommen will, ein. Oder noch genauer: Er öffnet die Fenster seines Geistes nicht selbst, vielmehr werden sie von der ankommenden Information aufgedrückt oder aufgestoßen. Durch dieses Hereinkommen des Geistes in unsere Menschenwelt entsteht, was wir eine religiöse Atmosphäre nennen, die uns umgibt und einfasst wie das Wetter in der Lufthülle der Erde. Sie wird erfahrbar als Licht, als Wärme, als Wind, als Regen, als Duft. Als von »Luft, die alles füllet« spricht Tersteegen von Gott.

Entsprechend geht unsere Seele mit spirituellen Erfahrungen um. Sie nimmt sie auf. Sie übersetzt sie in ein Bild. Sie dichtet das Bild weiter um zu einer Geschichte, wie ein Traum es tut, und diesen Traum, diese Imagination, sendet sie ab an das Bewusstsein. Das

Bewusstsein aber hat die Freiheit, zu hören oder nicht zu hören. Es fällt also eine in Bilder gehüllte Botschaft in den Innenraum einer Menschenseele. Dort begegnet sie Erinnerungen, Verletzungen, Ängsten, Urteilen, Wertungen, die in diesem Innenraum wie Bilder an der Wand hängen. Wenn, was da hängt, überwunden werden soll, so muss die Anrede, die neu hereinkommt, stärker sein als das, was dort schon ist. Das Wort, auch das Wort der Kirche, muss mit Erfahrungen reden, die in einer Kindheit, in einem Erwachsenen- oder Altenleben gemacht werden. Die Kirche wird, mehr als sie es bisher tut, ihr Wort sagen, indem sie zugleich auf die Stimme aus der inneren Welt der Menschen hört. Von Gautama Buddha gibt es ein Wort, das die Kirche erst noch zu entdecken hätte:

»Wenn deine Erfahrung meiner Lehre widerspricht,
dann folge deiner Erfahrung und nicht meiner Lehre.«

14 Was wir von Jesus wissen, wissen wir aus den Erfahrungen seiner Freunde

Was uns die entscheidenden Schwierigkeiten bei allem religiösen Nachdenken macht, ist eine einfache Tatsache: Es ist seine Bindung an eine alte Vergangenheit. Die Menschheit macht im Laufe ihrer Geschichte Erfahrungen am Rand ihrer erfahrbaren Welt und Wirklichkeit. Diese Erfahrungen führen im Lauf der Jahrtausende zu religiösen Vorstellungen, schließlich zu Religionen mit mythischen Erzählungen, Ritualen und Lebensordnungen. Religion ist etwas, das in langen Zeiten entstand, über lange Zeiten hin überliefert wird und ohne dieses Herkommen nicht begreiflich ist. Eine Religion kann, nur weil ein Mensch oder eine Kultur sie brauchen, nicht frei erfunden werden.

Diese Geschichte aber ist nicht eine Geschichte von Ereignissen oder Gedanken, auf die wir unmittelbaren Zugriff haben. Sie ist immer – nur – eine Geschichte von Wirkungen. Geschichte ist immer nur zugänglich so, wie sie durch ihre Wirkungen zu uns gelangt, wie wir sie von denen überliefert bekommen, die sie selbst auch von Früheren überliefert bekamen. Auf welche Weise denn kommt nun, was Jesus Christus gesagt, gewollt und getan hat, zu uns?

Wir haben keine Zeile von ihm, die er selbst geschrieben hat. Wir haben kein Abbild von ihm, keine Beschreibung seiner Gestalt oder seines Aussehens. Wir haben nur knappe Andeutungen seiner Biografie, und keine psychologische Analyse wird je möglich sein. Was haben wir? Wir haben Äußerungen von Menschen, die ihn verehrten, in denen er etwas bewirkt hat, angestoßen, in Bewegung gesetzt. Jedes Wort, das wir von ihm lesen, ist erst einmal durch den Kopf und das Herz eines Hörers gegangen. Der aber kann seinen Meister verstanden haben oder missverstanden, und manche von ihnen, so der Evangelist Lukas und der große Interpret der Christus-Geschichte, Paulus, haben überhaupt erst durch

Dritte von ihm gehört. Alles, was wir lesen, ist das Werk von Menschen der ersten, zweiten und dritten Generation nach Jesus.

Was wir also haben, ist nirgends das Original, sondern immer und überall der schon gedeutete, der interpretierte Jesus. Wir haben nicht das ursprüngliche Licht, sondern nur seine Ausstrahlung. Seinen Widerschein in anderen Augen. Wir haben nicht seine Persönlichkeit, sondern immer nur seine Wirkungsgeschichte. Diese Wirkungsgeschichte aber ging über die Zeit der ersten Augenzeugen hinaus weiter, und immer erneut kamen Reflexe und Spiegelungen eines Menschen oder einer Zeit dazwischen. Die Geschichte ist eine lange, schöne und immer wieder irgendetwas widerspiegelnde Lichterkette.

Genau das aber, was uns als Reflex oder Widerschein trifft, ist das, was für uns »Geschichte« ist. »Ausstrahlung« ist eine der Sprachfiguren, in denen wir ausdrücken, was uns aus dem Leben und Werk großer geschichtlicher Persönlichkeiten trifft. Wir können niemals fragen: Wer war Jesus wirklich? Niemand wird es ergründen. Wir können nur fragen: Was trifft uns von ihm? Und was wollen wir von ihm weiterspiegeln für die, die nach uns kommen?

Denn dieses Problem, das wir mit Jesus haben, haben wir mit jeder Gestalt der Geschichte. Die Buddhisten haben es mit Buddha, die Philosophen unserer Kultur haben es mit Sokrates. Beide, die zu den fünf oder sechs wichtigsten Gestalten der Geistesgeschichte gehören, kennen wir nur aus der Liebe und Verehrung, aus den Erfahrungen Jüngerer. In den drei dicken Bänden mit den Predigten Buddhas steht kein Wort, das er so gesagt haben muss. In den Dialogen Platons werden Gespräche des Sokrates mit seinen Schülern berichtet, aber es sind keineswegs Gespräche, an denen Sokrates beteiligt war, sondern kunstvoll gestaltete Szenen, mit denen Platon seinen Meister zu ehren gedachte. Trotz dieser ihrer historischen Ungreifbarkeit aber haben alle drei, Jesus, Buddha und Sokrates, die Geistesgeschichte auf dieser Erde unendlich tief und nachhaltig geprägt.

Die Geistesgeschichte ist kein Museum und keine Walhalla mit berühmten Köpfen. Sie ist ein dramatisches Geschehen. Sie besteht in Überlieferungsvorgängen zwischen Eltern und Kindern, Lehrern und Schülern, zwischen Verkündern und ihren Zeitgenossen. Sie besteht auch in Querverbindungen, in den Impulsen, die vom einen Ende der Welt her auf Menschen eines anderen, weit entfernten treffen. Immer aber wird sich, was so im Austausch vom einen zum anderen geht, dabei wandeln in etwas Neues und Anderes, und was dabei entsteht, wird danach im neuen Zusammenhang als Spiegelung einer veränderten Wahrheit weiterwirken.

Die Reformation wollte auf die Heilige Schrift allein gründen, nicht auf die Tradition der Kirche. Inzwischen kann man wissen, dass das gar nicht geht. Die Heilige Schrift ist selbst das Dokument einer starken und lebendigen Tradition. Und sie kommt zu uns nie direkt, sondern immer über ihre eigene Wirkungsgeschichte in zweitausend Jahren. Wir sind mit unserem heutigen christlichen Glauben Ausdruck einer Geschichte. Was wir heute tun und sagen, ist ein Stück weitergehender Geschichte. Was wir später hinterlassen, ist wieder ein Stück heute beginnender Geschichte, und zugleich Zeugnis einer pneumatischen Empirie. Es gilt, sich mit dieser Tatsache einverstanden zu erklären.

Der Urmythos der christlichen Religion ist die Christusgeschichte. Die aber ist in einer extremen Weise schmal. Fragen wir heute, was denn am christlichen Glauben das Einzigartige sei gegenüber anderen Religionen, so finden wir die Antwort: Nichts. Wirklich nichts außer der schmalen, verletzlichen, einsamen Gestalt des Mannes von Nazaret.

Das Ritual des Christentums besteht dann darin, dass wir unser Dasein und das Dasein unserer Welt deuten von der Gestalt und dem Wort jenes Mannes von Nazaret aus. Das Ethos des Christentums besteht schlicht im Nachvollzug seines Weges, auf die Weise, wie er uns Einzelnen und uns gemeinsam gewiesen wird.

15 Die Kirche baut auf den Erfahrungen von Ostern und Pfingsten auf

Nun besteht Geschichte nie nur aus Überlieferungsvorgängen, sondern immer auch aus unerwarteten Aufbrüchen, Einbrüchen und Durchbrüchen der erstaunlichsten Art, und wer die Tatsache solcher Einschläge aus dem »Anderen«, aus irgendeinem Wirken eines schöpferischen Geistes nicht wahrhaben will, wird sie nicht verstehen. Es gilt darum auch für uns Heutige, darauf gefasst zu sein, dass uns Unerklärliches widerfährt, dass uns beängstigend Neues begegnet, ja dass uns selbst ein Wort eingegeben wird, das etwas ganz anderes mitteilt, als was um uns her gedacht wird. Denn Wahrheit ist nicht, was einmal gewesen ist, sondern immer nur, was heute aufscheint und was seine Evidenz durch unsere Antwort gewinnt; und sie ist unberechenbar. Die Logik der Geschichte ist tief irrational. Diese irrationale Logik aber haftet jedem Glauben an, der an einen geschichtlichen Vorgang gebunden ist. Die Geschichte fließt nicht wie ein ruhiger Strom. Sie wirbelt, sie bricht sich an Widerständen, und immer wieder werden irgendein Gedanke, eine Idee, eine Kraft in sie einbrechen, die ihren Lauf verändern.

Für die Menschen, die Jesus anhingen, schien alles stehen zu bleiben. Jesus war tot. Eine Hoffnung war begraben. Sie verbergen sich vor der Öffentlichkeit und trauern. Kümmern sich nur noch um eine letzte Sorge für den Toten. Ein paar Frauen betreten das Grab und werden von einer Vision überfallen. Eine lichte Gestalt sehen sie, die ihnen von der Auferstehung ihres Meisters redet. Sie stürzen aus dem Grab und fliehen, starr vor Entsetzen. Eine Frau geht in den Garten, in dem das Grab liegt, und sieht plötzlich Christus, hört, wie er sagt: »Rühre mich nicht an! Ich bin im Übergang!«

Die kleine Gemeinschaft schließt sich ein. Sie sitzen hinter verschlossener Tür. Da sehen sie Jesus eintreten und hören, wie er sagt: »Friede sei mit euch.« Zwei Männer flüchten aus Jerusalem in ein nahe gelegenes Dorf. Unterwegs begegnen sie einer Gestalt, in der sie später Jesus Christus erkennen. Andere, Fischer aus Galiläa, gehen zurück an den See und nehmen ihre Arbeit wieder auf. Bei Nacht fahren sie aus, und als es Morgen wird, im dunstigen, spiegelnden Licht über der Wasserfläche, sehen sie jemanden stehen. Da erkennen sie: Jesus!

Diese Erfahrungen, die gewiss mancher zunächst nicht für glaublich halten wollte, sind so stark, so deutlich und so unwiderleglich, dass die Freunde alle wieder zusammen kommen, auch die Fischer aus Galiläa, und in Jerusalem einander berichten.

Einige Wochen später: Sie sitzen miteinander in einem Raum. Da bricht etwas in ihre Welt ein, ein »Sturm«, ein »Feuer«. Ein spiritueller Rausch erfasst sie, und sie erkennen: Von dieser Erfahrung zu reden ist nun unser Auftrag! Und sie gewinnen den Mut, hinauszutreten auf die Straße und den Menschen anzusagen, wer dieser Jesus gewesen sei, vor allem aber, wer er jetzt sei, da sie von ihm reden. Irgendetwas, eine Kraft fühlen sie in sich. Etwas wie Feuer. Geist aus Gott. Es entsteht eine Kühnheit, die nur der begreift, der es wagt, die Oster- und die Pfingsterfahrung der ersten Christen so real zu nehmen, wie sie diesen widerfahren sind.

Es entstand ein begeisterter, schnell wachsender Kreis von überglücklichen Menschen, die nun die Stimme ihres Meisters nicht mehr nur aus der Erinnerung hörten, sondern sie auch in der Ekstase, »im heiligen Geist«, neu und gültig vernahmen. Alles, was zu Lebzeiten Jesu geschehen war, rückte in ein neues Licht und wurde für sie selbst zur Vorankündigung ihrer Erlösung und Befreiung über Tod und Grab hinaus. Sie erkannten: Was Jesus widerfahren ist, nämlich die Bedrohung durch die Menschen, widerfährt nun uns. Und doch: Wie Christus in den Händen Gottes bewahrt wurde, so sind wir bewahrt. Wir müssen nur unseren Auftrag aufnehmen und uns auf den Weg machen zu den Menschen.

In solchen Erfahrungen gründet alles, was über Jesus Christus zu uns gelangt ist. Und anders wäre das, was wir das Christentum nennen, nie entstanden. Es wäre ohne dies am Ende nur der Bericht über die Vergeblichkeit einer Hoffnung geworden.

Die ganze Wanderbewegung, die nach der Pfingsterfahrung aufbrach, lebte aus drei Quellen: einmal aus der Schrift, vor allem den Prophetien auf Jesus hin, zum Zweiten aus den konkreten Erinnerungen an Jesus, den Meister, zum Dritten aus den Einsichten, die »der Geist« gab, im Traum, in der Schau, in der Ekstase. Und so entstand in den Zeugen ein Mut, den sie selbst nie aufgebracht hätten, und eine Gewissheit, für die es keinen vernünftigen Grund gab.

Charakteristisch ist für die Berichte, die wir von Jesus haben, ihre Verschiedenheit, ihre Vielfarbigkeit, und es ist nicht immer einfach, ihr Gemeinsames zu erkennen. Aber diese Verschiedenheit gründet darin, dass die Erfahrungen, die verschiedene Menschen mit dem auferstandenen Christus machten, eben die Erfahrungen verschiedener Menschen waren. Zwischen dem Evangelium des Markus und dem des Johannes liegen Gegensätze in der Darstellung Jesu, die kaum auszugleichen sind. Aber es ist das Zeichen einer bemerkenswerten Weisheit in jener späteren Generation von Christen, die im 2. Jahrhundert die Schriften des 1. Jahrhunderts zum späteren Neuen Testament zusammenfasste, dass sie keinen Versuch machte, hier ausgleichend einzugreifen, sondern diese und viele andere Verschiedenheiten sah und gelten ließ.

Wichtig freilich ist, dass wir unterscheiden zwischen Erlebnis, Erfahrung und Erklärung. Ein Erlebnis geht vorüber. Es wird zu einer Erfahrung nur, wenn es bedacht, verarbeitet und festgehalten wird. Die Osterberichte werden zur Erfahrung durch das Gespräch im Kreis derer, die die Auferstehung erlebt hatten. Die Erlebnisse hatten bei aller Verborgenheit, in der sie stattfanden, etwas Unerhörtes, etwas kaum Begreifbares, aber sie wurden erzählt, diskutiert, geklärt und dadurch zu tragfähigen Erfahrungen. Danach aber fragten die Menschen rund um die erste Gemeinde nach Erklärungen. Wie hat sich das abgespielt? Wie kam der Tote aus dem verschlossenen Felsengrab heraus? Wo blieb der Körper? Er konnte doch eigentlich nicht mehr im Grab sein. Woher wussten die Jünger, dass nicht irgendwer ihn gestohlen hatte? Haben Engel es ihnen gesagt? Oder wer? Solche Fragen mussten durch Erklärungen beantwortet werden, die dem allgemeinen Verständnis von Tod und Auferstehung in jener Zeit gerecht wurden. Und so sind in den Osterberichten manche Einzelheiten nicht Erfahrungen, sondern Erklärungen und haben weniger Gewicht. Das »leere Grab« zum Beispiel, über das heute zu streiten wenig Sinn macht, da für uns der Körper an der Auferstehung in keiner Weise beteiligt ist. Das aber war in der damaligen Zeit nicht anders denkbar.

Ostern und Pfingsten zusammen sind die Wendung von der Lebensgeschichte des Mannes von Nazaret zu seiner Wirkungsgeschichte, die in einem kleinen Kreis von Menschen begann und danach ausgriff in die Länder um das Mittelmeer und in die Geschichte der nächsten 2000 Jahre.

Zweiter Teil

Urerfahrungen des
Menschenlebens

V

Vier erste Urerfahrungen
mit oder ohne Gott

16 Die Einsamkeit des Seins und die Sinnleere

Wer überhaupt in der Lage ist, Erfahrungen zu machen, wird im Laufe seines Lebens von vier Urerfahrungen heimgesucht, von denen er nicht sagen kann, inwieweit sie religiöser oder nicht-religiöser Art seien.

Eine erste Urerfahrung erlebt ein Mensch, der mit einem merkwürdigen Schauder erkennt, dass er da ist, dass er lebt, dass er denkt, dass er der ist, den er selbst erlebt und der das in tiefer Einsamkeit durchsteht. Er weiß weder warum noch wozu. Er wird dabei oder danach aber zum Bewusstsein seiner selbst erwachen. Dieser ersten Erfahrung erinnere ich mich in einer sehr frühen Form. Ich war höchstens acht Jahre alt. Meine Aufgabe im Zusammenspiel der Familie war das Einkaufen, das ich widerstrebend, aber gehorsam erledigte. Auf einem jener Wege wurde mir plötzlich auf rätselhafte Weise merkwürdig. Ich trat sozusagen auseinander. Ich fragte mich, wer dieser Junge eigentlich sei, der das Laufen in diesen Laden so brav erledigte, ich selbst könne das eigentlich nicht sein. Und doch sagte ich zu ihm »Ich«. Warum eigentlich? Wie viele von mir gab es denn da? Wer ist da mit wem zusammengestrickt worden? Und was kann ich mit diesem so seltsam gehorsamen Menschen anfangen, der mir so fremd ist?

Der eine, dem Derartiges widerfährt, wird von dieser Fraglichkeit in die Angst gestoßen und von ihr sein Leben lang verfolgt. Der andere gewinnt daraus sein einsames Stehvermögen und die Kraft, es mit dem Dasein aufzunehmen.

Diese Berührung mit Sein und Nichtsein hat verschiedenartige Folgen. Beim einen löst sie sich wieder, als wäre sie nie gewesen. Beim anderen wird sie zu einer verwirrenden Erinnerung, aus der er sich nie wieder ganz zu lösen vermag, obwohl er nichts mit ihr anfängt. Beim dritten nimmt sie die Gestalt einer erlernten Überzeugung an je nach der Prägung, die er empfangen hat. Beim vierten klärt sie sich im Lauf der Zeit, kehrt wieder, geht wieder verloren und geschieht schließlich irgendwann noch einmal oder noch mehrmals in je der Form, die dem Menschen in dieser oder jener Lebensphase zugänglich ist.

Im jungen Menschen erwacht dabei die dringende Frage nach dem Sinn des Ganzen zusammen mit der Forderung an das Dasein, dieser Sinn müsse eigentlich vorgegeben sein, und es erwacht schließlich die Feststellung, dieser Sinn sei nicht zu finden. Was er sich nicht oder kaum deutlich macht, ist, dass der so Fragende alles wissen müsste, was eventuell ein Gott weiß, wollte er diesem Sinn auf die Spur kommen. Die Frage nach dem Sinn ist insofern ein notwendiges Vordringen in die Sinnlosigkeit, und die meisten werden sie darum im Übergang zum Erwachsenendasein hinter sich lassen, um die Kräfte frei zu haben, mit denen sie dem Leben gewachsen sein wollen.

17 Die Erfahrung des Wunderbaren: des Liebens und des Geliebtwerdens

Eine zweite Urerfahrung findet wie die erste zunächst tief in der Verborgenheit einer einsamen Menschenseele statt, aber sie greift plötzlich über den eigenen Rand hinaus und auf einen anderen Menschen zu. Sie kann schon in sehr jungen Jahren plötzlich begegnen, mit fünf oder zehn Jahren, aber sie wird ihre eigentliche Macht zeigen in der Zeit von zwölf Jahren an: nämlich als der plötzliche Eindruck, dass da ein fremder, ganz anderer Mensch auf ihn zukommt, ihn aufwühlt, belegt, bestimmt, begeistert oder erschreckt, so dass ihm scheint, er müsse, um leben zu können, sich mit ihm auf irgendeine Weise verbinden. Und er entdeckt ein tiefes Bedürfnis, von eben jenem anderen Menschen geliebt zu werden. Er hat zwar vielleicht keine Ahnung, wer das ist, aber er meint, ihn mindestens genauso gut zu kennen wie sich selbst. Und er weiß: Mein Leben kann nur gelingen, wenn er oder sie sich mir zuwendet. Dabei fängt nun die aussichtslose Frage nach dem Sinn an, ihre Dringlichkeit zu verlieren, und an ihre Stelle tritt die nach der konkreten Bestimmung des eigenen Seins. Ein tiefes Erschrecken, eine ebenso tiefe Beglückung, eine bebende Angst und eine zielsichere Hoffnung verbinden sich zu einem sanften Wehen oder einem elementaren Sturm. Stimmungen und Träume erwachen, Sehnsucht, Friede und Trauer, Furcht und träumerische Phantasie. Gefühle kommen, bewegen, treiben und wirbeln uns, und wir finden den Mut, mit offenen Augen zu träumen, den Zauber walten zu lassen und so das im übrigen gefährliche und sinnfremde Leben zu bejahen.

Was aus der Erfahrung von Lieben und Geliebtwerden als Klugheit für den ganzen weiteren Weg eines Menschen zu gewinnen ist, ist die Einsicht, dass wir unseren Wert und unsere Wichtigkeit immer nur aus der Zuwendung eines anderen empfangen können, und die Sicherheit unseres Selbstbewusstseins nur aus seiner Liebe. Der Mensch, dem sie gegeben wird, erkennt, warum er unentbehrlich ist, warum ohne ihn die Welt nicht vollständig wäre. Und vielleicht gelingt es ihm auf diesem Wege, darauf zu vertrauen, dass die merkwürdige Welt im Grunde gut sei.

Gerät ein Mensch aber an die Grenze seiner Lebenszeit oder an die Grenze seiner Kraft, an die Grenzen des Schönen und Festlichen in seinem Leben, und fällt er ab in Ratlosigkeit, Schmerz, Leiden und Angst, so wird er vermutlich fragen, wozu er denn dies hinnehmen solle. Er wird in die frühe Phase seiner Frage nach dem Sinn des Ganzen zurückfallen. Und er wird auf seine Frage nach dem Sinn wieder keine Antwort finden. Es sei denn, er finde sie in der Fähigkeit zu lieben, und in seiner Erfahrung, geliebt zu werden. Das ist die Bedingung, unter der die angstvolle Frage nach dem Sinn zur Ruhe kommt: dass ein Mensch sich geliebt weiß und dass seine Liebe gebraucht wird. Sinnlos wird ein Leben nicht, wenn es geistig erkrankt, wenn es das Leben eines Blinden, Tauben, Alten oder Hilflosen ist, sondern nur dann, wenn es um sich selbst kreist, wenn es in der Einsamkeit seines eigenen Ich zu verharren verurteilt ist.

18 Der Blick in den eigenen Abgrund und die lähmende Wahrheit

Auf den langen Wegen durch unser Erwachsenendasein kann uns die dritte Urerfahrung begegnen. Wir stehen plötzlich am Rand eines Abgrunds und schauen, von Schwindel erfasst, in eine dunkle, vor uns liegende Tiefe, in der wir den vermuten, der wir selbst sind. Es ist die Erfahrung der eigenen Rätselhaftigkeit und Abgründigkeit, der alles verwirrenden Wahrheit über uns selbst.

Ich habe nun sechsundachtzig Jahre lang mit mir selbst gelebt. Kenne ich mich? Wie bin ich mit mir selbst umgegangen? Wie mit meinem Schicksal? Meinen Aufgaben? Mit den Menschen um mich? Im Grunde ist alles erledigt. Ich sehe auf ein dramatisches, bewegtes Leben zurück. Wie bin ich mit ihm zurechtgekommen? Das frage ich hier nicht im moralischen Sinn, sondern im existentiellen, im Sinn meiner ganzen Lebenszeit und aller ihrer Ereignisse und Vorgänge. Was war? Was hätte anders sein können, sein müssen? Ein Abgrund tut sich auf. Es ist die dritte Urerfahrung unseres Lebens, und diese hat nicht mit Sinn, sondern mit Wahrheit zu tun.

Habe ich meine Bestimmung erfüllt? Habe ich an mir vorbeigelebt? Habe ich mein Schicksal bestanden, oder bin ich ihm aus dem Weg gegangen? Und was soll nun mit dem geschehen, was an Ertrag bei meinem Leben hätte herauskommen sollen und was nicht herauskam? Ich empfinde im Rückblick so, als hätte ich eng gebundene Hände. Ich kann nichts mehr tun oder ändern. Ich kann nur in mich hinabsehen und zur Kenntnis nehmen, dass ich so bin, wie ich mich selbst nach meinem eiligen, tätigen Leben hinterlasse. Aber wem hinterlasse ich mich? Und wohin wird dieser so gewordene Mensch am Ende geraten?

Und viel ist noch tiefer in mir selbst, das ich nur mit Mühe wahrnehme. Viel innere Armut, Banalität, viel Falsches und Lebensunfähiges. Niemand in unserem Land ist gezwungen, an Gott oder das Jüngste Gericht zu glauben. Es kann sich, wer will, auf seinen nach seiner Meinung gesunden Verstand verlassen oder auf die klaren, beherrschbaren Gesetze der Natur. Trotzdem, es ist seltsam, schüttelt diese dritte Weise der Selbsterfahrung den Mitteleuropäer von heute wie eh und je, und wahrscheinlich mindestens so schlimm wie je unter Wotan oder dem christlichen Gott.

Millionen Menschen ängsten sich vor Chaos, Weltdiktatur, Hunger, Krieg, Terror, Vermassung und Ordnungsverlust. Wie kann das möglich sein, da wir doch seit dreihundert Jahren davon träumen, unsere Welt sei eine wohlgeordnete, klare, rationale Sache, die erkennbaren Gesetzen gehorche und in der es bedrohliche Mächte nicht gebe? Die Wissenschaft war für die Neuzeit ein Mittel zur Überwindung der Angst. Heute ist sie selbst eine ihrer gefährlichsten Ursachen. Und wenn Millionen ihre Zuflucht in primitivem Aberglauben suchen, wenn die Hexenvereine blühen, wenn scheinreligiöse magische Praktiken unsere Welt überschwemmen, dann haben wir nicht nur Reste einer Religion von gestern vor uns, sondern auch einen Gegenschlag gegen die rationale Welterklärung von heute, gegen die offenbar nur noch mit starkem Zauber anzukommen ist.

Vor dreitausend Jahren konnten die Menschen es benennen und sprachen von den großen Müttern. Aber über die großen Mütter hat längst der männliche Verstand gesiegt, und die Mütter sind dabei sozusagen untergetaucht. Noch immer steuern sie uns, aber das Gespräch mit ihnen ist verstummt. Der Verstand wähnt die Welt neu zu planen, aber der Mensch selbst wird von den Bildern und Kräften seines Unbewussten hin- und hergeworfen und gebeutelt. Was ihn treibt, ist die Angst, unterzugehen, die Sorge, das bewusste, freie Ich könne vom Unbewussten wieder verschlungen werden. Also grenzt er es aus, verdrängt es und flüchtet sich ins Obergeschoss einer rationalen Weltdeutung.

Der zweite Aspekt dieses Problems der Angst ist die Tatsache, dass es für die Menschen heute ein Maß an Vereinzelung und Vereinsamung gibt, das früheren Generationen unbekannt war. Nicht nur, weil die Menschen von anderen allein gelassen werden oder die gesellschaftlichen Strukturen sich verändert haben, sondern auch und vor allem, weil sie selbst sich vor Bindungen und Berührungen fürchten. Es gibt eine verbreitete seelische Krankheit, die darin besteht, dass man sich vor Beziehungen ängstet, dass man sich nicht hinzugeben vermag, dass man Kontakte und Gespräche vermeidet.

Es steckt dahinter eine Ahnung davon, dass das unabhängige, das in seiner Freiheit so bedrohte Ich sich aufgeben müsste, dass das Ich sich verlieren müsste, um sich wiederzufinden. Dass es sich aus der Hand geben müsste, um sich sozusagen aus der Hand des anderen Menschen wieder zu empfangen. Es steckt die Ahnung dahinter, dass das Ich gleichsam durch seinen inneren Tod erst frei wird. Aber die Angst vor diesem Tod des Ich ist zu groß. Der Schritt zum Du gelingt nicht.

Entscheidend ist an dieser Erfahrung des eigenen inneren Menschen, dass der Schritt, der für unser ganzes Leben am Ende das Maß geben wird, dabei getan wird: der Schritt von der sinnlosen Frage nach dem Sinn hin zum Standhalten gegenüber der eigenen Wahrheit.

19   Der Schock des Todes und der Sturz ins Nichts

Eine vierte Urerfahrung: Die bedrängende, quälende, ängstigende Erfahrung des Todes ist nicht eigentlich eine jugendliche Erfahrung. Es gibt freilich Ausnahmen. Ich kenne einige Leute, die in den Feuerstürmen der brennenden Städte als Kinder gelebt haben und die Angst von damals ihr Leben lang nicht losgeworden sind. Ich hatte einen Freund, der im brennenden München mit fünfzehn Jahren damit beschäftigt war, Tote aus den verrauchten Häusern zu tragen und ihre Gliedmaßen, die zerrissen irgendwo lagen, zueinander zu ordnen. Mit dreißig nahm er sich das Leben. Ich habe im Krieg auch die seltsame Grenze erlebt, die etwa zwischen den achtzehnjährigen Soldaten und den fünfundzwanzigjährigen lag: die Grenze zwischen einer leichten und dann immer schwerer werdenden Bejahung des eigenen Sterbens. Der Achtzehnjährige starb scheinbar leichter. Er äußerte seine Angst nicht. Er zitterte nicht, sondern blieb ruhig. Er verbarg seine Angst in sich selbst. Und sie blieb ihm danach vielleicht ein Leben lang erhalten. Der Fünfundzwanzigjährige konnte sie äußern. Er zitterte. Und er konnte sie am Ende des Krieges überwinden und weglegen. Mein Besatzungskamerad, zwei Jahre jünger als ich, der in keiner noch so gefährlichen Lage je die Fassung verloren hatte, bekam es noch fünfzehn Jahre nach dem Krieg mit einem panischen Schrecken, wenn er ein Flugzeug hörte. Aber die Erfahrung von Sterben und Tod ist heute bei Kindern und Jugendlichen anders als in jener schrecklichen Ausnahmesituation. Die Erfahrung des Todesschicksals ist im Allgemeinen eine Erfahrung jenseits der Mitte des Lebens. Über Tod und Sterben denkt natürlich auch der junge Mensch nach, aber er ist noch zu lose im Dasein eingewurzelt, als dass er davon in eine ernste Panik zu treiben wäre. Für ihn wird der Tod leichter in ein ersehntes Ziel umschlagen können, das ihn aus diesem mühseligen und fragwürdigen Leben befreit.

Theodor Storm erlebte als alter Mensch, dass ihm die Diagnose Krebs gestellt wurde. Und er beschreibt seine Reaktion so:

»Ein Punkt nur ist es, kaum ein Schmerz,
nur ein Gefühl, empfunden eben;
und dennoch spricht es stets darein,
und dennoch stört es dich zu leben.

Wenn du es andern klagen willst,
so kannst du's nicht in Worte fassen.
Du sagst dir selber: Es ist nichts!
Und dennoch will es dich nicht lassen.

So seltsam fremd wird dir die Welt,
und leis verlässt dich alles Hoffen,
bis du es endlich, endlich weißt,
dass dich des Todes Pfeil getroffen.«

Wir werden es uns vielleicht kaum vorstellen können, was es in der frühen Evolution des Menschen bedeutet hat, dass er den Schritt zum Menschen damit machte, dass er erkannte, er werde sterben. Vielleicht war dies der erste Stoff, an den sein erwachendes Bewusstsein geriet. Vielleicht war es der Augenblick, in dem in ihm der Wille, auf jeden Fall und mit allen Mitteln zu überleben, erwachte. Vielleicht dauerte es 100 000 Jahre von diesem ersten Schock bis zu der angstvollen Frage, was denn nach diesem Tode sei, und was man tun könne, um die Geister zu beschwören, die den Tod brachten.

Irgendwann überfällt es heute den Gelassensten und den Lebenslustigsten: Es wird eine Welt geben, in der ich nicht mehr vorkomme. Dann werden ebenso viele Menschen leben wie heute, nur ich nicht. Und warum? Was ist das für eine Brutalität? Was für eine Sinnlosigkeit? Der Tod wird mir als die erste und vielleicht einzige unbestreitbare Wahrheit begegnen, und ich werde nicht anders können, als sie entweder zu akzeptieren oder bis zum Ende zu verdrängen, sie zurechtzuinterpretieren oder aber eine zage Hoffnung zu bewahren, für die es so einfach keine Grundlage gibt. Es sei denn, ich erzählte mir selbst die Geschichte von der Auferstehung der Toten. Ich erzählte mir von jenem Mann aus Nazaret, der sterbend und auferstehend die Gewähr dafür übernahm, der Durchstieg durch die dunkle Zone des Todes gebe den Blick frei auf eine neue Art Leben, eine neue Art Erfüllung, eine neue Art Auftrag auch. Aber in der primären schockierenden Erfahrung des Sterbens ist durch eine optimistische Annahme irgendwelcher idealistischer Art, die Wahrheit beanspruchen könnte, nichts zu gewinnen.

Was ist denn der Mensch, wenn er von seinem Tod her gesehen wird? Er ist ein in die Wildnis einer Kultur ausgesetztes Tier, das weiß, es werde sterben. Aber es weiß auch, dass es nicht nur sterben muss, sondern, schlimmer, mit dem Tod leben. Bewusstsein, Lebenswille und Angst füllen ihn aus. Und seine Welt hat ihm dazu nichts zu sagen.

Und unter Christen? Es gibt im Grunde auch für sie keine Versöhnung mit dem Tod, nur ein mühsames, vielleicht trotziges, vielleicht ängstliches Hindurchgehen. Silja Walter schreibt davon:

»Ich habe den Himmel
gegessen
in meinen Zellen nistet
sich Ewigkeit
ein
Die Stadt weicht mir aus
auf dem Gehsteig
und keines der Boote
nimmt mich mehr
mit
Nur mein Engel
fürchtet die Ansteckung
nicht

Meinen lumpigen
ausgetretenen Tod an den
Füßen
geh ich über das Wasser
nach Hause«

VI

Die fünfte Urerfahrung: Berührtsein vom Heiligen

20 Ein sterbender Papst und eine ungenaue Zeiterscheinung

Es war vor wenigen Jahren. Und es war ein Gegenzeichen gegen eine Epoche, die sich als nachreligiös versteht. Ein Gegenzeichen gegen eine angeblich säkular gewordene Welt und das angeblich nur noch weltlich agierende Bewusstsein der Menschen. Papst Johannes Paul II. war todkrank. Hunderttausende standen betend auf dem Platz vor dem Vatikan und dankten ihm mit ihrer einfachen Anwesenheit für sein Lebenswerk. Der Papst starb. Eine Million Menschen feierte die Totenmesse. Weitere drei Millionen Menschen drängten sich auf den Straßen von Rom. Aus aller Welt strömten sie zusammen. Niemand hat diese Massen organisiert oder auch nur vorausgesehen. Was suchten sie? Was war es, das sie drängte, hier zu sein? Zwanzig Stunden standen viele, vor allem Hunderttausende von Jugendlichen, um noch einen letzten Blick auf einen aufgebahrten alten Mann werfen zu können. Der Vorgang wurde von denen, die darüber in den Medien berichteten, nicht nur als erstaunlich, er wurde als rätselhaft empfunden. »Santo subito!«, stand auf Plakaten. »Sofort heilig sprechen!« Eine sensible und dumpfe Sehnsucht nach etwas, das feststeht, das gilt, eine lange vergessene Hoffnung schaffte sich Raum. Dieser Papst konnte mit ihr umgehen. Das Heilige, Gültige, rückte in eins mit einem konkreten Menschen. Dieser Papst scheint an eine Grundbewegung in den Menschenseelen dieser Zeit gerührt zu haben.

Die Welt, die den Menschen von heute einschließt, hat etwas Bedrohliches an sich auf vielen Ebenen. Etwas nur schwer Bewohnbares. Sie macht Angst. Nun kämpft da ein weltweit anerkannter Papst mit seiner Krankheit, seiner Einsamkeit, seinem Sterben, er kämpft um sein Werk und seine Würde. Aber es ist die Würde seiner Schwachheit. Er überspielt sie nicht. Er ist schwach vor aller Öffentlichkeit. Er geht seine letzten Schritte in der Welt als ein Bruder der Schwachen. Das rührt an. Die Vorgänge in Rom waren kein Papstpop, wie man zu sagen liebte, sondern Ausdruck für etwas, was Menschen heute bewegt, die ein Hunger nach Sinn erfasst hat und ein Durst nach irgendeiner Weise der Bewältigung des Leidens. Die Welt bietet keinen Schutz. Weltliche Instanzen, die auf solche Fragen eine Auskunft zu geben hätten, gibt es derzeit weder auf politischer noch auf kultureller Ebene. Auch die allgegenwärtigen Medien bieten keine Hütte, in der ein Mensch sich bergen könnte. Die Medien hatten auch im Fall des Papsttodes kaum eine Deutung, sie fuhren eben mit auf dem, was öffentlich zu transportieren war.

Auf der anderen Seite rückt die Verehrung des »Heiligen«, man kann es kaum erwähnen, ohne zu spotten, in ein unbeschreiblich flaches Abseits. Von einem Sportreporter kann man hören, wie er irgendeinem Kicker den Titel »Fußballgott« verpasst. Rock- und Popgötter und -göttinnen bevölkern das globale Entertainment. Ein Singstar wirft sich voll Ehrfurcht vor einem Spaßmacher nieder, seinem »late-night-talkshow-Gott«. Man kann ja in unserer ausgetrockneten Bildungslandschaft nicht mehr wissen, was für krumme bis bösartige Figuren die Giganten einmal gewesen sind. So wird der eine zum Pop-Titanen und ein anderer zum Comedy-Giganten aufgeblasen. Dennoch, ich frage mich: Was spricht sich in solchen fahrigen Versuchen, irgendetwas Großes, Anderes zu bezeichnen, wirklich aus? Und was für eine Art Frömmigkeit wird vom Fan erwartet? Ein riesiges Sinnloch scheint in diesen Tagen zu gähnen.

Es ist aber auch nicht zu übersehen, wie die Aufmerksamkeit unter heutigen Menschen wach wird in dem Augenblick, in dem Stichworte auftauchen wie »religiöse Erfahrung«, wie »mystische Spiritualität«, wie »Meditation«, in dem Augenblick, in dem die uralten, in der Menschenseele deponierten mystischen Bilder aufgerufen werden. Ich kann mich über viel täuschen, aber wohl kaum darüber, ein wie ungeheurer ungedeckter Bedarf unter den Menschen dieser Zeit herrscht an einer vom Nullpunkt des Verstehens an ergehenden Anfängerhilfe, einen Weg zu finden zu einem spirituellen Bestehen der immer unlösbarer werdenden Lebensrätsel.

Wir erleben heute, dass nachdenkliche Menschen mit spirituell leeren Händen vor uns stehen und uns fragen, was wir denn anzubieten hätten an Kräften des Herzens und der Seele, wie viel an Weisheit und an geistigen Wegen wir zeigen könnten. Was denn den christlichen Glauben tatsächlich und nicht nur mit formelhaften Bekenntnissen von anderen Vermutungen und anderen guten Absichten unterscheide. Wir erleben heute eine richtungslose Ahnung von spiritueller Wirklichkeit. Eine neue Sensibilität für die Fragen des religiösen Verstehens. Wir erleben eine breite Strömung hin zu esoterischen Wegen und übersinnlicher Praxis, zu der die Kirche durch lange Jahrzehnte so wenig Erhellendes zu sagen hatte. Unsere Kirchen werden den Menschen immer gleichgültiger. Das hat Gründe. Was aber eigentlich in dem, was die Kirchen vertreten, gültig sei, tragfähig, was an ihm sich lohne, es als heilig zu bezeichnen, danach fragen immer mehr Menschen in tiefer Ratlosigkeit.

21 Was ist das – das Heilige?

Fragen wir also zunächst noch einmal in der allgemeinen Religionswissenschaft nach, im Raum fremder oder alter oder vergangener Religionen. Suchen wir in der griechischen Sprache das Wort »hieros«, heilig, auf, so bedeutet es ursprünglich: stark, kräftig, mit göttlicher Macht ausgestattet. Es meint nicht, ein »heiliger« Mensch sei moralisch vollkommen, er sei ein ethisches Vorbild, sondern er verfüge über eine besondere Mächtigkeit. Das Heilige sei zu scheuen, weil in ihm eine besondere Kraft am Werk sei, die gut sein könne, aber durchaus auch böse. Das Wort »heilig« bedeutet, eine Sache oder ein Mensch oder ein Gott sei erfüllt von einer dynamischen Potenz. Darum sei die typische Reaktion eines Menschen, der dem Heiligen begegnet, die, die auch das Evangelium schildert: dass er »sich entsetzt«.

»Heilig, heilig, heilig
ist der Herr der himmlischen Heere,
alle Lande sind seiner Herrlichkeit voll«,
(Jesaja 6,3)

singen die Engel in jener großen Vision des Propheten Jesaja. Und es ist charakteristisch, dass sie Gott in diesem Zusammenhang mit seiner Heiligkeit mit dem Titel Zebaoth bezeichnen. Die »Zebaoth« sind die himmlischen Heere, die himmlischen Mächte und Engelhierarchien, deren mächtiger Heerführer Gott ist. In »der Herr Zebaoth« liegt eine Beschreibung seiner elementaren und allem anderen überlegenen Macht.

Zum Wesen des Heiligen gehört darum überall dies, dass es durch einen Grenzstein oder durch eine Mauer und vor allem durch Verhaltensregeln und kultische Ordnungen »abgesondert« ist: dass man es nicht betreten darf, wie es etwa auch für das Allerheiligste im Tempel von Jerusalem galt und anderswo für einen auf die Erde gezeichneten magischen Kreis. Und weiter: Zum griechischen

Wort »hagios«, heilig, gehört das Wort »hazesthai«: sich fürchten, sich scheuen. Dass der Mensch sich aber vor Gott fürchten soll, hat nichts Christlich-Negatives an sich. Auch in der ältesten griechischen Helden-Dichtung ist Furcht das dem Heiligen angemessene, richtige Verhalten. Aus dieser Furcht entsteht nach der Bibel Weisheit. Es entstehen auch Tabugebote, Reinheitsvorschriften, Maßgaben für Enthaltsamkeit, auch für Keuschheit. Sie haben den Sinn, Unreines einerseits vom Heiligen, andererseits vom Menschen fern zu halten.

»Heiliger Geist« ist später für die Bibel nicht mehr die bloße Mächtigkeit, sondern die geistige Fülle, die aus der Höhe herabdrängt, herabströmt, die uns verwandeln will. Der Mensch wird dabei zum Träger nicht zunächst einer Macht oder Kraft, sondern einer Botschaft. Er geht auch nicht an der Begegnung mit einer Macht zugrunde, er findet vielmehr genau damit, dass ein Wort ihn findet, das Leben. Das Neue an der christlichen Deutung des Heiligen ist seine elementare Nähe, nicht mehr seine erschreckende Ferne. Seine Güte, nicht seine Gewalt. Nicht das Distanzgebot, sondern die Befähigung. Das Heilige erlöst. Es gibt Freiheit. Es wird nicht abgewehrt, sondern erbeten und dankbar empfangen. Der heilige Geist, der Geist des nahen, des heiligen Gottes, berührt den Menschen, bewegt und durchweht ihn. Er spricht zu ihm. Er tröstet ihn. Er ist der Geist der uns zugewandten Liebe, der Liebe Gottes.

Die Schöpfungsgeschichte sagt: Gott sprach – und es wurde. Hinter diesem Gedanken, die Welt sei durch das Sprechen Gottes entstanden, sie sei gleichsam von ihm ausgeatmet, steht der Glaube, dass alle Dinge, denen wir begegnen, alle Schicksale, alle praktischen Aufgaben, die uns auferlegt werden, ein Wort für uns haben. Dass Gott gleichsam durch sie hindurchspricht.

Die Welt wird heilig durch das Wort, das in ihr ergeht. Wir Menschen werden heilig durch das Wort, dessen Träger wir sind. Die Welt ist Gottes voll. Für den christlichen Glauben, wenn denn dies alles wahr ist, gelten zwei Sätze, und beide auf der ganzen Breite und in der ganzen Tiefe der Wirklichkeit. Der eine lautet: Nichts in der Welt ist ganz unheilig, denn alles ist Sprache, alles hat uns etwas zu sagen, und an uns wird es sein, es zu hören. Der andere: Nichts ist heilig aus sich selbst. Denn alles ist Sprache. Nichts ist Autorität aus sich selbst. Alles ist – nur – Sprache eines Sprechenden. Alles ist Träger – und nur Träger – eines Wortes. Es wendet sich an uns, mit etwas, das mehr ist als es selbst und mehr als wir selbst.

Das spezifisch Christliche an all diesen Vorstellungen aber ist, dass der heilige Gott uns in der Gestalt eines Leidenden begegnet, um Welten fern von aller Machtfülle, die wir dem Heiligen gerne zuschreiben möchten. Wehrlos aller menschlichen Eigenmächtigkeit gegenüber. In seiner einsamen Leidensfähigkeit als der Liebende, als der Nahe, in dessen Herz wir unser eigenes Leiden legen. Hier wandelt sich das Heilige aus seiner Fremdheit und Andersheit endgültig in den Gott, in dessen Nähe unser eigenes Leiden zu einer Erfahrung des Heiligen wird.

Wenn es nun wirklich der heilige Gott ist, den wir erfahren, dann wird das Erschrecken auch die Lebenserfahrung eines Christen weiterbegleiten. Nicht nur deshalb, weil auch der Christ ein Naturwesen bleibt mit allen seinen kreatürlichen Ängsten, sondern auch deshalb, weil die Abgründe sich immer wieder auftun werden, auch nach jedem glücklichen Augenblick einer Erfahrung. Weil in der wirklichen Erfahrung des Heiligen immer auch die Erfahrung der Abgründigkeit des Daseins wiederkehren wird.

Die Welt, die Schöpfung, trägt die dunkle Signatur eines Schöpfers, in dem alles versammelt ist, das Gute, das Böse, das Liebliche und das Schreckliche. Und je nüchterner ich mich in der Welt umsehe, desto deutlicher wird mir, dass ich in mir selbst dasselbe vorfinde. Der christliche Glaube ist allen Idealisierungen des Menschen gegenüber von einem harten Realismus. Er fordert, den Menschen zu sehen, wie er ist. Der christliche Glaube sagt: Die Würde des

Menschen besteht darin, dass er fähig ist, sein Elend zu erkennen. Seine Wahrhaftigkeit fordert von ihm, dass er von sich Abstand nimmt und genau hinschaut. Seine Größe besteht darin, dass er seine Kleinheit erkennt und sie an seinem Gegenüber, das Gott heißt, misst. Seine Freiheit liegt darin, sozusagen die Seite zu wechseln und zu begreifen, wie er in den Augen Gottes aussieht. Seine Souveränität darin, sich selbst als Person anzunehmen, und zwar als Person vor Gott, und seine Gefahr ist, dass ihm, wenn er nicht sein will, der er ist, gerade seine Personhaftigkeit entgleitet.

Das bedeutet, dass in der Begegnung mit dem Heiligen etwas Bisheriges unterbrochen wird und sich ein neues, ganz anderes Lebenskonzept zeigt. Dass es also zu irgendeiner Art von Umkehr und Neuanfang kommen muss. Dass eine Überwältigung erfahren wird durch irgendeine Macht, und sei es so, dass uns die berühmte »Gänsehaut« überläuft, dass dabei aber auch eine Kraft empfunden wird, die sich uns danach als Lebensgewissheit, als Glaubensgewissheit, als Zukunftsgewissheit zur Verfügung stellt.

22 Die Suche nach heiligen Räumen, Riten, Wegen und Zeiten

Wenn nun das Sprechen Gottes die Dinge heilig macht, können wir das Hören, das Vernehmen an den Dingen einüben. Dann hat es Sinn, von heiligen Räumen nicht nur im äußerlichen, sondern auch im spirituellen Sinn zu reden. Von heiligen Orten, von heiligen Wegen, heiligen Zeiten, heiligen Zeichen und heiligen Handlungen.

Heilige Räume gibt es überall. In der einsamen Hütte. Auf einer Insel. Auf einem Berg. In der Nacht unter den Sternen. In der abgeschlossenen Kammer. Im Kirchenraum. In einer Krypta. Es ist für viele suchende Menschen von heute eine Lebensbedingung, dass es Türen gibt, die sich vor ihnen öffnen und die sich hinter ihnen schließen; es ist die Bedingung für das Leben ihrer Seele. Ich habe mich viel in den Kathedralen Frankreichs aufgehalten und gesehen, wie Touristen eintreten, herumgehen und sich wieder entfernen. Wie irgendetwas im einen oder anderen zu erwachen scheint, ein Wunsch, angesprochen und einbezogen zu werden, wie dieser Wunsch nach kurzer Zeit erlischt und sie den Raum wieder verlassen. Was haben sie gehört? Was haben sie erfasst? Wovon sind sie erfasst worden? Worauf können sie nun ihre Antwort geben? Auf nichts?

Solche sprechenden Räume erfordern unsere Sammlung, unser Stehen oder Knien. Unsere Fähigkeit, zu hören, anzubeten, zu danken. Unsere Fähigkeit zum rühmenden Gebet. Denn unser Hören und Antworten, unsere Gebete, die Leiden, die Menschen mitbringen, der Trost, den sie empfangen, macht diese Räume heilig. Jedes Kind, das hier getauft wurde, macht sie heilig, jedes Paar, das hier den Segen Gottes empfing, jedes Gebet für einen Toten.

Dass es für uns selbst heilige Orte gibt, macht unseren Lebensgang zu einer Geschichte. Mose hörte: Der Ort, an dem du stehst, ist heiliges Land. Heiliges Land ist jeder Ort dieser Erde, an dem uns ein Wort getroffen hat, mit dem Gott uns meinte. Eine Vision, eine Erfahrung, eine Begegnung, die uns Weisung gab. Heilige Orte sind biografische Knotenpunkte. Für mich ist es ein Platz auf der Schwäbischen Alb, an dem ich als Kind eine bestimmte Vision hatte. Ein Gefängnis in Frankreich, in dem ich einem großen und schlichten Christen begegnet bin in einer extremen Situation, und andere Orte. Orte, zu denen ich zurückgehe, so oft es möglich ist, um der weisenden Kraft wieder zu begegnen, die der Ort für mich gewonnen hat. Solche Orte sucht man sich nicht. Man findet sie, oder besser, an ihnen weiß man sich plötzlich gefunden, begleitet, geführt, gewiesen. Durch die bewusste Rückkehr zu einem solchen Ort wird unser Lebensweg deutlicher. Seine Wendungen, seine Abwege, seine Zielklarheit werden kontrollierbarer. Vor allem kann uns dort deutlich werden, dass uns gesagt wird: Du selbst bist ein heiliger Ort. Es gibt keine wichtigere Reise als die hierher, zu dir selbst, dem Angerufenen, zurück.

Dass es heilige Wege gibt, ist eine Erkenntnis, die gerade in unseren Jahren viele erfasst hat. Der heilige Weg, der Pilgerweg, die Wanderung, der Anstieg auf einen Berg, der Abstieg in irgendein Tal, sie alle reden von einem Ziel, das erreicht werden muss und kann. Der Weg durch ein Labyrinth, der Weg durch einen Kreuzgang oder einen Kreuzweg entlang hat einen Sinn, wenn auf ihm etwas gehört wird, das sonst unhörbar bleibt.

Dass es heilige Zeiten gibt, verstehen wir rasch, wenn wir der Zeit überhaupt nachdenken. Eine erste Bewandtnis hat für uns ja die Zeit als der gleichförmige und einsinnige Ablauf von Jahren oder Jahrmillionen. Eine zweite hat sie als Zeitrhythmus, wie für die Bibel die Zeit in Äonen geteilt ist, die eintreten und zu Ende gehen und sich überlappen können. Eine dritte Bewandtnis hat es mit der Zeit darin, dass ein dichter Zusammenhang besteht zwischen dem Uranfang, dem jetzigen Augenblick und dem Ziel der Zeit. Für das religiöse Bewusstsein wird der lineare Ablauf der Zeit dadurch erträglich, dass es ihm den Rückgriff gestattet auf das Uranfängliche. Diesen Rückgriff feiern wir als das Fest. So greift Weihnachten zurück in die Zeit, als ein Äon zu Ende ging, also eine Zeit »erfüllt« war, und reaktiviert den Anfang eines neuen Äons. Es feiert die Gleichzeitigkeit der Geburt Jesu und der Geburt des neuen Menschen in uns Heutigen. Ostern greift zurück in das Urereignis der Auferstehung und feiert eben damit die Hoffnung auf unsere eigene Auferstehung. Das Passah greift zurück auf das Urereignis der Befreiung und schafft Hoffnung auf künftige Freiheit. Ähnliches geschieht in jedem Fest. Auch beim eigenen »Geburtstag«. Und es geht in jedem Fest so, dass ein Wort hörbar wird, das erzählt, wie aus der Unterbrechung und Umkehrung der Zeit eine heilige Zeit, ein Fest, wird. Mit dem Anknüpfen an das Anfängliche erscheint vor unseren Augen zugleich das Ziel. Auch das Ziel einer Gemeinschaft von heute. Es erscheint im Fest auch die Gegenwart der Ewigkeit. Denn Ewigkeit heißt ja nicht ewige Dauer der Zeit. Ewigkeit meint vielmehr die Zeitstille. So kann es uns auch hier und heute geschehen, dass die Zeit gleichsam ausklinkt. Es kann schwierig sein, nach einer Zeit der Kontemplation zu sagen, wie lange diese gedauert habe.

Zu einer wirklichen Gotteserfahrung kann das bloße Verweilen in einem heiligen Raum werden. Zur Erfahrung von Gottes Nähe, seiner Anwesenheit. So, dass ich empfinde: Er ist da. Ich bin von ihm umfasst und getragen. Und ich selbst bin anwesend in ihm.

23   Das heilige Spiel

Wenn das alles aber so ist, so werden wir auch mit unserem eigenen Körper anders umgehen, mit seinem Ausdruck, mit seiner Gestik, mit seiner Art des Umgangs mit den Dingen. Unsere protestantische Lebens- und Glaubensweise mit ihrer – zu Recht – kritischen Sparsamkeit gegenüber Farben und rituellen Auftritten, gegenüber Gesten und symbolischen Handlungen könnte viel gewinnen, suchte sie Manches wieder auf, was sie hinter sich gelassen hat.

Denn das nahe Gotteswort kann auf vielen Wegen gehört, geschaut und empfangen werden. Manche meditieren, indem sie geduldig stillsitzen. Andere tun Dasselbe im Gehen oder im Stehen. Andere tun es im Knien oder Sichbeugen. Es sind die Urhaltungen, in denen die Menschheit seit ältesten Zeiten dem Heiligen begegnet ist. Mancher legt seine Hände zusammen, andere breiten die Arme offen und empfangend nach oben. Manche schauen in eine Kerze. Manche üben das Schweigen. Ihr geschlossener Mund deutet an: Ich bin ein Hörender. Manche schließen die Augen und sagen damit: Ich will nicht sehen, was jeder sieht, sondern, was hinter den sichtbaren Dingen ist. Ein Kreuzzeichen, mit der Hand geschlagen, stellt das Christus-Zeichen in den umgebenden Raum. Die erhobenen Hände dessen, der einen Segen spricht, wenden, was einer selbst empfangen hat, anderen Menschen zu. Eine Gruppe steht im Kreis, fasst sich an den Händen und drückt damit ihre Zugehörigkeit zu einem umfassenden Leib aus. Der heilige Kuss, von dem das Evangelium spricht, feiert, was alle miteinander verbindet. Mancher stellt sich ein Bild vor Augen und tastet mit den Augen und den Gedanken seiner Aussage nach. Mancher lässt sich im leisen Klang einer Musik in die Lautlosigkeit führen. Die Welt der Symbole und der zeichenhaften Handlungen ist so vielfältig wie die Welt, in die wir sie hineinstellen, und so wirksam, so deutlich wie irgendetwas, was wir sonst tun. Sie hat heilende, führende und aufbauende Kraft. Sie gibt Orientierung. Sie zeigt Wege.

Sie deutet Ziele. Sie fügt zusammen, was zusammen gehört. Sie erzählt. Sie hilft uns, zu erzählen, was in uns geschieht. Sie schafft einen Zusammenhang, den das ergehende Wort heiligt.

Wir segnen einander in jedem Gottesdienst. Wir segnen ein Paar, das in die Ehe tritt. Wir segnen Kinder. Tun wir das, weil es Sitte ist, oder weil wir wissen, dass wir damit eine Anrede Gottes aufnehmen und weitergeben, eine Kraft von Gott her? Es ist wichtig, dass wir uns selbst gegenüber klar bleiben.

Es ist kein Zufall, dass in diesen Jahren an vielen Stellen unserer Kirchen der sakrale Tanz wiederentdeckt wird. Nicht der Tanz der Einzelnen oder der Paare, sondern der Kreistanz, der der Welt eine Mitte gibt, der einen schützenden Ring schafft, innerhalb dessen die Welt anders ist. Einen Raum, in dem die Welt eine Orientierung findet nach den vier Himmelsrichtungen und in dem ein Mensch sich bewegen kann in der Zuversicht, er sei auf einem guten Weg.

Wir entdecken heute für den Gottesdienst die frühen Kulttänze wieder, die Pilgertänze, die alten Gruppentänze. Wir entdecken die Symbolik und die Sinn erschließenden Bilder, die in den Bewegungen des Tanzes zum Ausdruck kommen. Die Segensgebärden, die Raumformen, die Kreise, die Spiralen, die Reihen, die Schlangenformen und die Labyrinthe, und in all dem das getanzte Gebet. Wir entdecken eine Zeit, die sich nicht an der Uhr misst, sondern an den Bewegungen von Körpern, am lebendigen Schrittmaß, an Begegnungen und Aussagen. Wir entdecken den Sinn der Wiederholungen, die jedoch nie mechanisch gleich sind. Wir entdecken das Ineinander von Mitte und Peripherie. Wir entdecken abseits unserer verkopften Theologien den lebendigen, heilenden Zusammenhang von Leib und Willen, von Seele und Geist. Wir erfahren Nähe und Distanz, die Aufwärts- und die Abwärtsbewegung zwischen Himmel und Erde. Wir entdecken dabei vielleicht auch den Sinn einer gesammelten Wachheit, die anders ist als das Hören einer Rede. Im Tanz ist vor allem zu entdecken, was es meint, wenn wir sagen: Nicht eigentlich ich denke, es denkt in mir.

Nicht eigentlich ich glaube, es glaubt in mir. Nicht eigentlich ich leide, es leidet in mir. Es ist ein immer neuer Schritt über die enge Grenze unseres Ich hinaus. Es tanzt. Und ich lasse mich tanzen. Wir finden dabei etwa auch den Sinn eines sinnvollen Fort-Schritts, eines Schritts, der vor den anderen, hinter den anderen zurück und wieder vor ihn gesetzt wird.

Der Umgang mit der sprachfähigen Welt und mit der Sprachfähigkeit in uns selbst kann auch die Gestalt des Spiels annehmen. Das Spiel ist ein eigener, dargelebter Umgang mit dem Wort, das der Kirche anvertraut ist. Es ist ja ein tief in der Geschichte des christlichen Glaubens verwurzelter Irrtum, zu meinen, alles, was ein Mensch tue, müsse sich mit ethischen Maßstäben messen lassen. Alles sei entweder gut oder böse. Nein, Vieles ist nur angemessen oder unangemessen, nur schön oder hässlich, nur stark oder schwach, lebendig oder verschlafen. In diesem weiten Feld nicht-ethischer Gesichtspunkte ist auch das Spiel angesiedelt oder die Kunst, die Musik. Zu den Formen, in denen sich ihr Ausdruck darstellt, gehören Gebärden, Bewegungen, Handlungen, Gewänder, Geräte, Bilder, gespielte Szenen, Chöre, Instrumente, Orgeln und Glocken, die alle durchaus fähig sind, der Anbetung Gottes im Geist und in der Wahrheit zur Sichtbarkeit oder Hörbarkeit zu verhelfen. Tun sie das, so gewinnen sie Anteil an der Heiligkeit dessen, was sie sagen wollen.

Das gilt auch vom Bereich der Kunst. Wenn uns beim Hören des Verses aus der Matthäuspassion »Wenn ich einmal soll scheiden« oder »Ach Herr, lass dein lieb Engelein ...« ein Schauder über den Rücken hinunterläuft, so dürfen wir das zu den wirklichen religiösen Erfahrungen zählen. Oder wenn es uns überläuft beim Anblick eines Meerbildes von Turner, eines Engels aus der Malschule der Reichenau oder eines Christus von Siena, so ist es erlaubt, von religiöser Erfahrung zu reden.

Was wir für unsere Gottesdienste wiederfinden müssen, das sind die Spielführer, die Tanzmeister. Die, die Spiele erfinden und inszenieren, und die die anderen in ihre Spiele einbeziehen. Wo werden bei uns die Kräfte gestärkt, die in uns selbst und die zwischen Himmel und Erde am Werk sind? Wir müssen wieder lernen, was zwischen Gott und uns geschehen ist und geschieht, im Spiel zu feiern, wenn irgend etwas von der christlichen Festüberlieferung in unserer heutigen Zeit übrig bleiben soll.

Die alten Räume der Kirchen sind von jeher Orte des Musizierens und des Singens gewesen und haben davon Zeugnis abgelegt, dass die Welt überhaupt Klang ist. Schwingung. Dass Erde und Weltall ein singender Chor sind und wir Menschen die Aufgabe haben, diese schwingende Musik zu sein, die Gott in uns spielt. Im Fest, im Tanz und im Spiel werden Raum und Ort und Weg, das Wort und die Zeit, das Hören und das Musizieren eins.

So ist es der Sinn eines Gottesdienstes nicht nur, dass Menschen belehrt werden, aufgeklärt, in Bewegung gesetzt zu irgendeinem richtigen Tun, sein Sinn ist zunächst das heilige Spiel. Sein Sinn ist zuerst, dass wir nichts tun, sondern da sind. Dass wir uns in gelassener Heiterkeit in das Spiel vor Gott einfügen ebenso wie in das klare Reglement, ohne das kein Spiel geschehen kann. Es ist der Sinn der Schönheit einer Liturgie, der Schönheit der Sprache oder der Gesten. Es ist der Sinn des dramaturgisch genauen Ablaufs, der Stimmen eines Chors, der Klänge eines Orgelspiels. Was ist denn schön? Schön ist etwas, das wahr ist so, wie es ist. Und was ist wahr? Wahr ist in der Sprache des Neuen Testaments etwas, das durchlässig ist für das Wort, das im Urbeginn laut wurde. So auch kommt es zu dem merkwürdigen Gedanken von der himmlischen Musik, der sagt, es werde am Ende alles in der zweckfreien Anbetung und im Einklang aller Dinge vollendet werden.

24 Warum wir Protestanten vom Geist Gottes so wenig erwarten

Eine der seltsamen Tatsachen, die uns seit der Zeit der dialektischen Theologie kaum aufgefallen sind, ist die, dass das Nachdenken über das Wesen und die Wirkungsweise des Geistes Gottes durch alle diese Jahrzehnte hindurch bei uns immer nur am Rande stattgefunden hat. Über ihn war aus den Lehrbüchern des christlichen Glaubens nur wenig zu erfahren, und was über ihn gesagt wurde, hatte wenig Gewicht und brachte für die Praxis wenig Folgen. Erst in den vergangenen zwanzig Jahren wurde das Thema von einigen wenigen Autoren wiederentdeckt. Dass Karl Barth, der große Meister, sein Riesenwerk der »kirchlichen Dogmatik« aus Altersgründen nicht vollenden konnte, begreift man leicht. Aber es ist vielleicht doch auch charakteristisch für das protestantische Denken im 20. Jahrhundert, dass gerade bei Barth unendlich breit und gründlich über Gott und Jesus Christus berichtet wird, aber genau der ganze Bereich der Lehre vom Heiligen Geist fehlt.

Diese allgemeine Fehlanzeige hat Gründe, die bis in die Anfangsjahre der Reformation zurückreichen. Martin Luther löste eine Fülle überlieferter Ordnungen, Autoritäten und Rahmenbedingungen auf und stellte den Glauben des einzelnen Christen frei vor Gott. Aber damit geriet er in einen aussichtslosen Abwehrkampf nach der anderen Seite, dem spirituellen Privatismus hin, der seine Sache nicht sein konnte. Unmittelbar nach dem Beginn der Reformation erhob sich der Streit, ob denn nun die Offenbarung Gottes allein in der Heiligen Schrift stattfinde oder ob sie auch dem Einzelnen in seinem religiösen Inneren zugewandt sei, ob es also gegenüber dem äußeren Wort der Schrift auch etwas gebe wie das innere Wort, das der einzelne Mensch hört, und welchem von beiden offenbarenden Worten der höhere Rang einzuräumen sei.

Die in der Mystik und Apokalyptik des Mittelalters aufgestauten spirituellen Kräfte verbanden sich mit den Thesen und den neuen Erkenntnissen der Reformation. In dieser Verbindung aber erwies sich das von der Mystik übernommene Geistverständnis als sperrig. In dem von Luther spannungsreich gesehenen Verhältnis von Wort und Geist legten nun einige unter den Reformatoren allen Nachdruck auf den Geist und auf das innere Wort. Es bildeten sich Zirkel, die von einem sozialen Umbruch träumten, zu dem sie das innere Wort des Geistes ermutige und berechtige. Die »Zwickauer Propheten« etwa mit Klaus Storch oder die Bewegung um Thomas Müntzer oder um Andreas Karlstadt, die, wenn sie von der göttlichen Gerechtigkeit sprachen, weniger von der Rechtfertigungslehre redeten als von sozialem Umbruch.

Auf der anderen Seite meldeten sich die »Wiedertäufer«, Frieden suchende Leute wie Hans Denck, Caspar Schwenkfeld oder Melchior Hoffmann, die sich aus dem Verband der entstehenden evangelischen Kirche lösten und die kleinen Kreise der Geistbegabten suchten. Luther nannte sie »Schwärmer«, und es ist begreiflich, dass er selbst viel, das er über das innere Wort des Geistes hätte sagen können, nicht gesagt hat. Es könnten heute etwa die charismatischen Bewegungen oder die Pfingstkirchen sein, die es den Kirchen schwer machen, eine tiefere und reichere Vorstellung von der Nähe und der bewegenden Kraft des Geistes Gottes zu schaffen. Freilich, wenn heute ungezählte Christen ihre Kirche als staubtrockene Lehranstalt empfinden und außer dem Bedürfnis, zu verharren, kaum etwas an ihr wahrnehmen, so dürften die Gründe dafür nicht weit von hier zu suchen sein.

Nun spricht aber die Bibel an vielen Stellen davon, wie Menschen das Wirken des Gottesgeistes erlebt, wahrgenommen oder erfahren hätten. Sie redet davon, Menschen würden vom Geist Gottes »erfüllt«, sie würden durch ihn verwandelt, angestoßen oder angeregt, ausgesandt, mit Sprache begabt oder mit emotionaler Kraft ausgestattet, sie empfingen unmittelbar von Gott ihren Lebensauftrag und die Klarheit ihrer Einsicht. Wo Gottes Geist am Werk sei, da geschehe auf Seiten des Menschen ein Hören, ein Schauen, ein Empfangen, ein Warten und Gespanntsein, ein Erfahren und Verstehen, auf der Seite Gottes ein Reden, Zeigen, Deuten. Beides aber voneinander zu trennen, sei nicht möglich. Dieses Einwirken des Geistes, dieses Zusammenrücken von Mensch und Geist Gottes zu schildern, bleibt unsere Kirche bisher weitgehend schuldig. Sollte denn all dies, was sich in uns aus Gottes Geist abspielt, unserer eigenen Seele und ihren Erfahrungen verborgen bleiben? Ein absurder Gedanke!

Eine letzte, fast überflüssige Frage: Das Evangelium sagt uns, Gott sei uns mit Liebe zugetan. Was wäre denn eine Liebe Gottes, die nicht spürbar würde im Leben eines von Gott geliebten Menschen? Der Sinn des Liebens ist doch, dass etwas von dem, der liebt, hinübergeht, hinüberwirkt zu dem, der geliebt ist. Liebe will empfangen werden, empfunden und gewusst. Wer alle geistliche Erfahrung aus dem Leben eines Menschen, den Gott liebt, entfernen will, nimmt dieser Liebe ihren Sinn. Aber wie wird die Liebe eines Menschen empfunden? Und wie die Liebe Gottes zu uns Menschen? Darauf gilt es doch wohl eine Antwort zu finden.

Es kann uns bei unserer protestantischen Scheu gegenüber dem Geist Gottes nicht überraschen, dass unter uns leichter von der Gottesunfähigkeit des Menschen die Rede ist als von Gottesbegabung, von Gotteskompetenz oder Gotteswahrnehmung.

Warum aber sollte ich den Geist Gottes, der diese ganze Welt durchwirkt, nicht etwa auch ahnen dürfen im Schweigen Buddhas, in der Ehrfurcht der Muslime, im Tanz der Derwische oder im Gesang der Indios? Wenn mir Gott groß genug ist, wird mir auch die Wahrheit, die er irgendeinem anderen Menschen eröffnet, groß sein.

VII

Eine sechste:
Dunkelheit und Finsternis

25 Die Übermacht des Elends

Es ist eine einzigartige Geschichte: Eine junge Nonne mit Namen Teresa, geboren 1910 in Albanien, Lehrerin an einer Schule in Kalkutta, empfindet, ihr Auftrag gehe über dieses noch immer bequeme und gesicherte Dasein hinaus zu den Ausgestoßenen der indischen Gesellschaft, den Bettlern, den Straßenkindern, den Kranken und Sterbenden. Sie erlebt eine mystische Begegnung mit Jesus, der ihr sagt, sie solle alles aufgeben und ihm in die Slums folgen zu den Ärmsten der Armen. Zwei Jahre lang kämpft sie um die Erlaubnis, ihren Orden verlassen und eine neue Gemeinschaft für diesen Aufgabenbereich gründen zu dürfen. Als ihr Ziel erreicht ist, 1950, und die »Missionarinnen der Liebe« gegründet sind, bricht auf einmal die Dunkelheit über sie herein. Sie ist vierzig. Plötzlich verstummt die Stimme, von der sie sich hat führen lassen. Sie empfindet nichts mehr von der Nähe Gottes, auch nicht in der Messe, das Gebet dringt nirgends mehr hin zu jemand, der es hört. Sie empfindet sich als abgewiesen, allein gelassen, leer. »Kein Glaube, keine Liebe, kein Eifer«, so beschreibt sie den Zustand ihrer Seele. »In meinem Inneren ist es eiskalt. Die Seelen ziehen mich nicht mehr an. Der Himmel bedeutet mir nichts mehr. Ich sehe ihn leer.« Nur einmal, 1958, kommt das alte Gefühl, mit Gott verschmolzen zu sein, zurück und verliert sich nach wenigen Wochen wieder, und das endgültig für die vierzig Jahre bis zu ihrem Tod. »Unser Herr meinte, es sei besser für mich, im Tunnel zu sein. So ist er gegangen und hat mich allein gelassen.«

Es war nach außen hin ein sinnvoller, schöner Weg mit den ungezählten ihr folgenden Schwestern, die ihr Werk in die Breite trugen. Sie erlangte Weltruhm, sie empfing den Friedensnobelpreis, aber alles war erkauft mit einem inneren Leidensweg, der den Schicksalen der Ärmsten, die ihr vor Augen standen, nicht unähnlich war. »Wofür arbeite ich?«, fragt sie in ihrem Tagebuch, das im Zusammenhang ihrer Seligsprechung veröffentlicht wurde.

»Wenn es keinen Gott gibt, kann es auch keine Seele geben. Wenn es keine Seele gibt, dann, Jesus, bist auch du nicht wahr. Der Himmel – welche Leere!« Es ehrt die Katholische Kirche, dass die Enthüllung dieser inneren Leidensgeschichte sie nicht gehindert hat, Teresa selig zu sprechen. Sie zeigte damit im Gegenteil eine Art von Vorbild, das menschlicher und glaubwürdiger ist und uns mehr ergreift als die glatte Außenfläche mancher christlichen Heiligen.

Aber wie erklären wir, was da geschah? Am schlichtesten und vielleicht nicht ganz unzutreffend ist ja die Vermutung, sie habe sich selbst überfordert mit ihrem radikalen Eintauchen in das Massenelend der Slums. Das Elend habe sie überflutet und sie habe ihm sehr rasch nichts mehr entgegenzusetzen gehabt. Und so hielt sie ihren Gehorsam durch, vierzig Jahre lang, bis ihre Kraft unter der Last ihrer Lebensarbeit und ihrer inneren Auszehrung aufgebraucht war.

Die Erfahrung Gottes als des Nichtvorhandenen, des Leeren, des Nichts ist für uns Heutige, die wir nicht uns selbst unsere Frömmigkeit vorspielen, nicht nur eine Gefahr, sondern eine uns immer wieder ergreifende Wirklichkeit. »Warum hast du mich verlassen?,« fragt unter den Christen, die heute die Kirche bilden, jeder zweite. Mindestens. Dass Gott kommt und geht, ist immer wahr gewesen, dass er Licht ist und Finsternis zugleich ebenso. Dass ein Mensch ruft, wie der Titel des Tagebuchs von Mutter Teresa: »Komm, sei mein Licht!«, ist nicht neu, sondern immer unter schwerem Leiden erfahren worden, und zwar von den Bevorzugten Gottes, wie Jesus sagt, den Armen, denen gegeben wird, in Erwartung des Geistes mit den leeren Händen ihrer Erfahrung den wirklichen Gott zu empfangen. Gerade den wirklich Heiligen, den Großen unter den Glaubenden konnte das Privileg zugemutet werden, ein Leben lang der dichten Nähe des abwesenden Gottes ausgesetzt zu sein. Wollte Teresa nicht leben wie die Ärmsten der Leidenden? Und ist ihr das nicht zugefallen?

Es ist das, was Johannes vom Kreuz die »dunkle Nacht der Seele«
nennt und was die Schweizer Franziskanerin Clarita Schmid so
nachzeichnet:

»So sei auch gepriesen, mein Gott,
für unsere Schwester, die Traurigkeit.
Still geht sie durch jeden unserer Tage,
heilt nicht Wunden
und trocknet nicht Tränen,
stillt nicht den Wehlaut,
die Schreie der Angst,
der bitteren Verzweiflung.
Doch manchmal,
in sternloser Nacht,
fällt ihr von Blut und Tränen
schweres Gewand,
und da steht sie hellen Gesichtes
als der strahlendste Engel des Lichts.«

Robert Walser schreibt:

»Nicht?

Ich liege im Zimmer, gequält
von schwarzen Erinnerungen.
Wie habe ich schwer gefehlt,
wie bin ich zu fehlen gezwungen.

Scheint denn die Sonne heute nicht?
Es liegen ja alle Armen
auf den Knien, mit ihren warmen
Herzen, die Angst im bangen Gesicht.

Scheint denn die Sonne heute nicht?«

Wer mit den Ärmsten der Armen, die nur ihr Elend haben, aber keine Hoffnung, eins werden will, muss wahrscheinlich, wenn ihm dieses Einswerden gelingen soll, auch an seiner eigenen Seele so arm werden und so tief ins Elend der Verlassenheit eintauchen wie Mutter Teresa.

Marie Noël schreibt:

»Was kann bei erloschenem Himmel ein Körper ohne Seele tun?
Nichts, außer sich erinnern.
Sich erinnern an Christus, den er gesehen hat,
und da, auf der alten Liebe, einschlafen,
mit gefalteten und vertrauenden Händen
der alten Gewohnheiten,
mit der durch Gebete abgenützten Zunge.
Und im Einschlafen wiederholen:
Amen.«

Wer Christus, dem wirklichen, dem zu Tode gequälten, nachfolgen will und dies ernst meint, wird ihm wohl auch in die letzte Verlassenheit folgen müssen, und wer glauben darf, wer den ungeheuren Vorzug genießt, den nahen, den erbarmenden Gott zu fühlen, der gehört vielleicht nicht zu den Großen des christlichen Weges, aber zu den Beschenkten, deren Leben nichts zu sein braucht, das sie auszeichnen müsste, als nur eine tiefe lebenslange Dankbarkeit.

Aber die Anderen? Die Verlassenen? Woran halten sie sich in ihrer Verlassenheit? Wo Gott fehlt, und wo außer Gott auch der gegenwärtige Christus fehlt, steht für die Verlassenen Jesus, der schlichte Mensch. Der heilende, liebende Mensch, von dem die Bibel erzählt. Der Vorausgänger, wie das Evangelium ihn auch nennt, hinter dem seine einfachen, kleinen Schritte zu gehen auch dem von Gott Verlassenen offen steht. Tun wie er, Vertrauen wie er, das Nächste tun an den Menschen wie er, solange, bis hinter ihm auch das Gesicht seines Vaters wieder geahnt werden kann. Der, der auch die Verlassensten nicht verlässt. Nicht mehr wollen als den einfachen

Menschen Jesus, und versuchen, das geringe Maß an Liebe, das der eigenen Seele übrig bleibt, ihm und damit irgendwelchen Menschen zuzuwenden. Das kann – es muss nicht, aber es kann – vielleicht der Begegnung mit dem wirklichen Gott entgegenführen.

Vielleicht gelingt dann auch eine Anrede an Gott der Art, wie sie Marie Noël, die große Leidende, in ihrem »Gebet in der Erschöpfung« ausspricht:

»Mein Gott, ich liebe dich nicht.
Ich will es nicht einmal.
Ich bin deiner überdrüssig.
Vielleicht glaube ich überhaupt nicht an dich.

Aber sieh auf mich im Vorübergehen.
Wenn du Lust hast, dass ich an dich glaube,
dann gib mir den Glauben.
Wenn du Wert darauf legst, dass ich dich liebe,
dann gib mir die Liebe.
Ich habe von all dem nichts,
und ich kann nichts dazu tun.

Ich gebe dir, was ich habe:
Meine Schwäche, meinen Schmerz
und diese Zärtlichkeit, die mich peinigt,
und die du wohl siehst …
Das Elend meines Zustands – das ist alles –
und meine Hoffnung.«

Hildegard Sennlaub klagt:

»Mein Leben ist Leid. Es ist Nacht.
Es ist Einsamkeit.
Es ist Verzweiflung und Müdigkeit.
Hoffnung ohne Erfüllung. Ich liebe es nicht.

Ich möchte es von mir werfen
wie einen wertlosen Gegenstand.
Ich bin allein.
Die Freude trägt das Gesicht der Toten.
Herr, lass mich zu dir kommen.
Denn ich bin müde.
Müde aller Erkenntnis. Müde aller Worte.
Müde aller Pläne. Müde aller Hoffnungen.
Müde meiner Freunde. Müde meiner selbst.
Müde von allem Weinen.
Müde von allem Enttäuschtsein.
Müde von aller Zerrissenheit.

Herr, lass mich nach Hause.
Das Leben braucht mich nicht.
Ich möchte nur ausruhen bei dir.«

Und der große Dag Hammarskjöld:

»Müde
und einsam.
Müde,
bis der Verstand schmerzt.
Von den Klippen
rinnt Salzwasser.
Taub die Finger,
bebend die Knie.
Jetzt gilt es,
jetzt darfst du nicht loslassen.

Andrer Weg
hat Rastplätze
in der Sonne
sich zu begegnen.
Aber dieser Weg
ist der deine,

und es gilt jetzt,
jetzt darfst du nicht versagen.

Weine,
wenn du kannst,
weine,
doch klage nicht.
Dich wählte der Weg –
und du sollst danken.«

»Bedenkt, dass jetzt um diese Zeit
der Mond die Stadt erreicht.
Für eine kleine Ewigkeit sein Milchgebiss uns zeigt.
Bedenkt, dass hinter ihm ein Himmel ist,
den man nicht definieren kann.
Vielleicht kommt jetzt um diese Zeit
ein Mensch dort oben an.
Und umgekehrt wird jetzt vielleicht
ein Träumer in die Welt gesetzt.
Und manche Mutter hat erfahren,
dass ihre Kinder nicht die besten waren.
Bedenkt auch,
dass ihr Wasser habt und Brot,
dass Unglück auf der Straße droht,
für die, die weder Tisch noch Stühle haben
und mit der Not die Tugend auch begraben.
Bedenkt, dass mancher sich betrinkt,
weil ihm das Leben nicht gelingt,
dass mancher lacht, weil er nicht weinen kann.
Dem einen sieht man's an, dem andern nicht.
Bedenkt, wie schnell man oft ein Urteil spricht.

Und dass gefoltert wird, das sollt ihr auch bedenken.
Gewiss ein heißes Eisen, ich wollte niemand kränken,
doch werden Bajonette jetzt gezählt und wenn eins
fehlt, es könnte einen Menschen retten,
der jetzt um diese Zeit in eurer Mitte sitzt,
von Gleichgesinnten noch geschützt.
Wenn ihr dies alles wollt bedenken,
dann will ich gern den Hut,
den ich nicht habe, schwenken.
Die Frage ist, die Frage ist,

sollen wir sie lieben,
diese Welt?
Sollen wir sie lieben?
Ich möchte sagen, wir wollen es üben.«

Hanns Dieter Hüsch

Die Erfahrung des Bösen ist die Erfahrung einer Macht. Wer von ihr redet, kann es nur tun, wenn er einen speziellen Schutz hat. Denn das Böse greift, sobald ich mich seiner erwehre, auch nach mir. Die Erfahrung des Bösen zwingt dazu, sich von unendlich Vielem, was in dieser Welt Macht beansprucht, zu trennen. Man sperrt es aus, man grenzt es ein, man geht ihm nach, um es im Auge zu behalten, man wird dabei selbst in einem bestimmten Lebensrahmen sich eingrenzen müssen, um von ihm, wie man meint, fern zu sein. Und man erkennt, dass weder das Aus- noch das Einsperren gelingen wird. Und dabei kann niemand so recht genau sagen, was das eigentlich sei, das Böse. Wer das eigentlich sei, der allgegenwärtige Machthaber, mit dem man ins Handgemenge gerät. Dass das Böse und seine Erfahrung in den Bereich des Antireligiösen gehört, darüber wird man sich einigen können, aber dass es eben damit am Bereich des Religiösen Anteil hat, ist seine gefährlichste, zerstörerische Eigenart. Dass es eben damit zum Reich des Unwahren gehört wie zu den Grundwahrheiten des Menschenlebens.

Dietrich Bonhoeffer beschreibt diese Art von Gottverlassenheit. In einer Betrachtung über Römer 5 schreibt er: »Die Erfahrung, von der hier die Rede ist, führt uns in die Tiefe der Hölle und in den Rachen des Todes und in den Abgrund der Schuld und in die Nacht des Unglaubens.« Die Erfahrung der kalten Leere des Universums ist das eine, das andere ist die Erfahrung der Nichtigkeit des eigenen Seins, die dort erwächst, wo ein Mensch seine Unfähigkeit erfährt, einen wirklichen Schritt des Nachfolgens zu gehen. Wo er das Miserable an sich selbst, das unüberwindlich Egozentrische seiner Lebensweise erfährt, wo Gott ihm hart und unausweichlich gegenübersteht, und er überzeugt ist, sein Leben, auch wenn es am Glauben festhält, müsse unweigerlich in der Vernichtung, in der Leere, in der Kälte der Gottverlassenheit enden.

Jesus war ein Heiler. Es wäre vielleicht hilfreich, wir würden, was »Sünde« ist, nicht nur in moralischen Kategorien darstellen, sondern auch in den Kategorien der Krankheit, der Kraftlosigkeit, der Selbstzerstörung, und sagen: Heile mich. Wenn nicht hier auf dieser Erde, dann, wenn ich als ein Kranker zu dir in die andere Welt komme. »Sie sind nicht böse, sondern krank. Sie brauchen keine Moralreden, sondern einen Arzt«, sagt Jesus über die Miserablen, denen er begegnet.

Im Rückblick eines alt gewordenen Menschen kann es sehr deutlich werden. Er erinnert sich dessen, was er mit dreißig getan hat, genauer als dessen, was vor kurzem war. Und, was er erinnert, ist schutzloser vor seinen Augen. Es war verfehlt. Es war an allem vorbei, was er selbst gewusst hatte. Es widersprach seinen wirklichen Überzeugungen. Und es ist geschehen. Menschen wurden geschädigt oder verwirrt dadurch, dass er es tat. Und es ist nichts daran zu ändern. Es steht fest. Es hat seine Folgen gehabt außen unter den Menschen und innen in ihm selbst. Es nahm ihm selbst seine Würde, seine Glaubwürdigkeit. Es begleitet ihn und es wird mit ihm zusammen hinübergehen in die andere Welt. Es wird kein Vertuschen geben. Kein Aufrichten von Fassaden. Und es wird keinen Trost geben außer der Liebe Gottes, die Jesus Christus bezeugt hat.

Matthias Nithart, den wir Grünewald nennen, der Maler des Isenheimer Altars, hat uns ein Gebet hinterlassen:

»Jesus, liebster Herr Jesus!
Ich bitt, dass du mich annimmst
zum Docht auf der Lampen,
zu der du das Öl gibst.

Geht mir nit darum,
ob mein Leib verdorrt wie Gras,
aber um dein Bild in mir geht es.
Zünd dein Licht an und lass mich sein
wie ein heiliges Feuer am Rande der finstern Öde,
damit die im Dunkeln wissen,
wo du zu finden bist.
Aus dir kommt, was gut in mir ist,
aus mir das Schwache und Geringe.
Erbarm dich meiner, Herr!«

Die Erfahrung, in der ganzen eigenen Unwürdigkeit dem viel zu
nahen Gott ausgesetzt zu sein, ist die Bedingung für die Heilung,
die Jesus an den Menschen seiner Zeit vornahm und die unverän-
dert an uns geschehen soll. »Vergebung der Sünden«, das heißt die
Aufrichtung unseres inneren Menschen, das Gewinnen von Hörfähigkeit, Berufung zu einem gelingenden Leben oder wie immer
wir sie umschreiben wollen, ist gerade der Erfahrung unserer tiefen Verschuldung bedürftig und ohne dieses Bewusstsein kaum
zu gewinnen.

Wenn uns aber der viel zu nahe, der bedrohlich gerechte Gott unsere Wertlosigkeit, unsere Widerstände, die ganze Lüge unseres
Lebens bewusst macht, dann werden wir wiederum die Begegnung
mit Jesus suchen. Mit dem Barmherzigen, der den Samen des Got-
tesreiches in uns wirft wie in einen Acker, so dass das ganz Andere
in uns Wurzeln zu schlagen beginnt, der Keim des neuen, anderen
Menschen aufbricht und der Ertrag unseres Lebens reift. Nicht,
dass wir besser werden, ist der Sinn dieses Aufbrechens, sondern
dass das andere, unsere wunderbare Bestimmung zum Reich Gottes, unter den barmherzigen Händen des Mannes von Nazaret in
uns zu leuchten beginnt. Das ist es, was wir der gefährlichen Gerechtigkeit Gottes entgegenzusetzen haben. Und darin kann das
Vertrauen gedeihen, das uns das Leben tragbar macht.

27 Die Übermacht des Bösen

Wir sehen in der Lebensgeschichte Jesu als seine schrecklichste Erfahrung mit Gott den Augenblick an, in dem er schreit:»Mein Gott, warum hast du mich verlassen?« Es gibt aber über diesen Punkt des weggegangenen Gottes hinaus eine noch tiefere, noch dunklere Stelle. An dieser Stelle rückt ihm Gott nicht nur in die Ferne, er wird vielmehr zur Macht des Bösen. Zur fressenden Finsternis. Es ist die Geschichte der Gefangennahme Jesu.

Im Garten Gethsemane hatte er sich, unter Schweiß und Tränen, dem Willen des Vaters gefügt. Dieser Wille war und blieb ihm rätselhaft, aber es war doch der Wille des Vaters. Was ihm widerfahren sollte, kam aus einer vertrauenswürdigen Hand. Als er aber die Tempelpolizei kommen hört, als er aufsteht, die Jünger weckt und den Bewaffneten entgegengeht, da ist alles plötzlich ganz anders. Da sagt er:»Das ist eure Stunde und die Macht der Finsternis« (Lukas 22,53).

Wessen Wille geschieht denn nun? Der eben mit Mühe bejahte Wille des Vaters? Oder der satanische Wille, der hier als »Macht der Finsternis« auftritt? Wer regiert die Stunde? Gott oder das Böse? Oder sollte es eine solche Wahl gar nicht geben, sollte hier Gott vielleicht selbst als Macht der Finsternis auftreten? Dann würde Gott zum Schöpfer auch des Bösen, zum Erschaffer auch der Massenmörder, der Verbrecher, der Gewalttäter. Dann käme auch alles Böse aus Gott, aus seinem Schatten, seinem Abgrund? Dann stünde in Gott selbst das Licht gegen die Finsternis und die Finsternis gegen das Licht. Wir haben genug erlebt, um diese schwere Konsequenz aus dem Geschehen auf dieser von Gott geschaffenen Erde am Ende wie Christus zu ziehen.

Wenn uns Gott einmal zur »Macht der Finsternis« geworden ist, dann endet auch das Gespräch mit ihm. Was wir sehen, verliert seine Schönheit und Nähe. Die Welt wird aus einer Heimat zu einem Folterkeller. Das Dasein ist nur noch Angriff auf alles, was wir schützen möchten vor dieser Macht, die sich in den Rachen Gottes gewandelt hat.

Therese von Lisieux berichtet, was sie erlebte:

»Plötzlich verdichten sich die Nebel um mich her,
sie dringen in meine Seele ein
und umhüllen mich derart,
dass ich in ihr das liebliche Bild meiner Heimat
nicht mehr wieder zu finden vermag.
Alles ist entschwunden.
Suche ich Ruhe für mein
durch all die Finsternis ermattetes Herz
in der Erinnerung an das lichtvolle Land,
nach dem ich mich sehne,
so verdoppelt sich meine Qual.
Die Stimme der Sünder annehmend
scheint die Finsternis mich zu verhöhnen
und mir zuzurufen:
Du träumst vom Licht,
du wähnst eines Tages den Nebeln,
die dich umfangen, zu entrinnen!
Nur zu, nur zu, freu dich über den Tod,
der dir geben wird nicht, was du erhoffst,
sondern eine noch tiefere Nacht,
die Nacht des Nichts.«

Johannes vom Kreuz berichtet von den »lichtlosen, dornenvollen Wegen« durch die »dunkle Nacht der Seele«, in der nur noch der Tod, und zwar der ewige, gewünscht werden kann:

»Komm, o Tod, von Nacht umgeben!
Leise komm zu mir gegangen,
dass die Lust, dich zu empfangen,
nicht zurück mich ruf zum Leben.«

Viele große Dichter, Denker oder Heilige der christlichen Geschichte waren, wie wir heute schnell sagen, seelisch krank, nachtkrank sozusagen. So empfand Martin Luther die »Anfechtung«, in der ihm der dunkle Gott versank, als den bewaffneten Angriff der Macht einer giftigen Finsternis auf seine Seele. Er empfand dabei freilich, diese Finsternis, in der Gott versunken war, sei auch in ihm, Martin Luther, selbst. Und so brauchte er einen dritten Punkt, um irgendwo Gott, den Vater, und sich selbst, den von seinem Glauben gehaltenen Menschen, wieder zu finden, nämlich Jesus Christus.

Marie Noël schreibt in einer solchen »dunklen Nacht«:

»Er, der Unbekannte,
hatte mir eine Falle gestellt.
Er hatte mich lange erwartet,
still in der Stunde meiner größten Müdigkeit,
um mich in den Schrecken meines Selbst
zu stoßen
und mich ohne Verteidigung
den verbündeten Dämonen meines Leibes
und meiner Seele auszuliefern ...
Das wurde eine große Schlacht:
die Stunde der Macht der Finsternis –
Monate der Hölle, Monate aller Qualen,
Monate aller Tode.
Zerstörung des Körpers, Zerstörung der Seele ...
Aber alles geschah in der Stille,
in der Folterkammer,
dem dumpfesten und stummsten Verließ
der Seelenburg.
Droben in den bewohnten Sälen
hörte niemand etwas.«

Und weiter:

»Diese Tage, an denen ich gedrückt, schwerfällig,
niedrig, irdisch bin, unfähig, das Unsichtbare zu ergreifen …
Dann kann ich eine Katze oder einen Hund lieb haben,
aber nicht Gott.
Ich habe nichts mehr, um ihn mir vorzustellen.
Dann ist es eine große und harte Mühe, Gott zu danken
und alles, was nicht für die Sinne existiert,
was man nicht sieht, treu zu betrachten;
zuzuhören, wo man nichts hört,
das zu lieben, was gar nichts ist als nur in dieser Seele,
in der nichts mehr ist.
Allmählich beruhigt, entzündet sich wieder ein Licht
und macht den Geist wieder lebendig.
Wird es sich immer wieder entzünden? Wird nicht zuletzt
diese schwarze Müdigkeit da sein,
aus der man nicht zurückkehrt?«

Man kehrt in der Tat aus dieser Müdigkeit nicht zurück, wenn
nicht die Flucht gelingt. Die Flucht von dem Gott, der die Macht
der Finsternis ist, zu dem Vater, den uns Jesus schildert. Wenn
diese Grundaussage des Evangeliums nicht ihre Wahrheit hat, Gott
sei das Licht, wenn sie nicht eine Zuflucht ist für den Menschen,
der von der Finsternis durch seine Ängste getrieben wird, wenn
es nicht den Bruder gibt, der uns den Weg zeigt in das willige und
getröstete Ja, das wir sprechen zum Willen des Vaters, so gibt es
keine Rückkehr.

So tastet sich Fridolin Stier an die Grenzen der Dunkelheit heran
mit dem ergreifenden Gedicht:

»Vielleicht …

Aus dem Spalt
in der Wand

des Alls
in das finstere
Verlies
brach plötzlich
o schön!
ein Schein
und schwand.

Ist vielleicht?
Ist irgendwo?
Vielleicht
ist irgendwo
Tag.«

In diesem »ist vielleicht?«, »ist irgendwo?« kommt zum Vorschein, dass, wenn wir als Christen in der dunklen Nacht stehen, dies niemals die Dunkelheit der Depression sein wird, obgleich alle psychischen Anzeichen der Erfahrung von Depression zum Verwechseln ähnlich sein können. Der Mystiker meint immer eine Atmosphäre der Finsternis, in der ein spirituelles Wachstum geschehen muss, ein »Gotteswachstum«, bei dem die Nacht auf den Ostermorgen zuläuft. Der christliche Mystiker hat immer die Auferstehung im Sinn. Die Erleuchtung. Er sagt: Es gibt zwei Gestalten der Dunkelheit. Das schwarze Nichts, in dem alles zu Ende ist, und das Dunkel als das Merkmal des überhellen Lichts. Nichts Schwarzes, was es auch sei, ist für Gott undurchlässig. Und der Mystiker selbst lebt auf die Stelle dieser Durchlässigkeit hin.

Reden wir aber von den Gefangenen, den Blinden, den Niedergebeugten und den Gefesselten, die Jesus meint, reden wir also von den dunklen Kellern, in denen unsere eigene Seele gefangen ist oder die Seele anderer, dann wird es entscheidend sein, ob wir nur einfach ins Dunkel geraten, oder ob das Licht des Geistes über dem dunklen Schacht steht.

Manches, das wir für Krankheit halten, ist ein Zeichen dafür, dass der betroffene Mensch nur eben ganz einfach ein Mensch ist. Wer wirklich ein Mensch ist, der ist verwundbar. Und die verletzliche Stelle offenbart sich möglicherweise in irgendeiner Form von Schwermut. Wir Menschen stehen dem sehr offen, was uns bedroht, und wir sollen uns wohl gerade dort, wo wir gefährdet sind, nicht verschließen. Und ehe wir einen Menschen für seelisch krank erklären, bedürfen wir wohl der Barmherzigkeit mit unser aller Ohnmacht und Verletzlichkeit.

Vieles, das erlitten wird, wird ohne Absicht und vielleicht ohne Willen stellvertretend erlitten für viele, die für ihr Leiden keine Deutung haben. Manches, das nach Krankheit aussieht, nach seelischer Krankheit, ist jener Schatten, in den ein Mensch absteigt um der Menschen willen, die er aufsucht. Und vieles, das als Krankheit beginnt, kann sich wandeln in erlösende Stellvertretung.

So spricht Johannes vom Kreuz von der dunklen Nacht der Seele. Simone Weil spricht von ihr. Therese von Lisieux, Martin Luther und viele, viele andere. Und ich glaube, dass uns in dem, was sie die dunkle Nacht nennen, etwas gänzlich anderes begegnet als in der Depression, obwohl es von ihr kaum zu unterscheiden ist. Ich glaube, dass es in ihr einen Weg gibt, der anders verläuft als der, den wir »Heilung« nennen. Einen Weg der Erlösung, der weiterführt als bis zu der Normalität, die wir Gesundheit nennen.

Denn der Mensch in der Nacht der Seele ist nicht nur der Kranke oder Leidende, er ist auch der Schwache an der Seite der Schwachen, der Traurige in der Gemeinschaft mit den Traurigen, der Kranke am Bett der Kranken, der Bedrängte in der gemeinsamen Gefahr mit den Bedrängten. Und vielleicht wird er zum Überwinder für die, die nicht zu überwinden vermögen, ein Liebender in der Verlassenheit der Ungeliebten. »Es kann mancher seine eigenen Ketten nicht brechen und doch anderen ein Erlöser sein«, sagt Nietzsche.

Was aber können wir, die Menschen durch die Nacht ihrer Seele begleiten sollen, tun? Wir können ihnen den Christus zeigen, der auf dem Weg durch ihre dunkle Welt ist. Und vielleicht gelingt es dabei dem Schwermütigen, sein Herz an diesem Jesus Christus festzumachen. Sich aufzurichten an ihm. Den dunklen Weg zu gehen, hinter ihm her.

Es geht nicht darum, das Leid rasch zu beseitigen. Es geht um die Kraft, im Leid nicht zu versinken, sondern weiterzugehen. Der zweite Petrusbrief schildert es so:

»Wir sollen auf ihn achten
als auf ein Licht,
das an einem dunklen Ort leuchtet,
bis der Tag anbricht
und der Morgenstern aufgeht
in unseren Herzen.«

28 Die Übermacht des Sinnlosen und der Tod des Universums

Die Frage nach dem Sinn gehört zu den sinnlosesten Fragen, die in einem Menschen erwachen können. Wollte ich auch nur die Spur einer Antwort finden, so müsste ich eine Klarheit haben, in der sich mir alle unlösbaren Rätsel dieses Menschenlebens und dieses Kosmos und alles dessen, was vielleicht über ihn hinausreicht, gelöst haben.

Betrachte ich dieses Universum mit der Genauigkeit, die die heutige Kosmologie gestattet, so bin ich rasch an dem Punkt, an dem ich sage: Wozu gibt es alle diese Milliarden und Milliarden von Sternen? Wozu die dunkle Materie, wozu die schwarzen Löcher? Wozu die lebensfeindliche Glut und die lebensfeindliche Kälte? Wozu gab es den Urknall? Und aus welchem Zustand heraus konnte ein solcher Urknall geschehen? Was war vorher? Aber all diese Fragen brauchen uns am Ende nicht zu beschäftigen, solange uns auf unserer kleinen, unwichtigen Erde unser kleines Leben einigermaßen gelingt.

Viel tödlicher noch ist die Frage nach dem Ende. Der Professor für Philosophie, der Naturwissenschaften Bernulf Kanitscheider schildert das Ende des Universums, wie es die Naturwissenschaften zeichnen, und ich gebe seine Darstellung verkürzt und vereinfacht wieder:

Das erste Ereignis, das etwas wie den Weltuntergang markiert, ist in fünf Milliarden Jahren zu erwarten: Die Sonne dehnt sich zu einem »roten Riesen« aus, und die Erde gerät in ihren Glutball. Die Erde ist nicht mehr. Das zweite wird in 10^{12} Jahren erwartet (wobei die kleine Zahl hinter der Zehn die Zahl der Nullen angibt, die die Länge der Zeit in Jahren meint). Die Bildung von Sternen lässt nach. In 10^{14} Jahren haben auch die langlebigsten Sterne ihre Kräfte verbraucht. In 10^{19} Jahren werden die toten Sterne aus den

Galaxien verdampfen. Nach 10^{27} Jahren besteht das Universum aus schwarzen Löchern, zwischen denen die Reste noch weniger Sterne umherirren. In 10^{66} Jahren (das ist eine 10 mit 66 Nullen) zerfallen auch die schwarzen Löcher. Und am Ende in 10^{135} Jahren verliert sich, was einmal war und die Zeit überdauert hat, staubartig in einen toten, nicht mehr vorhandenen Raum. Zeit ist nicht mehr. So weit Kanitscheider.

Die Zukunft, so dürfen wir folgern, besteht also darin, dass einmal nichts gewesen sein wird. Niemand ist, der sich erinnert. Also war nichts. Und auch die kurze, kleine Weltgeschichte des Menschen wird nicht gewesen sein. Alle Mühe, alles Nachdenken, alles Leiden, alle Angst und Hoffnung, alle Schönheit und aller vielleicht einmal gewesene Sinn werden nicht gewesen sein. Wozu also war es? Wenn nichts gewesen ist, dann war auch nie und nirgends ein Sinn. Nirgends eine sinnvolle Religion. Nie ist ein Gedanke über Gott und die Menschen gedacht worden.

Und Gott selbst? Dieser Gedanke einsichtiger Menschen hat sich in nichts aufgelöst. Es ist nicht zu sehen, wozu es einen Gott geben soll und was er tun könnte in einem so toten Universum oder was von einem solchen einsamen Gott zu erwarten sein soll, außer vielleicht, dass er einen neuen Urknall explodieren lässt oder dass er sich in einem der vielen anderen Universen ausdrückt, die es vielleicht irgendwo geben mag.

Insgesamt wird eine solche – durchaus physikalisch begründete – Zukunftsperspektive zu einer abgründigen Erfahrung einer totalen Sinnlosigkeit aller Ereignisse und aller Dinge. Auch aller Schicksale und aller Erlebnisse irgendeines lebendigen Wesens. Und in ihr versinkt alles, worüber es sich lohnt, auch nur nachzudenken. Es sei denn, sagen wir vorsichtig … Es sei denn … Aber was ist das für ein »Es sei denn«?

Es sei denn, dieses physikalisch oder chemisch oder biologisch darstellbare Universum wäre nicht das Ganze der Wirklichkeit. Es sei denn also, über die vier Dimensionen hinaus, die unser Kosmos uns zeigt, gebe es zehn oder zwanzig oder hundert weitere Dimensionen, von denen unsere Wissenschaft nicht den Schatten einer Ahnung hat.

Was Erinnerung bewahren könnte, wäre vielleicht das, was Jesus mit »Reich Gottes« anspricht, vielleicht Gott selbst. Vielleicht wir selbst in unserem anderen, künftigen Dasein. Und wieder bliebe uns, wenn der Abgrund einer Sinnlosigkeit, den unser rechnender Verstand aufgerissen hat, gähnt, nicht viel mehr, als bei den großen Weisen und Kündern der Menschheitsgeschichte nachzufragen, was denn der Zweck des menschlichen Lebens sei. Und der stärkste Trost wird dann immer noch von jener schlichten, erlösenden Botschaft ausgehen, die wir das Evangelium nennen und in der wir die Gestalt und das Wort jenes Mannes aus Nazaret schauen und hören. Nicht viel sonst. Vielleicht noch das eine oder andere Wort der Weisheit.

Ich kann nur mit Martin Buber sagen:

»Ich zeuge für Erfahrung, appelliere an Erfahrung.
Ich sage zu dem, der mich hört: Es ist deine Erfahrung!
Besinne dich auf sie,
und worauf du dich nicht besinnen kannst,
wage, es als Erfahrung zu erlangen!

Ich habe keine Lehre. Ich zeige nur etwas.
Ich zeige Wirklichkeit. Ich zeige etwas an der Wirklichkeit,
was nicht oder zu wenig gesehen worden ist.
Ich nehme den, der mir zuhört, an der Hand
und führe ihn zum Fenster.
Ich stoße das Fenster auf und zeige hinaus.«

»Ihr sollt wissen«, sagt Meister Eckart,
»dass all unsere Vollkommenheit
und all unsere Seligkeit darin liegen,

dass der Mensch durch und über
alles Geschaffene und Zeitliche
und alles Wesen hinausgehe
und in den Grund steige,
der ohne Grund ist.«

Und vielleicht bleibt uns am Ende nur, was Paulus so sagt:

»Welche Tiefe des Reichtums,
der Weisheit und Einsicht Gottes!
Wie unergründlich sind seine Gedanken,
wie unerforschlich seine Wege!
Wer hat des Herrn Absicht erkannt?
Wer ist sein Ratgeber gewesen?
Er ist Ursprung,
ist Kraft und Ziel aller Dinge.
Ihm sei Ehre in Ewigkeit.«
Römer 11,33–36

Brauche ich mehr zu wissen? Ich meine nicht. Aber ich darf glauben, wenn von den Worten Jesu irgendetwas wahr sein soll: Die Wahrheit hat ein Gedächtnis. Am Ende wird kein Dasein vergessen und keine Träne übersehen sein.

Hier aber beginnt für einen Christen auch der tätige Widerstand gegen das weltweite Unrecht. Hier bewahrt er die Würde des unter dem Unrecht der Menschenwelt leidenden Menschen und seiner Zukunft.

Zu wissen aber, dass entgegen allem Augenschein die Welt die Welt Gottes und der Mensch der von Gott in seiner Schönheit geschaffene Mensch ist, ist der Anfang des Leidens und seiner Überwindung. Dorothee Sölle sagt es so:

»Mystik ist die Erfahrung der Einheit und der Ganzheit des Lebens. Mystische Lebenswahrnehmungen, mystische Schau ist dann auch die unerbittliche Wahrnehmung der Zersplitterung des Lebens. Leiden an der Zersplitterung und sie unerträglich finden, das gehört zur Mystik. Gott zersplittert zu finden in arm und reich, in oben und unten, in krank und gesund, in schwach und mächtig, das ist das Leiden der Mystiker. Der Widerstand von Franziskus oder Elisabeth von Thüringen oder von Martin Luther King wächst aus der Wahrnehmung der Schönheit. Und das ist der langfristigste und der gefährlichste Widerstand, der aus der Schönheit geboren ist.«

29   All dies will im Mitleiden aufgefangen sein

Was ist es aber, was wir aus den Erfahrungen der Dunkelheit Gottes gewinnen? Zunächst: Wir erkennen, was in der Welt fehlt, das uns die Welt eigentlich gewähren müsste. Wir können versuchen, was in der Welt fehlt, zu erinnern und zu bewahren so, dass der millionenfache Schrei nicht überhört, nicht abgewehrt oder vergessen wird. Wir können versuchen, das Leiden der Vielen in unserem Mitfühlen zu bewahren. Alles Vermissen, Sich-ängsten, Verlassensein und alles Erleiden von Schmerzen zusammenzugreifen und dem Kreuz Christi gegenüberzustellen. Denn indem wir uns vom Kreuz des Christus bedrängen lassen und von ihm erzählen, werden wir fähig, der Wahrheit des Menschenlebens Ausdruck zu geben. Denn auch die Geschichte des Leidens Christi hat aus sich selbst keinen Trost. Sie kann nur überwunden werden damit, dass wir das Wort hören: Er ist auferstanden. Und er ist nun der Begleiter, der Bruder aller Leidenden. Der aber, der ihm nachfolgt, wird dabei fähig zum erinnernden Mitleiden. Vielleicht spricht er so seinen Glauben aus:

»Gott, der du die Güte bist, gib uns Güte.   .
Diese Welt ist ein Haus des Leidens,
und sie bedarf der Güte, die bereit ist, mitzuleiden.

Gib uns Güte zu allen, denen das Leben schwer aufliegt,
die über ihre Kraft gefordert sind,
die unter ihrem Schicksal zerbrechen und keinen Sinn finden.
Zu den Zu-kurz-gekommenen, den Gestörten,
Kranken und Behinderten,
den Vereinsamten und Unansehnlichen.

Mache uns gütig zu den Mutlosen,
die im Unrecht mittreiben, den Geschundenen,
die vom Lohn ihrer Arbeit nicht leben können,
den Verzweifelten, die den Rausch suchen oder den Tod.

Zu den Opfern von Ausbeutung und Unterdrückung.
Zu den Soldaten, die man zum Kampf zwingt,
und den Gefangenen, die man bewacht wie wilde Tiere.
Aber auch zu denen, die Gerechtigkeit suchen
und keinen Weg wissen außer der Gewalt.

Gott, diese Welt ist voll von Gewalttätern,
von Rechtsbrechern und Menschenschindern.
Wer hätte unsere Güte nötiger als die Hassenden?
Wie sollen sie sich ändern, wenn wir sie nicht lieben?
Gib uns Güte für alle, die Hass verbreiten, Zwietracht säen,
die den Krieg wollen, weil er ihnen nützt,
die Nachrichten fälschen und Verbrechen vertuschen.
Gib uns Güte zu allen, die vom Betrug leben,
von Erpressung oder Hochstapelei.
Zu den Zuhältern,
die die Armut an Liebe unter den Menschen ausbeuten.

Gib deine Güte aber vor allem uns selbst,
die einander vergessen, verstoßen, verurteilen
im Großen und im Kleinen.
Du hast gesagt:
Wer seinen Bruder von sich stößt, ist schuldig.
Gott, wir sind schuldig. Erbarme dich unser
mit deiner großen Güte.«

Wenn ich dies alles aber nachspreche an meinem eigentlichen
Platz, dem unter dem Kreuz, dann kann mir die Geschichte der
Menschheit zu einer einzigen Passionsgeschichte werden. Die Pas-
sionsgeschichte aber, das ist das Einzigartige an ihr, hat einen Weg.
In ihr kann ich mit dem, dessen Leid ich miterfahre, zusammen
die ersten Schritte über seine Leidensgeschichte hinaus tun. Der
Ostermorgen, das Leben, nicht das geträumte, sondern das erfah-
rene, das wirklich offen stehende, wird so wahr wie die Erfahrung
aller Dunkelheiten der Erde und aller Dunkelheiten Gottes. Die
Erlösung, die Befreiung aus dem Gefängnis des Vermissens, werde

ich finden zusammen mit dem anderen, dessen Hand ich nehme und den ich begleite auf seinem Weg in den Ostermorgen.

Denn wer lange genug mit dem nachtkranken Menschen zusammen kein Licht gesehen hat und dann der Nachricht begegnet, Christus sei auferstanden, dem können dabei die Augen seiner Seele aufgehen, und vielleicht kann er dem im Dunkel gefangenen Menschen die Augen öffnen für das befreiende Licht. Er wird Gott nicht rechtfertigen können oder etwa beweisen, dass das Leid Sinn habe. Er weiß selbst nicht, warum so viel Dunkelheit ist. Er kann nur gegen den Augenschein vertrauen. Mein Lehrer Romano Guardini sagte uns, den Rückkehrern aus dem Krieg: »Ich weiß, dass Gott mir seine Fragen im Gericht stellen wird. Aber ich werde ihm auch meine Fragen stellen, zum Beispiel: Warum ist auf dem Weg zur Erlösung so unendlich viel an Leid, Elend und Schmerzen nötig? Warum?«

Warum, so können wir weiter fragen, muss die Liebe Gottes gegen so viel Dunkelheit geglaubt werden? Man nennt diese Frage die der »Theodizee«. Und sie wird auch dem, der mit den Leidenden dieser Welt aufgrund seines Glaubens leidet, nicht beantwortet werden können. Er kann nur Jesus Christus glauben, dass er vom wirklichen Gott spricht. Er kann nur glauben, indem er sein Mitleiden aufrecht erhält und die Klagen, die begründeten und berechtigten, der vielen Stimmen weiter vernimmt und weiterspricht dorthin, woher das Elend kommt. Indem er also, was er sieht oder hört, Gott vor die Füße wirft. Er hat keinen Beweis, dass das allgegenwärtige Leid der Menschen irgendeinen Sinn hat. Er kann nur den gekreuzigten Christus in allem, was geschieht, gegenwärtig sehen als den, der den Tod durchschritten und das Leid und die Verzweiflung seines Sterbens hinter sich gelassen hat. Ihn kann er nicht vorzeigen. Er kann aber von ihm erzählen. Die Geschichte von dem Christus des Ostermorgens kann man nur hören, weitersagen, bezeugen. Aber das können wir tun. Und an dieser Grenze beginnt recht eigentlich die Erfahrung des wirklichen Gottes. Des Gottes, der in der Dunkelheit als das Licht aufscheint.

Dritter Teil

Allerlei Erfahrungen zwischen
Innenschau und Ekstase

VIII

Erste Erfahrungen am Rande des Täglichen

Beginnen wir in der Nähe. Bei den schlichten Erfahrungen, die uns unser Tag anbietet. Beginnen wir mit unseren einfachen und so unbegreiflich wunderbaren Sinnen. Man sagt, wir hätten fünf Sinne. Wir sehen, hören, tasten, riechen, schmecken. Aber es gibt auch einen Sinn für Hunger, Durst und Sättigung. Ich fühle Wärme und Kälte, Schmerz oder Müdigkeit. Ich weiß, was Raum ist, Entfernung und Nähe, Größe und Kleinheit.

Ich gehe durch eine Landschaft. Ich sehe und höre, ich rieche den Duft der Blumen und des Harzes. Ich genieße die Wärme der Sonne oder die Frische des Windes. Ich stehe vor einem Waldrand und empfinde, dass ich schwer bin, stehend auf meinen Fußsohlen. Ich empfinde, ob ich im Gleichgewicht stehe gegenüber den Kräften der Erde. Unter mir ist Festigkeit. Schwerkraft, der ich mit meinem Stehvermögen antworte. Ich sehe das kleine Leben rundum und weiß mich aufgenommen in die Gemeinschaft der lebendigen Wesen. Ich nehme eine Handvoll Erde auf und stelle mir das urlebendige Leben in jeder Krume vor, die Milliarden von Erdamöben und Springschwänzen und anderem Getier, die in jedem Löffel voll Erde Raum haben. Ich sehe den Tag kommen und gehen und füge mich ein in den Rhythmus, den die Erde angibt. Ich fühle die Gleichmäßigkeit der Zeit. Ich werde mitgenommen in einer großen Weltenuhr. Aber nicht nur unser Körper hat Sinne, auch die Seele, auch der Geist hat eine ähnliche Fülle von Mitteln des Erfahrens. Sie sind untereinander nah verwandt, und sie machen unser Erfahren gemeinsam aus.

Die Erde gibt mir Zeichen. Die Gebärde eines Baumes, die Gestalt eines Hügels, den Geschmack einer Waldbeere, den Ton eines Vogels. Und Leben ist auch in den scheinbar toten Dingen. Auch in Stein, Sand und Geröll. Denn Gestein ist vibrierendes Licht. Es ist Klang, schwingende Energie. Ich wandere durch die Welt der Elemente und erfahre das Feuer, das heißt etwas, das nicht wie die

Erde ruht, sondern das mich anspringt: Lebenselement, Licht und tödliche Gefahr zugleich. Und ich denke daran, dass die Alten empfanden, das Feuer sei der Urstoff der menschlichen Seele.

Ich stehe da und fühle den Wind. Ich atme ein und nehme den Weltraum in mich auf. Ich atme aus und gebe mich dem Wind mit auf die Reise. Ich kenne das Fliegen, das Schweben und Fallen, das Steigen und das Gleiten. Ich bin mit den Wolken vertraut, den weißen Träumen voll Leichtigkeit und voll gewaltiger Energie, die dunkel scheinen können, obwohl es keine dunklen Wolken gibt. Es gibt nur Wolken im Schatten. Sie alle sind weiß wie das Licht.

Ich sehe, wie der Wind an den Bäumen zerrt, wie er den Rauch aus menschlichen Wohnungen über das Land hin treibt. Was wäre, bliese der Wind nicht? Ersticken. Einschlafen. Sterben. Smog über dem Dasein, über der Seele. Der Wind ist das Leben, und die vier Richtungen der Erde werden spürbar in seinen vier Richtungen.

Mein Auge breitet mir die Welt im Raum auseinander. Es rückt die fernen Dinge in eine begreifliche Nähe. Es vermittelt mir die Gewissheit, dass die Dinge geordnet nebeneinander stehen. Die Gefahr für den, der sich vor allem auf sein Auge verlässt, ist aber die, dass er dem Bedürfnis nachgibt, alles, was ihm begegnet, für feststellbar zu halten. Und es wird für ihn nötig sein, über das feststellende Sehen hinauszukommen in andere Ebenen der Erfahrung.

Eine solche andere Erfahrungsweise ist die des Hörens. Des Hörens vor allem auf die inneren Dinge. Wer hört, hat nicht den Eindruck, es stehe das eine neben dem anderen, wie es das Auge empfindet, sondern den, es folge eines dem anderen in der Zeit. Die Musik ist zeitlich geordnet. Sie fängt an, sie hört auf, sie ergeht schnell oder langsam. Und wenn sie aufgehört hat, ist sie sozusagen nicht mehr vorhanden. Will ich mich selbst verstehen, so werde ich mich nicht nur auf das Auge verlassen, sondern vor allem dem Hören, dem Hinhören vertrauen. Die Welt ist Klang. Auch meine Seele ist es.

Wichtig ist dabei, dass wir verstehen: Unsere Vorstellungen von den Dingen der Welt sind nicht die Wirklichkeit selbst. Sie bilden nicht eine feststehende Realität ab, sie zeichnen vielmehr nur die Aspekte der Welt nach, auf die hin wir geformt sind. Wie ein Vogelflügel sich gebildet hat nach den Erfordernissen des Fliegens in der Luft, die Flosse eines Fisches auf die Bewegungen im Wasser hin, so hat unser Leib die Mittel entwickelt, mit denen wir unser Überleben sichern können. Nicht mehr. Alle Dinge, die wir wahrnehmen, prägt unser Verstand so um, dass sie unserem Leben dienlich werden. Alle aber bleiben sie in ihrer Substanz, in ihrem wirklichen Wesen unverstehbar.

Und wichtig ist ein Zweites: Alles Erleben kann bestenfalls nur entweder genau sein oder umfassend. Niemals beides zugleich. Ich versuche, das Bild eines alten Meisters genau zu sehen. Ich bemerke dabei, dass, je genauer ich sehen will, der Umkreis, den ich wahrnehme, desto kleiner wird. Genauigkeit ist also nicht allein wünschenswert. Ebenso wichtig ist, ein Ganzes, einen Zusammenhang sehen zu wollen. Der aber wird, je umfassender er sein will, desto unschärfer. Schönheit einer ganzen Gestalt, einer ganzen Landschaft wird immer ein unscharfes Sehen erfordern. Will ich etwas bewirken, so empfiehlt sich der genaue Blick auf die Einzelheit. Will ich mich orientieren, so brauche ich den umfassenden Blick auf das Ganze. Daraus geht hervor, dass mir für ein exaktes Erkennen des Ganzen der Welt ganz schlicht das Sehvermögen fehlt, das zugleich genau und umfassend wäre.

Die Arbeit meines Verstandes andererseits hat Grenzen dort, wo die Wirklichkeit vor meinen Augen in Gegensätze auseinander tritt, die er nicht zu verbinden vermag. Das sinnliche Erfahren sagt: So ist es, und so ist es auch. Der Verstand antwortet: Beides kann nicht sein. Und er muss lernen, dass, was er aus dem Material, das die Sinne anbieten, gemacht hat, seine Grenzen offenbart. Es ist das Feld, auf dem wir von einer komplementären Struktur reden, also von der Tatsache, dass das eine wahr ist, aber das andere, das mit ihm nicht vereinbar ist, auch.

Es gibt in der christlichen Geschichte eine Traditionslinie, die von »geistigen Sinnen« spricht, von der Sinnlichkeit der Seele auch. Origenes, Augustinus, Bonaventura und Ignatius gehören ihr an. Und so spricht auch William James von »geistigen Gefühlen«: »Es ist so, dass es nicht nur an die Psyche, an den Leib gebundene Gefühle gibt, sondern auch geistige. Gäbe es keine rein geistigen Gefühle, so könnte man von der Seligkeit reiner Geister oder von der Gottes nicht mehr sprechen.«

Wir sagen damit aber nur einfach dies, dass zwischen unserem Verstand und unserem Leib keine Grenze besteht, dass der Geist dieselben Möglichkeiten eines konkreten Erfahrens besitzt wie unsere Seele und wie unser Körper. Der Mensch ist ein Ganzes und wird von seiner Welt als das Ganze angesprochen, das er ist.

Jeder spricht von der Seele. Aber was das eigentlich ist, Seele, weiß niemand so recht zu sagen. Die Seele ist gewiss nicht etwas wie ein inneres Organ. Vielleicht ist sie nicht mehr als eine Art von Beziehungsfähigkeit. Dass der Leib mit anderen Leibern Verbindung aufnehmen kann, macht die Seele aus. Dass er sprechen und hören kann, dass er fähig ist, nachzudenken und auf diese Weise zu anderen denkenden Wesen hinüber zu gelangen. Dass überhaupt unser körperliches Wesen kontaktfähig ist, urteilsfähig, fähig zu Erfahrung und Deutung, macht das Wesen unserer Seele aus. Dass wir bewahren können, was uns begegnet ist, in einem »Gedächtnis«, auch in den Traumata, die es in uns bewirkt hat, macht eine Seele aus. Im Grunde ist es nach meiner Auffassung unmöglich, eine Grenzlinie zu ziehen zwischen Körper und Seele. Was wir Seele nennen, das ist die Offenheit zwischen unseren eigenen Kräften und die Offenheit zwischen uns und unserer Welt, die Offenheit für Fremdes und die Fähigkeit, Verwandtes oder Gegensätzliches zu lieben. Nichts als Verbindungen und Verbindungsfähigkeit – das ist unsere Seele. Ich kann nur sagen: In meiner Seele fließen das Universum und ich selbst zusammen. In meiner Seele fließen mein Leib und ich ineinander. Ich bin in ständiger Bewegung aus mir in die Welt hinaus, und ich nehme ständig »Welt« in mich auf, um sie verändert, durch mich angereichert, wieder von mir zu geben. Es ist nicht zufällig, sondern tief sinnvoll, dass man den »Geist« des Menschen von jeher gern mit seinem »Atem« verglichen hat.

Die eigentliche Kraft meiner Seele besteht in ihrer Fähigkeit, zu verbinden, was getrennt ist, in ihrer Fähigkeit also zu verstehen, in ihrer Fähigkeit, ins Unbegrenzte hinaus wirksam zu sein.

Wir sehen unsere äußere Welt. Wir stehen irgendwo zwischen Bäumen an einem Abend nach Sonnenuntergang, und über uns erscheint der Mond zwischen den Zweigen, umspielt von Wolken. Vielleicht spiegelt er sich in einem Bach oder See. Wir nehmen instinktiv eine Beziehung wahr zwischen dem nächtlichen Bild und uns selbst. Wir sind »ergriffen«. Wir legen irgendetwas in das spiegelnde Bild, was eigentlich in uns selbst ist, und versuchen, irgendeine Spur von ihm aus zu uns selbst zu finden. Wir empfinden eine »Bedeutung«. Unsere abendliche Welt wird transparent. Sie wird durchscheinend für irgendetwas Zweites und Anderes, das aus uns selbst kommt. Goethe fasst es in ein Gedicht:

»Füllest wieder Busch und Tal
still mit Nebelglanz.
Stillest endlich auch einmal
meine Seele ganz ...«

Was hat der Nebelglanz mit meiner Seele zu tun? Der portugiesische Lyriker Fernando Pessoa (1888–1935) beschreibt die Ratlosigkeit seiner Zeitgenossen, die unfähig seien, die Welt als durchscheinend, als bedeutsam zu erfahren, mit leisem, freundlichem Spott. Er lässt einen von ihnen sagen:

»Der Mond, durch die hohen Zweige schimmernd,
sagen die Dichter alle, sei mehr
als der Mond, durch die hohen Zweige schimmernd.
Mir aber, der sich nicht vorstellen kann,
was der Mond, durch die hohen Zweige schimmernd,
anderes sein könne
als der Mond, durch die hohen Zweige schimmernd,
ist er wirklich nicht mehr
als der Mond, durch die hohen Zweige schimmernd.«

Mögen uns Gott und unsere eigene Seele davor bewahren, dass wir eines Tages an den Punkt kommen, an dem uns der Mond, durch die hohen Zweige schimmernd, nichts anderes mehr wäre als der Mond, durch die hohen Zweige schimmernd.

Heinrich Heine spottet:

»Ein Fräulein stand am Meere
und seufzte lang und bang.
Es rührte sie so sehre
der Sonnenuntergang.«

Aber da steht Heine hinter ihr und tröstet sie:

»Mein Fräulein! sei'n Sie munter,
das ist ein altes Stück:
Hier vorne geht sie unter
und kehrt von hinten zurück.«

Aber ich glaube Heine seine Überlegenheit nicht. Er wäre kein
Dichter, wenn er die tiefen Verbindungen zwischen unseren äußeren und unseren inneren Bildern nicht zu feiern verstünde.
Wenn er nicht ernst nehmen könnte, was in uns selbst auf die Erscheinungen unserer äußeren Welt antwortet.

Ist uns die Geheimschrift des Lebendigen nicht lesbar? Sagt uns
das Leben nicht, was in ihm ist? Erzählt es uns nicht von dem, was
in seinem Hintergrund geschieht? Dann wäre es erst recht dringend, danach zu fragen, wie wir mit etwas, das wirklich gilt, in
Verbindung kämen, und der Antwort, die wir hören, standhiel-
ten.

Aber der bloße Pessimismus täuscht. Menschen suchen heute wie
je nach einer geistigen Welt oder nach Transparenz und Personanz
der sichtbaren, wenn auch diese geistige Welt nicht mehr viel mit
dem zu tun hat, was die Christen den Himmel nennen oder das
Reich Gottes. Ahnungen, die ihnen selten jemand zu deuten vermag, gehen in vielen um wie Nebelstreifen zwischen den Bäumen
an einem kühlen Abend. Aber sie führen oft genug nicht zu einem
Verstehen, weil die, die sie erleben, damit allein bleiben, die Scheu
nicht überwinden, davon zu reden, und die Worte nicht finden,

zu sagen, was ihnen widerfahren ist. Es gilt, der Seele zu ihren eigenen Erfahrungen Mut zu machen.

Denn es geht nicht um eine Verbindung, die wir künstlich herstellen, sondern um die doppelte Weise, in der wir in unserer Seele wie in unserer Welt verwurzelt sind, und um die Weise, in der wir die Übereinstimmung von äußerer und innerer Welt bezeugen. Rilke bezeugt sie so:

»Durch alle Wesen reicht der eine Raum:
Weltinnenraum. Die Vögel fliegen still
durch uns hindurch. O, der ich wachsen will,
ich seh hinaus, und in mir wächst der Baum.«

Wenn alles Weltinnenraum ist, so fliegen die Vögel durch uns, nicht durch uns als Individuen, sondern durch uns als den großen Innenraum aller Dinge hindurch. Wünsche ich zu wachsen, so wird das Wachsen eines Baumes in mich hereingespiegelt. Der Baum ist in mir.

Meine Welt aber rückt auch zusammen in den Verbindungen zwischen einst und jetzt und künftig. Unsere Seele bewahrt lange Vergangenes und hält es wirksam. Und zwar nicht nur unsere eigene Vergangenheit, sondern auch die ganze Erfahrungsgeschichte der Menschheit. Es sind die Bilder und Erfahrungen, verdichtet in Mythen und Sagen der Menschheit, in Ritualen auch, die in uns im Untergrund unserer Seele lebendig und wirksam sind und auf unser Verstehen warten. Denn das Mythische ist die Sprache, die das Dasein spricht, wenn es uns anreden will, die Sprache auch, in der die Dichter, die Maler und Musiker ihm von jeher geantwortet haben. Es ist die Sprache der Träume und der Eingebungen. Der Umgang mit dieser Bilderwelt ist notwendig, und er ist unerhört hilfreich, wenn es in unserer Seele und in der Welt um Wahrheit gehen soll, um Wahrheit und Wandlung.

»Die Seele ist wie ein Wind«, sagt Hildegard von Bingen,
»wie ein Wind, der über die Kräuter weht,
wie der Tau, der auf die Wiesen träufelt,
wie die Regenluft, die wachsen macht.
Desgleichen ströme der Mensch ein Wohlwollen aus
auf alle, die da Sehnsucht tragen.
Ein Wind sei er, der den Elenden hilft,
ein Tau, der die Verlassenen tröstet.
Er sei wie die Regenluft,
die die Ermatteten aufrichtet
und sie mit Liebe erfüllt.«

Und Meister Eckart:

»Jemand mag übers Feld gehen
und sein Gebet sprechen
und Gott erkennen;
oder er mag in der Kirche sein
und Gott erkennen.
Wenn er deshalb Gott besser erkennt,
weil es an einem ruhigen Platz ist,
wo er das gewohnt ist,
so liegt das an seiner Unzulänglichkeit,
nicht an Gott.
Denn Gott ist gleich in allen Dingen
und an allen Orten
und ist bereit, sich gleich zu geben,
soweit es an ihm liegt.«

Eine unserer Seele einwohnende Fähigkeit ist das Staunen. Thomas Carlyle, schottischer Schriftsteller und Historiker, schreibt:

»Ein Mensch, der sich nicht wundern kann,
der nicht ständig staunt
oder nicht ständig anbetet –
und wäre er auch Präsident zahlreicher königlicher Akademien
und hätte er die großen Entdeckungen aller Laboratorien
und Observatorien in seinem Kopfe gespeichert –
ist nichts anderes als ein paar Brillengläser,
hinter denen sich keine Augen befinden.«

Man kann, wenn man sich den Tierfilmen des Fernsehens oder den erstaunlichen Aufnahmen aus dem Kosmos der Sterne heute aussetzt, schon in einem Maß ins Staunen geraten über die unerhörte Weisheit, die im Leib einer Libelle oder in einem der physikalischen Gesetze sich ausdrückt, das früher kaum denkbar war.

Manche unter den Kosmonauten von heute drücken ihr Staunen aus: Da sagt zum Beispiel James Irwin über den Anblick der Erde:

»Ein solcher Anblick muss einen Menschen verändern.
Er muss bewirken, dass er die göttliche Schöpfung
und die Liebe Gottes dankbar erfährt.
Der Mond ist ein sehr heiliger Ort.«

Der Russe Wolynow:

»Während des Flugs im Kosmos wirst du milder,
du gewinnst eine innigere Beziehung zum Lebendigen.
Du wirst gütiger und duldsamer.«

Oder Russel Schweickhart:

»Ich habe den ganzen Planeten umarmt
und alles Leben auf ihm.
Und er hat die Liebkosung erwidert –
wie Eichhörnchen und Kiefern.«

Bernhard von Clairvaux (12. Jahrhundert) bekennt:

»Was ich weiß über die heiligen Wissenschaften
und die ehrwürdigen Schriften,
habe ich gelernt in den Wäldern und auf den Äckern.
Ich hatte keine anderen Lehrmeister
als die Buchen und die Eichen.«

Jakob Böhme (17. Jahrhundert):

»In diesem Licht hat mein Geist
alsbald durch alles hindurch gesehen
und an allen Kreaturen,
auch an Kraut und Gras, Gott erkannt.«

Ich denke, wir sollten über die Zeit hinweg sein, da es uns Theologen verboten war, »an Kraut und Gras« Gott zu erkennen. Vielleicht kommt es darauf an, dass wir versuchen, im Normalen, Ge-
meinen den Sinn zu finden, dem Gewöhnlichen ein verborgenes
Geheimnis zuzutrauen, das Bekannte in die Fülle des Unbekannten einzustellen und dem Endlichen seinen unendlichen Hintergrund anzusehen. Vielleicht kämen wir dabei einmal, wenn wir es
nicht erwarten, zu einer religiösen Erfahrung.

Was es dabei zu erfahren gibt, wenn wir anfangen zu staunen, sagt
die jüdische Mystik des Chassidismus so:

»Wer gewürdigt wird, die Gesänge der Kräuter zu hören,
zu vernehmen, wie jede Pflanze ihr Lied singt zu Gott,

ganz aus sich selbst, der weiß,
wie schön und süß es ist, ihr Singen zu hören.

Es ist gut, Gott zu dienen in ihrer Gemeinschaft,
einsam zu wandern über das Feld hin
zwischen den Gewächsen der Erde,
und zu reden mit Gott in Wahrhaftigkeit.

Die Stimme des Feldes geht über in deine
und gibt ihr größere Kraft.
Dein Atem trinkt die Lüfte des Paradieses,
und kehrst du heim, ist die Welt neu vor deinen Augen.«

Wer singt? Der fromme einsame Wanderer oder die Kräuter? Und
wo erklingt das Lied? Draußen? Drinnen? Wer gibt wem die Kraft?
Die Stimme des Feldes dem Sänger oder der Sänger den Gewächsen der Erde? Für wirkliche Erfahrung tritt jedenfalls, was außen
und was innen ist, zu einem großen Erstaunen zusammen. Durch
diesen Zusammentritt eines äußeren und eines inneren Erstaunens
wird ein Erlebnis zur Erfahrung und wird Ausdruck des Einver-
nehmens zwischen dem kleinen Bewusstsein eines Menschen und
dem Ursprung, dem Gesamten und dem Hintergrund seines Daseins.

Ein andersartiges Staunen sei aus der Menge seiner Gestalten he-
rausgegriffen: Wir stehen an einem Arbeitstisch, und unsere Hände
gleiten über ein Werk hin, das wir eben gestalten. Irgendein na-
türliches oder künstliches Material verändert sich unter unseren
Händen so, dass eine Figur, eine Gestalt, ein Bild, ein Werkstück
entsteht. Unsere Hände verändern ein Stück Welt. Sie gleiten über
etwas eben Entstandenes. Die Hände haben dem gehorcht, was die
Seele ihnen vorgesprochen hatte. Unsere Seele aber hatte nachge-
zeichnet, was sie wahrgenommen hat oder was ihr frei eingefallen
war. Ihr Wille nahm Gestalt an. Die Erfahrung unserer Hände wird
zu einem tiefen Glück, das nun unsere Seele erfüllt. Wir stehen
unserer Welt als »Handwerker« gegenüber. Als einen Handwerker

bezeichnen wir einen, der ein Lehrling war und aufgenommen hat, was man ihm beibringen musste, um ihn zu seinem Werk fähig zu machen, und der nach einem mühsamen Weg des Lernens und des Versagens am Ende ein Meister geworden ist. Ein Meister ist einer, der aus dem, was man ihm beigebracht hat, hinausspringt und etwas schafft, das es vor ihm in der Welt nicht gegeben hat. Der in diesem Schaffen des Neuen und Nicht-gewesenen das wird, was er seiner Bestimmung nach sein soll.

Vielleicht wird er dadurch zu einem »Künstler«. Er sieht die Dinge mit seinen eigenen Augen. Er nimmt Dinge wahr, von denen andere sagen, es gebe sie nicht. Er hört etwas, das vor ihm ungehört war. Er vernimmt eine Musik, die zum ersten Mal durch ihn laut wird. Ein Handwerker – und ich selbst habe mich immer als Handwerker meines Fachs, der Theologie, verstanden – ist daran kenntlich, dass er, was er macht, zu Ende bringt, zum Ziel führt, zu der ihm möglichen Vollkommenheit. Der es nicht nur andeutet, nicht nur anreißt, sondern solange an ihm arbeitet, bis seine Fehler und Mängel, soweit er sie selbst wahrzunehmen vermag, überwunden sind. Der sein Werk »end-gültig« macht.

33 Fingerzeige unbekannter Herkunft

Wir reden hier von »religiöser Erfahrung«. Wir meinen damit den Vorgang, dass uns, in uns selbst oder außerhalb von uns selbst, etwas begegnet, das in dieser Welt nicht vorkommt, in ihr nicht angelegt ist, und das auch die Bilderwelt unserer eigenen Seele nicht enthält. Eine Begegnung mit etwas, das anders, neu, überraschend, ängstigend oder beglückend und jedenfalls fremd ist. Ich kann dem, was mich überfällt oder anrührt, einen Namen geben, viele Namen, und werde wissen, dass ich »Es« oder »Ihn« damit nicht fasse. Es ist die Erfahrung eines »irgendwie Heiligen«, eines »Numinosen«. Und es ist die Erfahrung, dass dieses »irgendwie Heilige« auf irgendeine Weise in mein Dasein eingegriffen hat oder eingreift.

Wenn wir von »religiöser Erfahrung« sprechen, meinen wir damit nicht ein Verlassen unserer Welt, so, als sähen wir plötzlich Gott selbst, auf seinem himmlischen Thron sitzend. Sie geschieht verhaltener, verborgener, angedeuteter. Religiöse Erfahrung ist ein Ahnen oder ein Schock, eine Beglückung oder ein plötzliches Verstehen, das uns innerhalb irgendeiner anderen, einer normalen Erfahrung, trifft. In einem Schicksalsschlag, in einer Kunstbetrachtung, in einem Glück oder Unglück, in einer Naturerfahrung kommt etwas anderes zu uns, das uns deutet, was uns hier erreichen will. Das ist entscheidend: In aller Regel ist eine religiöse Erfahrung verborgen in einem normalen Ereignis, das uns begegnet und das sich uns nun öffnet.

Ich denke an gestern oder vorgestern oder an eine lange vergangene Zeit. Ich betrachte erinnernd den Lauf meines Lebens. Plötzlich merke ich: Irgendetwas erscheint vor mir neu und anders. Etwas berührt mich, ich weiß aber nicht, was es ist, das mich berührt. Ich gehe ein paar Beispiele entlang:

Ich erlebe: Irgendetwas bringt mich dazu, stehen zu bleiben. Ich empfinde: Was da ist, was da geschieht, das geht mich an. Irgendetwas, das ich kaum feststellen kann, ist am Werk. Irgendetwas oder irgendwer ist anwesend.

Oder so: Ich erinnere mich einer vergangenen Zeit und mir wird plötzlich klar, dass da irgendeine Linie ist von damals zum heutigen Tag hin, irgendein Zusammenhang. In meinem Leben zeigt sich etwas wie ein Plan. Irgendwer hat mein Leben im Auge. Irgendetwas oder irgendwer hat hier etwas vorgezeichnet.

Oder so: Ich erlebe ein Glück, ich fühle mich wohl, es geht mir gut, mir begegnet ein freundlicher Mensch, vielleicht einer, der mich liebt, und mich erfasst der Gedanke: Das hat mir jemand zugedacht. Wer immer es sei, ich möchte ihm dankbar sein.

Irgendetwas trifft mich wie ein Schock: So kannst du nicht weitermachen. Du verfehlst die Bestimmung, die in deinem Schicksal angelegt ist. Du verfehlst dich selbst und vielleicht auch die anderen.

Oder ich empfinde: Trotz allem, das Leben meint es gut mit mir. Im Grunde ist alles voll von einem guten Sinn. Ich kann vertrauen.

Oder: Ich entgehe knapp einer Gefahr. Was war das, was mich bewahrt hat? War das nicht ein unbekannter Jemand, der seine Hand im Spiel hatte?

Ich komme auf einen guten, lebendigen, fruchtbaren Gedanken und verstehe dabei: Der ist nicht von mir. Der ist mir ein-gefallen. Mir zu-gefallen aus irgendeiner Höhe wie dem Kind mit den Sterntalern. Aber wer hat ihn mir zugeworfen?

Oder mir geht irgendetwas auf: Ach so! So ist das! Das ist ja alles ganz anders! Muss ich mich jetzt nicht mit allen meinen Kräften neu orientieren? Aber woraufhin?

Irgendetwas aus dem Schattenbereich meiner Seele steht mir plötzlich hart entgegen, irgendein Versagen, ein Verdrängen, eine Zwielichtigkeit, und ich komme um den Gedanken nicht herum, ich hätte da etwas zuzugeben. Ich hätte etwas zu verantworten. Aber vor wem? Und was bedeutet das für meinen weiteren Lebensvollzug?

Mir geht ein andermal auf: Da legt dir einer eine Aufgabe vor die Füße. Die fordert dich. Die hat Folgen. Aber unabhängig von den Folgen, die sie für dich hat: Du musst sie anfassen.

In all dem begegnet mir etwas, was ich nicht deuten kann, und ich weiß, hier ist etwas anderes. Hier ist mehr. Hier ist eine andere, stärkere Wirklichkeit. Und dass das eine andere Wirklichkeit ist, die mir begegnet, muss mir niemand beweisen. Die Erfahrung hat ihre eigene Reinheit.

Ich habe im Lauf meines Lebens unzählige Gespräche geführt, und immer wieder wurden mir Erfahrungen dieser Art berichtet. Aber mir wurde immer wieder auch gesagt: »Ich habe davon noch nie zu einem Menschen geredet. Das würde doch kein Mensch verstehen.« Fast könnte es scheinen, als werde unsere Welt auch darum so gott-los, weil wir einander verschweigen, was uns am Rande unserer täglichen Erfahrungen begegnet. Und fast will es scheinen, als hätten wir darum so viel Mühe mit unserem Glauben, weil wir solche Randerfahrungen, solche Einsichten irgendwohin ins Vergessen abdrängen, vor allem aber in die spirituelle Bedeutungslosigkeit. Weil wir sie aber nicht gelten lassen und nicht beim Namen nennen, haben wir auch keine Mittel, Wahrheit und Täuschung an ihnen voneinander zu trennen.

Reden wir aber nun von »Offenbarung«, die uns widerfahren könnte, reden wir davon, übersinnliche Erkenntnis deute sich hier an, so gilt auf alle Fälle, dass die Anfänge solcher Offenbarung auf sehr schlichte Weise geschehen. Sie geschehen, wie Heinz Zahrnt einmal gesagt hat, in gewöhnlichen menschlichen Verhältnissen,

»durch die Stalltür alltäglicher Lebenserfahrungen«. Dabei machen Christen keine anderen Erfahrungen als Menschen sonst, sie geben ihnen aber einen anderen Namen, und ihnen begegnet in dem, was ihnen widerfährt, eine Wahrheit über die Wirklichkeit ihres Daseins.

Bei all den genannten Anlässen geht es um die Merkmale oder Zeichen für das »Andere«, für seine Andeutungen. Es handelt sich um Anknüpfungspunkte für den um Wahrheit bemühten Menschen. Sie bleiben Anknüpfungspunkte auch dann, wenn sich dabei herausstellen sollte, dass ein Mensch nach solchen Erlebnissen keine Konsequenzen zieht. Was wirklich Wahrheit ist, muss uns immer erst gesagt werden. Offenbarung Gottes geschieht vielleicht auch einmal auf dem Weg solcher schlichten Erfahrungen, aber sie ist mit ihr nicht notwendig gegeben. Sie wird am Ende immer durch ein erhellendes Wort geschehen, das sich an uns richtet und das uns sagt, wer oder was dieses Irgendetwas, dieser Irgendwer eigentlich sei.

Marie Noël, die Dichterin und Mystikern aus Frankreich, schreibt:

»Wenn ich mich heute umwende,
um zurückzuschauen,
so sehe ich,
wie ich durch meine traurigen Jahre,
meine geduldigen Finsternisse,
bis zum Ende immer, o mein Gott,
von Deinen Händen wie eine Gelähmte getragen wurde
auf göttlicher Straße.«

Es kann uns allen täglich oder nächtlich begegnen. Wir träumen. Wir erwachen. Uns trifft die plötzliche Überzeugung: Was du eben geträumt hast, hat eine Bedeutung. Du musst es, kurz ehe es wieder entschwindet, zu fassen bekommen. Und du musst verstehen, was da irgendwer gesagt hat oder was du da eben gesehen hast. Und meist entschwindet der Traum wieder ins Nirgendwo. Er löst sich auf, als wäre er nie gewesen. Und vielleicht empfinden wir, hier habe ein verborgener Wille gesprochen, in den unser übriges Leben auf irgendeine Weise eingebettet ist. Ein verborgenes Wissen. Was ist das aber für eine Wirklichkeit, die das wache Leben begleitet und die vielleicht größer und reicher ist als unser waches Bewusstsein?

Es war immer und in allen Religionen der Brauch, Träume so ernst zu nehmen wie alles, was wir in wachem Zustand denken, hoffen oder vermuten. Und so sprechen wir, wie gesagt, auch von einem »Einfall«, der uns »zugefallen« sei, aus irgendeiner Höhe, wie ein Vogelschwarm in eine Waldlichtung einfällt, oder der uns plötzlich vor Augen ist, wie ein Wild in der nebligen Frühe aus der Verborgenheit eines Waldes auf die offene Waldwiese tritt.

Wir werden auf diese Weise unendlichen Varianten begegnen, wie ein Mensch zu Einfällen kommt, zu Überzeugungen, zu Meinungen, zu seinem Glauben, nämlich so, dass irgendetwas, das nicht da war, plötzlich nah und gegenwärtig und vielleicht sogar selbstverständlich geworden ist. Wenn aber jemand an die Nähe Gottes glaubt, so wird es ihm schwer fallen, zu trennen zwischen den plötzlichen Einsichten unseres Gehirns und dem Sprechen Gottes in seiner Seele. Von »religiöser Erfahrung« will ich aber hier immer noch nicht reden.

Es geschieht mir immer wieder. Ich sitze am Schreibtisch und gehe meinen Gedanken nach. Irgendwann bleiben sie stehen. Es geht nicht weiter. Ein Problem tut sich auf, für das ich keine Lösung habe. Oder ich führe ein Gespräch und weiß keine Antwort. Danach wird es Zeit, schlafen zu gehen. Gegen Morgen erwache ich aus einem Traum und weiß die Antwort. Oder ich sehe die drei oder vier oder mehr Gedankenschritte, die ich tun muss, um das Problem zu lösen, das mich gestern aufgehalten hatte. Ich greife schnell nach Bleistift und Papier, um zu notieren, was ich sah oder was mir gesagt wurde. Denn nach wenigen Sekunden pflegt alles wieder ins Unbekannte abzutauchen. Aber der gezeigte Weg erweist sich danach tatsächlich als die Lösung meines Problems. Wer war das, der über Nacht weitergedacht hat? Mein bewusstes Ich war es nicht. Die einfache Mechanik meines Gehirns? Aber wie klug muss ein auf sich selbst gestelltes Gehirn sein, um Lösungen für solche Probleme herausgeben zu können? Wer ist so viel klüger als ich? Ich weiß es nicht. Ich lasse es mit aller Gelassenheit ganz offen.

35 Die Trance nicht fürchten

Jenes Fräulein von Heinrich Heine stand der untergehenden Sonne
gegenüber und empfand, hier sei in oder hinter dem physikalisch
bekannten Vorgang irgendetwas Numinoses am Werk. Etwas Grö-
ßeres, Mächtigeres wurde für sie plötzlich ahnbar. Das muss noch
keine Erfahrung sein, vielleicht ist es nur das augenblickliche An-
gerührtwerden von etwas, das nicht zu deuten ist

Einer meditiert. Er sitzt Stunde um Stunde und lässt sich von einer
Stille aufnehmen, in den Grenzen dessen, was er sehen, bedenken
und beurteilen kann. Er empfindet ein Umfassendes, das ihn trägt
und hält, und das seinen Geist aus seinen Illusionen löst. Er empfindet eine Realität, die über das, was wir Realität nennen, hinausreicht.

Einem Dritten widerfährt es ohne sein Zutun, dass er anfängt,
irgendetwas, das ihm bislang nicht zugänglich war, wahrzunehmen. Er gerät in Trance. Er schaut und weiß. Er überschreitet die
Grenze sowohl des natürlichen Schauens als auch die des Nachdenkens. Er gerät in die Übergangszone zwischen seinem Bewusstsein und der Ebene des Unbewussten. Er erlebt, wie sich Grenzen
auflösen bei einer bestimmten Musik, unter Drogen oder durch
bestimmte Übungen der Meditation. Ob der in Trance geratene
Mensch dabei religiöse oder andere Erfahrungen macht, hängt
daran, in den Bereich welcher Macht er hinübertritt.

Am stärksten holen der Abend und die Nacht unser Empfinden
und unsere Intuition in das Reich der Trance hinüber. Die Seele
öffnet in der Abgeschiedenheit und Dunkelheit einer Nacht irgendeine Tür. Sie wandert aus. Sie geht eigene, sichere Wege durch
die Zonen der Trance.

Was dabei zu erfahren ist, singt Novalis in seinen »Hymnen an die
Nacht«:

»Hast auch du
ein menschlich Herz,
dunkle Nacht?
Was hältst du
unter deinem Mantel,
das mir unsichtbar kräftig
an die Seele geht? ...
Köstlicher Balsam
träuft aus deiner Hand,
aus dem Bündel Mohn.
In süßer Trunkenheit
entfaltest du die scheuen Flügel des Gemüts
und schenkst uns Frieden
dunkel und unaussprechlich ...«

Und er setzt später nach:

»Wer oben stand auf dem Grenzgebirge der Welt
und hinübersah in das neue Land,
in der Nacht Wohnsitz –
wahrlich, der kehrt nicht
in das Treiben der Welt zurück,
in das Land, wo das Licht
in ewiger Unruh hauset.«

Und Edith Stein deutet es an:

»Es gibt eine nächtliche, milde Klarheit des Geistes,
in der er (der Mensch),
von dem Frondienst der Tagesgeschäfte frei,
gelöst und gesammelt zugleich,
in die tiefen Zusammenhänge
seines eigenen Wesens und Lebens,
der Welt und der Überwelt hineingezogen wird.
Und es gibt ein tiefes, dankbares Ruhen
im Frieden der Nacht.«

Es gibt viele Wege in das Reich der Nacht. In der Meditation schließt einer die Augen, um in dieses Reich hinüberzutreten, und wenn er weiß, was er tut, so wird er hinübergehen auf der Suche nach dem wirklichen Licht, das so klar nur die Nacht hat. Ein anderer sucht das Dunkel, das er vor seiner Geburt bewohnt hat, und spricht damit seine Sehnsucht aus nach Wiedergeburt in ein anderes Licht. Ein anderer versucht, die Gegensätze von Tag und Nacht, von Geburt und Tod in eins zusammenzuschauen. Einer sehnt sich aus unserer banalen Aufklärungskultur mit ihrer einseitigen Bindung an das Tageslicht hinaus, so auch aus der schmerzenden nächtlichen Überhelle einer modernen Stadt, die von Nacht nichts mehr wissen will. In uns allen sind noch immer die Spuren eines uralten, steinzeitlichen Höhlenbewusstseins, das uns tief in die Erde lockt, wohin der Tag nicht dringt. Und dort will die Nacht uns ihre faszinierende, sammelnde Kraft zuwenden, die das spirituelle Wachstum unserer Seele will. Die Nacht erweist sich uns als eine Art von Weltinnenraum, und für das schwindende Tagesbewusstsein als bergende Zuflucht.

Was wir Trance nennen, ist seiner Wortbedeutung nach (lateinisch transitus) ein Übergang in den Zustand der Erinnerungslosigkeit und der Offenheit gegenüber dem Entgegenkommenden, und was in ihr geschieht, kann durchaus an religiöse Erfahrung rühren.

Es ist eine randlose Fülle von ungewöhnlichen Einblicken des menschlichen Bewusstsein in eine unbekannte Welt, die mit Wissen, mit Kenntnis, mit Logik nicht viel zu tun haben und die doch Wirklichkeiten begegnen oder eine Wahrheit treffen. Dies alles einfach vom Tisch zu wischen hat keinen Sinn. Es in die Ecke Esoterik abzuschieben und dort zu vergessen, ist kein Weg zur Wahrheit. Was ist zu tun mit all dem, was in den vorangegangenen Abschnitten angedeutet wurde? Nichts für unmöglich halten, ehe es wirklich als Täuschung oder Irrweg erkannt ist. Dabei alle Wege einer nichtreligiösen Erklärung zu Ende gehen, bis sich vielleicht am Ende ein Blick über den Vordergrund unseres Menschenlebens hinaus öffnet.

IX

Erfahrungen, die unser Weltbild
in Frage stellen

Es werden heute Vorgänge der vielfältigsten Art als real und objektiv nachgewiesen, die geeignet sind, die Struktur und Arbeitsweise unseres Verstandes und unserer Sinne grundlegend in Frage zu stellen.

Wir sind uns sicher, unsere Welt habe eines ihrer charakteristischen Merkmale in der Tatsache, dass der Raum eine feste, verlässliche Größe sei. Dass er messbar sei, durchschreitbar, und alles, was ist, auf irgendeine Weise seinen Ort in ihm habe. Aber dieser Raum ist ein Element offensichtlich nicht der Welt, sondern unseres Vorstellungsvermögens. Es sind Vorgänge erfahrbar, in denen etwas wie »Raum« nicht gegeben ist. In denen es im Gegenteil für unsere Vorstellung hinderlich ist, an einen Raum, an einen Abstand, eine Ferne oder Nähe, an die Höhe, Breite und Tiefe eines Gegenstandes gebunden zu sein.

Immer mehr scheint uns unsere Welt einem großen Organismus zu gleichen, und immer mehr scheint es für alle Bereiche der Erfahrung und der Forschung einen verbindenden Faktor zu geben, der nicht an Raum und Zeit gebunden ist. Wenn ein Ereignis an einer Stelle unserer Umwelt mit einem anderen so verbunden ist, dass eine Veränderung am Einen eine Veränderung am Anderen bewirkt, ohne dass eine Verbindung oder ein ursächlicher Zusammenhang feststellbar ist, so muss die Wissenschaft von der Existenz eines kontinuierlichen Mediums ausgehen, das diese Übertragung von einem zum anderen herstellt. Es muss sich um eine Art von »Feld« handeln.

Es handelt sich zum Beispiel um Formen des Fernwissens oder des Vorauswissens. Die bleiben freilich unbegreiflich nur solange, als wir unseren Geist als eine in unseren Schädel eingeschlossene Einheit ansehen. Sobald wir annehmen, dass Geist und Gehirn des einen Menschen mit dem eines anderen verbunden sind, und zwar mit Hilfe transpersonaler Intuition oder Erinnerung, an denen heute ein Zweifel kaum mehr möglich ist, beginnen die Rätsel sich aufzulösen.

Es ist oft und oft dokumentiert worden, dass Menschen über Tausende von Kilometern hinweg wussten, was dort, in der Ferne, geschah. Aus dem vergangenen Krieg sind unzählige Fälle berichtet, in denen Mütter, die an ihren Sohn dachten, der irgendwo in Russland unterwegs war, wussten: »Er ist tot.« »Er ist gefallen.« Und das zur gleichen Zeit mit der Stunde seines Todes, während der Brief mit der Nachricht, er sei gefallen, erst Wochen später eintraf. So wusste meine Frau als junges Mädchen im vergangenen Krieg plötzlich, dass ihr Bruder gefallen war. Die Nachricht kam später. Wie kam sie zu diesem Wissen? Für unser normales Weltbild ist ein solches Überspringen des Raums nicht denkbar.

Ein anderes Beispiel. Ich erzähle es, weil ich mich nicht allein auf Berichte anderer stützen möchte, sondern vor allem auf das, was ich selbst erlebt habe. Es war vor etwas weniger als zwanzig Jahren. Ich stand in einer Versammlung und hatte zu reden. Da empfand ich in der Brust einen Schlag, verlor für einen Augenblick das Bewusstsein, schleppte mich in einen Nebenraum und legte mich mit Schmerzen in Brust und Armen auf den Fußboden. Ein Freund setzte die Versammlung fort. Danach, als es etwas besser wurde, setzte ich mich ins Auto, fuhr nach Hause und legte mich zu Bett. Meine Frau war verreist, und ich fand es unnötig, einen Arzt zu rufen. Nur schlafen, dachte ich, dann wird es wieder. In dieser Nacht hatte eine junge Frau, die einige Monate bei uns gewohnt hatte und nun in Hannover, 500 km entfernt, lebte, einen Traum. Sie hatte einige Zeit lang keine Verbindung mehr mit uns gehabt. Nun träumte sie, ich hätte einen Herzinfarkt erlitten, und weil sie mit mir allein im Haus gewesen sei, habe sie nicht gewusst, was sie tun solle. Am Morgen rief sie völlig verstört ihre Mutter an, die in Heidelberg wohnt, und erzählte ihr den Traum. Die Mutter wusste, dass meine Frau in Berlin bei Kindern und Enkeln weilte, setzte sich sofort ins Auto, kam zu mir nach Stuttgart, sah meinen

Zustand und brachte mich in eine Klinik. Der aufnehmende Arzt fand, es sei höchste Zeit gewesen.

Wer sich aus einem solchen Vorgang nichts machen will, hat dazu die Freiheit. Er muss mir aber, falls er dazu die naturwissenschaftlichen Mittel hat, erklären, wie ich mir den Informationssprung aus meinem Herzinfarkt in den Traum jener jungen Frau physikalisch vorstellen soll. Weiß er etwas von Wegen, die dies möglich machen? Wie begründet er die Realitätsdichte und die Dringlichkeit, die sie ihrem Traum zumaß, dass sie ihrer Mutter davon erzählen musste? Wie kam die Mutter dazu, diesen Traum so ernst zu nehmen, dass sie sich ins Auto setzte? Meine Gehirnströme sind gewiss zu schwach, um bis Hannover auszustrahlen. Hat dieses Netz aus Traum und Dringlichkeit und zutreffendem Wissen nicht irgendeinen Hintergrund, in dem es etwas wie einen Raum, der zu überbrücken wäre, nicht gibt? Steht unser menschliches Bewusstsein in irgendeiner Verbindung mit einem umfassenden, kosmischen oder überpersönlichen Bewusstsein? Und bleibt danach die Entscheidung nicht frei, ob wir es Eingebung oder Fügung oder Bewahrung oder auch einen Vorgang im Rahmen eines transpersonalen Bewusstseinsfeldes nennen wollen?

Mit solchen Erfahrungen stehen wir vor Grenzen, die wir feststellen, aber nicht überschreiten können, solange wir an die Erkenntnismittel gebunden sind, die uns leiblichen Wesen in dieser drei- oder vierdimensionalen Wirklichkeit nun einmal zugewiesen sind.

Oder wie kann es eingeordnet werden in ein übliches modernes Weltbild, wenn es Menschen gibt, die die Schmerzen, die ein weit entfernter Mensch erleidet, mitempfinden? Es ist viel dieser Art dokumentiert, und es wird solchen Phänomenen zwar in der Psychologie oder in der Psychiatrie nachgegangen, kaum aber in der Theologie. Warum nicht?

37 Die aufgehobene Zeit und das Vorauswissen

Es ist als Phänomen weit verbreitet und allbekannt, dass es Menschen gibt, die ihren Tod vorauswissen, um Tage oder länger. Ich muss auch dafür wieder eine eigene Erfahrung wiederholen, die ich immer wieder erzählt habe, die ich aber selbst auf jede Weise prüfen konnte und die mir unerklärlich geblieben ist. Wer sie kennt, möge sie überlesen:

Während meiner Zeit als Kriegsflieger, in der ich als Fernjäger über dem Atlantik eingesetzt war, geschah es eines Morgens, dass ich mit dem fröhlichen Gefühl aufwachte: Heute ist nichts. Wir haben frei. Und ich überlegte, was ich mit meinen Kameraden zusammen unternehmen könnte. Ich ging also auf die Stube meines Besatzungskameraden. Als ich eintrat, saß er auf der Bettkante, das Foto seiner Braut in der Hand. Er wandte den Kopf mir zu und sagte: »Heut bin ich dran.« Das hieß: Diesen Tag werde ich nicht überleben. »Aber heute haben wir doch frei«, sagte ich dagegen. »Heute ist doch gar nichts los!« Aber er wiederholte, klar und bestimmt: »Heut bin ich dran.« Um die Mittagszeit plötzlicher Alarm. Die Meldung, es sei ein U-Boot gebombt worden, wir sollten nach Überlebenden suchen. Ein unerwarteter, nicht vorgeplanter Einsatz. Eine Stunde später stürzten wir im Feuer amerikanischer Jäger ab. Ich überlebte. Er war tot.

Ich muss nicht die zahllosen Erfahrungen von Vorauswissen aufzählen, die man nennen könnte. Diese eine Erfahrung war für mich so klar und so zwingend, dass sie mir für mein ganzes weiteres Denken eine Richtung wies, in die ich zu gehen hätte. Denn wer sich aus einem solchen Vorauswissen nichts machen will, muss mir erklären, wie er es einordnet. Hat Gott meinem Freund gesagt, er sei heute dran? So mag man es deuten. Aber damit findet man gewiss nicht in jedem Fall, der da zu prüfen wäre, die Erklärung. In welcher Welt aber ist dergleichen möglich? In der unseren wohl nicht. In ihr müssen, ehe etwas vorausgewusst werden kann, ein

Hinweis, eine Wahrscheinlichkeit oder naheliegende Möglichkeit gegeben sein. In ihr erfährt man, was geschieht, streng nach der Ordnung, die die Zeit vorgibt. Wie aber kann ein so freier Vorgriff auf ein zukünftiges Ereignis, für das es weder Hinweis noch Anlass gibt, geschehen? Was ist da mit der Zeit?

T. S. Eliot schreibt in den »Vier Quartetten«:

»Jetzige Zeit und vergangene Zeit
sind vielleicht gegenwärtig in künftiger Zeit,
und die künftige Zeit enthalten in der vergangenen.«

Vielleicht zapfen wir die Wissensvorräte des Unbewussten der Menschheit an oder jenes »endlose Meer von Bewusstheit«, wie Stanislav Grof es nennt, das wir mit der ganzen Menschheit seit Anbeginn ihrer Geschichte gemeinsam haben. Der Raum aber und die Zeit, die uns dabei im Wege zu stehen scheinen, sind unsere eigenen mentalen Konstrukte.

Lassen sich also die Zeit wie auch der Raum bei Bedarf ausschalten? Oder gibt es eine Ebene unserer Wirklichkeit, auf der Zeit, Vergangenheit, Gegenwart und Zukunft eine ganz andere Rolle spielen? Dann wäre die Zeit nur eben eine Täuschung, wie es auch der Raum wäre. Eine Täuschung, die wir Menschen als Mittel unseres Verstehens einsetzen, solange wir mit unserem speziell menschlichen Bewusstsein in dieser Welt zurechtkommen müssen. Vielleicht ist die Zeit an einer anderen Stelle der Gesamtwirklichkeit dieser Welt aufgehoben. Verläuft sie beschleunigt oder verlangsamt oder auch umgekehrt? Dann muss ich eine Wirklichkeit vermuten, zu der ich keinen Zugang habe, die meinen Erfahrungsraum übersteigt und die mir fremd bleibt, rätselhaft, solange ich als Mensch lebe, und das, bis ich in die große Zeitstille eintrete, die »Ewigkeit« genannt wird. Ich weiß es nicht.

Offenbar ist die Zeit zumindest verändert in unser Weltbild einzuordnen. In vorauswissenden Träumen wie in anderen Eskapaden der Intuition fließen Vergangenheit, Gegenwart und Zukunft in einem Kontinuum zusammen. Albert Einstein sagt: »Für uns gläubige Wissenschaftler ist der Unterschied zwischen Vergangenheit, Gegenwart und Zukunft nur eine Illusion, wenn auch eine hartnäckige.« Vielleicht können wir uns vorstellen, die Intuition schalte sich in solchen Erfahrungen in eine kollektive Datenbank ein, in der Informationen jenseits aller zeitlichen Festlegung gespeichert sind?

38 Die Nahtoderfahrung und der Einblick in die Anfänge des Sterbens

Jenseits solcher kleinen Einsichten, die uns auf unserem normalen Lebensweg überraschen, gibt es auch eine Gruppe ebenso ernst zu nehmender Vorgänge, die uns einen Blick über unsere Normalwelt hinaus eröffnen und die von großer Wichtigkeit auch für unseren christlichen Glauben sind. Die Zeit, in der die Naturwissenschaft nur das für untersuchenswert hielt, was sie sehen, wägen, messen oder zählen und in das materialistische Weltbild lückenlos einfügen konnte, ist seit einigen Jahrzehnten vorbei. Es gibt heute ganze Zweige der Wissenschaft, nicht der Esoterik, nicht des Spiritismus, nicht des Okkulten, sondern Zweige einer naturwissenschaftlich arbeitenden Wissenschaft, die sich mit Erfahrungen beschäftigen, die über unser schlichtes Weltbild hinausweisen oder hinausreichen.

So gibt es seit ca. 30 Jahren die so genannte »Nahtodforschung«. Ärzte und Psychiater wie Raymond Moody, Kenneth Ring, Michael Sabom, Elisabeth Kübler-Ross und andere haben inzwischen Tausende von Fällen, in denen scheinbar Verstorbene aus dem klinischen Tod zurückgeholt werden konnten, dokumentiert und ausgewertet. Sie haben sich mittlerweile zu der wissenschaftlichen Vereinigung IANDS, International Association for Near-Death Studies, zusammengeschlossen, und ihre Ergebnisse sind auf keine Weise mehr anzuzweifeln. Rückkehrer aus einer ersten Phase des Totseins berichten übereinstimmend von einem seltsamen, andersartigen Zustand, in dem sie sich in ihrem Sterben befunden hätten. Wollen wir diesen Zustand schildern, so können wir einige gleichbleibende Merkmale festhalten:

Sie fühlen sich wohl, sie fühlen sich leicht, heiter, glücklich und voll Frieden. Schmerzfrei.

Sie schweben über ihrem eigenen Körper und sehen, was andere mit ihm tun.

Sie geraten in eine dunkle, tunnelartige Röhre, eine Übergangszone, durch die irgendeine Kraft sie hindurchsaugt.

Sie nehmen ein Licht wahr, weiß oder golden, von dem her eine unendliche Liebe auf sie ausstrahlt und das ein Gefühl höchster Seligkeit auslöst.

Sie sehen in einem schnell ablaufenden Film noch einmal ihr ganzes Leben und wissen sich gedrängt, sich selbst über Gut und Böse Rechenschaft zu geben.

Sie hören manchmal eine wunderschöne Musik.

Sie sehen eine paradiesische Landschaft. Von zehn sieht einer eine dunkle Landschaft, von der er sich bedroht fühlt.

Sie begegnen verstorbenen Verwandten, religiösen Gestalten oder Lichtwesen.

Sie geraten an eine Grenze, die sie nun überschreiten müssten, aber irgendjemand sagt ihnen, es sei noch nicht Zeit für sie, und schickt sie in ihr früheres Leben zurück.

Die Zeit solcher Erlebnisse scheint länger gedehnt als die tatsächliche, in Minuten zu messende Zeit, die der Arzt feststellt, der die Reanimation vorgenommen hat. Es geschieht mehr, als in der kurzen Zeit unterzubringen wäre.

Längst nicht jeder, der davon berichtet, hat alle diese Merkmale erlebt, oft eine Auswahl oder nur ein einzelnes. Aber unter den Reanimierten insgesamt berichtet etwa ein Drittel von solchen Erlebnissen. Ein entscheidendes Merkmal aber, das den meisten von ihnen gemeinsam ist, ist die völlige Veränderung des Bildes, das der Tod für sie danach hat: nämlich das Bild eines überwältigend schönen Durchgangs, vor dem sich zu fürchten ganz unnötig wird.

Aber eine solche Nahtoderfahrung kann auch sehr dunkle Züge tragen. Von siebenhundert befragten Personen schilderten immerhin einhundertfünf der Interviewerin Phyllis Atwater unangenehme und angsterfüllte Erlebnisse. Viele unter diesen kehrten traumatisiert in ihren Körper zurück, viele voll Widerstand und Verbitterung. Das Tunnelerlebnis verlief für sie eher abwärts. Sie erzählten von quälender Stille oder extremer Kälte. Sie berichteten von furchterregenden Wesen und von einer feindlichen Umwelt. Ähnlich schildert das tibetanische Totenbuch nachtodliche Begegnungen mit bedrohlichen Kräften und Orten der Prüfung und Bestrafung.

Inzwischen wird über nahtodliche Erfahrungen breit diskutiert. Deutlich ist, dass diese polarisierend wirken. Wer davon hört, interessiert sich entweder spontan dafür oder wehrt sich mit einer schroffen Ablehnung. Und in der Tat: Sollten sie wahr sein, so muss sich unser gesamtes westliches Weltbild, wie es uns die Aufklärung hinterlassen hat, ändern.

Wer ihnen aber nachgeht, erkennt, dass sie in allen Kulturen gleich oder ähnlich ablaufen, und dass auch unsere eigene Geschichte alte Berichte hat, etwa aus den Klöstern des Mittelalters, die sie genau schildern. Es geht an dieser Stelle ein Erwachen und Entdecken durch unsere Kultur. Unter denen, die solche Rückkehr erlebten, erwachten oft eine tiefe Spiritualität mystischen Charakters und eine Sehnsucht nach der anderen Welt, oder auch eine furchtbare Panik angesichts dieser anderen Zukunft.

Ich selbst zögere, in ihnen einen Beweis für ewiges Leben oder gar für Gott zu sehen. Aber ich lege großen Wert darauf, dass wir uns nicht ganzen Welten von Wirklichkeit verschließen dadurch, dass wir unseren engen Käfig von Raum und Zeit in unseren Sinnen und Denkbahnen für das Ganze aller möglichen Realität halten.

39   Den Körper verlassen und in ihn zurückkehren

Eine dritte Ebene. Es ist die so genannte »Out of body experience«. Sie unterscheidet sich von der vorigen darin, dass diese außerkörperliche Erfahrung eintritt, ohne dass ein Sterben dazu der Anlass wäre. Ein New Yorker Geschäftsmann, dem es immer wieder widerfuhr, dass er nachts seinen Körper verließ, sich frei und mit klarem Verstand im freien Raum bewegte und dabei seinen eigenen Körper unabhängig von ihm selbst daliegen sah, gründete ein Institut, das ihm ermöglichen sollte, dieses seltsame Phänomen wissenschaftlich zu untersuchen, in dem auch Elisabeth Kübler-Ross später ihre Experimente ausführte. Heute ist es möglich, willkürlich zu bewirken, dass ein Mensch den eigenen Körper verlässt und ihn nach einer mehr oder weniger weiten Wanderung wieder aufsucht. Die es erlebten, bezeugen danach, ihnen sei jedes Vertrauen in die Richtigkeit der charakteristischen naturwissenschaftlichen Erkenntnisse unserer Kultur dabei abhanden gekommen, und sie hätten den Eindruck, vor der Menschheit liege eine Phase der zunehmenden Vertrautheit mit bisher völlig unbekannten Welten und Kräften. Inzwischen ist es das Feld für ein breites Angebot von Psychologen oder Heilern, die rund um die Welt solche außerkörperlichen Spaziergänge mit ihren Patienten durchführen.

40   Die Selbstkundgabe eines Menschen in seiner Todesstunde

Eine weitere Ebene: Es ist in unzähligen Fällen verbürgt, dass Menschen in ihrer Todesstunde einem anderen Menschen, in der Regel einem ihnen sehr verbundenen, erscheinen. Es ist nicht wichtig, ob wir dafür Erklärungen bereitstellen, entscheidend ist die Tatsache, dass es erfahren wird. Der bedeutende katholische Theologe Fridolin Stier berichtet – und ich wähle seine Worte, weil er alles andere als ein Träumer oder Phantast war, sondern einer der klarsten Menschen, denen ich begegnet bin – von einem solchen Vorgang. Seine Tochter lebte in einer anderen Stadt. Sie fiel an einem bestimmten Tag einem Unfall zum Opfer. In derselben Stunde, als sie starb, erschien sie ihm: »Ich kann die Gestalt nicht vergessen, die ich sah, als mich ein Ruf oder ein Stoß von tief innen heraus aus dem Halbschlaf weckte. Ich sah sie so klar, wie sie aus der Türecke in meiner Stube aus der Wand hervortrat, nach ein paar Schritten quer durch einen schmalen Gang in der anderen verschwand, im langen, mildgrünen Gewand dahinschritt, barfuß, das Haar herabhängend, noch sehe ich sie, ihr Profil mir zugekehrt … Das war in dem Augenblick, da ihr die Stunde schlug, es war um 15.20 Uhr am 7. September.« Und solche Erfahrungen sind indessen beileibe nicht selten.

Aber das ist nicht nur für uns Menschen so. Auch von Tieren, besonders von mit Menschen eng verbundenen Hunden, wird solches Erkennen berichtet, solches Fern-fühlen eines Todes, für das uns im Rahmen unserer menschlichen Erkenntnisweise keine Erklärung zur Verfügung steht, etwa wenn ein Hund plötzlich in einen Erregungszustand gerät und in ein jammervolles Geheul ausbricht, während sein Herr oder seine Herrin irgendwo in der Ferne im Sterben liegen.

Es wird auch berichtet, dass Sterbende mit einer letzten seelischen oder geistigen Energie im Haus des Menschen, der mit ihnen verbunden war, eine Uhr angehalten oder ein Bild von der Wand geworfen hätten. Und auch das kann in ungezählten Einzelfällen nicht als bloße Täuschung abgetan werden. Es könnte uns eine neue Klarheit verschaffen, legten wir den Hochmut unserer rationalen, an unserem eigenen Gehirn und seiner Struktur orientierten Welterklärung ab.

X

Erfahrungen eines
umfassenderen Bewusstseins

41 Das vertraute Wahrnehmen des Unbekannten: das »Déjà-vu«

Ein Mensch kommt in eine Stadt oder in eine Gegend, die er noch nie betreten hat. Er biegt um eine Ecke und kennt sich aus. Er könnte schwören, schon einmal oder schon oft hier gewesen zu sein. Er kennt die Häuser, den Park, die Fabrik am Ende der Straße. Wenn er in ein Haus tritt, ist alles so, wie er es sich vorgestellt hatte. Er kennt die Treppe, die er hinaufgeht, die Bilder an der Wand. Sein Gefühl sagt ihm, dass er hierher gehöre und dass er hier seine Aufgabe habe.

Wenn dies geschieht, sprechen wir von einem »Déjà-vu«, das heißt: »Schon einmal gesehen.« »Schon einmal hier gewesen.« Dieses »Déjà-vu« wird empfunden wie ein Signal: »Pass auf! Hier ist etwas, das dich angeht!« Oder: »Hier ist etwas noch nicht getan, was getan werden muss.« Es trifft im Innersten. Es hat etwas Unausweichliches.

C. G. Jung beschreibt einmal einen Augenblick, in dem er in einer ihm völlig fremden Landschaft in Afrika von dem Gefühl erfasst wurde, das habe er schon einmal gesehen, er kenne diese Welt genau und er sei nur durch einen großen Zeitabstand von ihr getrennt. Er habe den Mann, den er sah, vor vielen Jahren schon einmal gesehen. Er nannte diese Erfahrung ein »Wiedererkennen dessen, was jenseits der Erinnerung bekannt war«.

Es gibt auch ein Déjà-vu in der Begegnung mit einem Menschen, den man nie gesehen hat und den man dennoch genau kennt. Manche »Liebe auf den ersten Blick« kommt in die Nähe dieser seltsamen Vertrautheit. »Liebe auf den ersten Blick« weiß, dass etwas stimmt zwischen ihm und ihr, obwohl er von der Lebensgeschichte, dem Charakter, dem Wesen des anderen keine Ahnung hat. Die Begegnung hat etwas Unvermeidliches, etwas Zwingendes so, als hätte einer Jahre lang auf diesen Augenblick gewartet.

Ein Déjà-vu kann auch warnen: Hüte dich vor diesem fremden Menschen! Er ist eine Gefahr für dich! Auf alle Fälle findet etwas nicht Erklärliches statt. Irgendetwas bricht von ganz anderswo in meinen Umkreis herein. Vielleicht etwas aus dem Gesamtgedächtnis oder Gesamtbewusstsein der Menschheit, das mich angeht. Irgendein Bewusstsein, das mich umgreift und einfasst, dem mein Bewusstsein zugehört, öffnet sich meinem Teilbewusstsein gegenüber. Am ehesten, so scheint mir, hat die »transpersonale Psychologie«, die sich in den vergangenen Jahrzehnten in den USA durchgesetzt hat, eine Erklärung dafür.

In unmittelbarer Nachbarschaft zum Phänomen des »Déjà-vu« liegen Erinnerungen und Anknüpfungen an früher Erlebtes. Es kommt vor, dass ein Mensch aus einer tiefen Bewusstlosigkeit erwacht und berichtet, er habe vor Jahren oder vor Jahrhunderten an einem bestimmten Ort unter bestimmten Menschen gelebt, als Bauer oder Mönch oder Stallmagd. Er kann den Ort genau beschreiben, obwohl er ihn nie gesehen hat. Er spricht eine Sprache, die er nie gelernt hat und die vielleicht niemand mehr spricht. Viele solcher Vorgänge sind protokolliert worden, die Tatsachen verifiziert.

Man mag sagen, solche Erinnerungen gingen aus dem begreiflichen Wunsch hervor, es möge mit diesem Leben doch auch in irgendeiner Weise weitergehen, seine Probleme möchten sich lösen, seine Leistungen irgendwelche Früchte tragen, eine biografische Entwicklung möge fortgehen, Fehlleistungen mögen sich korrigieren. Aber so einfach lässt sich, was da geschieht, nicht erklären. Es bleibt immer offen, woher denn die zutreffende Information, die der betreffende Mensch empfangen hat, nun eigentlich gekommen sei. Handelte es sich um wirkliche Erinnerungen an ein früheres Leben, also um Hinweise auf Reinkarnation?

Nun gibt es heute eine weit verbreitete »Reinkarnationstherapie«. Es sind mittlerweile rund 1000 oder mehr Rückerinnerungstherapeuten in Deutschland tätig, und achtzig Prozent der Menschen unseres Landes können sich vorstellen, dass sie schon einmal gelebt hätten. Diese Therapie versetzt Menschen in frühere Phasen ihres Lebens, dann in die Zeit vor ihrer Geburt, danach in Erinnerungen an früher gelebte Leben, und es lässt sich auf solche Weise dann und wann ein Trauma heilen, das mit psychotherapeutischen Mitteln nicht zu heilen gewesen war. Immer stärker aber setzt sich auch unter den Reinkarnationstherapeuten die Vermutung durch, solche Erinnerungen sagten nichts über ein früheres Leben, sie führten vielmehr in eine Art von menschheitlichem Gemeinbewusstsein zurück. Es wird immer weniger die Regression in die Vergangenheit gesucht und mehr das seelische Muster eines in größere seelische und geistige Wirklichkeiten eingebundenen Bewusstseins. Die Dimension Zeit wird dabei immer unwichtiger.

Am überzeugendsten erklären sich solche Vorgänge wiederum mit den Mitteln der transpersonalen Psychologie. Diese spricht von einem Bewusstsein, das über das des einzelnen Menschen hinausgehe. Dieses größere Bewusstsein sei eine der Quellen für die Inhalte unseres Einzelbewusstseins. Wie unser Denken nicht innerhalb unserer Hirnschale entstehe, sondern in einem größeren Zusammenhang, so kämen auch seine Inhalte weitgehend aus dem unserem persönlichen Bewusstsein vorausgehenden, größeren, sprich menschheitlichen oder kosmischen Bewusstsein. Wir Einzelnen aber könnten in die Lage kommen, dass sich dieses größere Bewusstsein mit einer Erinnerung an das Leben und Erfahren anderer, früherer Menschen und Umstände in unserem kleinen Bewusstsein meldet, wie auch vom Einzelnen her Informationen in das Gesamtbewusstsein eingehen. Wer also sagt, er habe schon einmal gelebt, hat ein Wissen in sich, das ihm aus einem anderen, früheren Einzelbewusstsein über das Gesamtbewusstsein der Menschheit zugespielt wurde.

Aber das sind Vermutungen. Es sind nur die nächstliegenden. Klar ist jedenfalls, dass dieser ganze Zusammenhang nichts zu tun hat mit einem Betreten des »Jenseits«. Es kann sich aber unsere Vorstellung von unserem Diesseits erweitern, es kann auf Dimensionen unserer tatsächlichen Welt hinweisen, in denen sich unsere Vorstellungen von dem uns zugehörigen, unabhängigen Bewusstsein als unzureichend erweisen.

43   Die transpersonale Psychologie ist solchen Erfahrungen auf der Spur

In unseren Jahren hat man begonnen, auf psychologischem Wege nach der Entwicklung des menschlichen Bewusstseins zu fragen. Wir sehen zum Beispiel über den Atlantik hinüber, wo sich in den letzten Jahrzehnten eine klare »Psychologie des transpersonalen Bewusstseins« entwickelt hat. Transpersonal will hier sagen: Die Gedanken, die sich in unserem Kopf bewegen, entstehen nicht in unserem Gehirn, sondern in einem größeren, überindividuellen Bewusstsein und seiner Zusammenarbeit mit unserem persönlichen, eigenen Bewusstsein. Wir sind sozusagen Außenstellen eines umfassenderen Bewusstseins, und alle rätselhaften Erscheinungen der außersinnlichen Wahrnehmung, an deren Wirklichkeit nicht zu zweifeln ist, sind Beleg für das, was dadurch unserem Gehirn erreichbar wird. Den Hintergrund für diese besondere Entwicklung der Psychologie bilden die Erkenntnisse der analytischen Psychologie, aber auch der Quantenphysik, der Todesforschung und zunehmend auch der Biologie. Es hat hier eine neue Suche nach dem Wesen des Menschen begonnen.

Unsere Theologie hat Mühe, sich dieses neue Wissen anzueignen. Sie hat sich vor Jahrhunderten mit der Naturwissenschaft auf eine Zweiteilung der Wirklichkeit geeinigt. Sie begnügte sich mit dem Geistigen ihrer Botschaft, mit dem Moralischen und mit dem Kultischen und hat der Naturwissenschaft, wenn auch mit Widerstreben, zugestanden, für alles Natürliche und seine wissenschaftliche Einordnung zuständig zu sein. Sie hat auf der anderen Seite das meiste, was im Raum des Spirituellen auf ungewöhnliche Weise konkret werden wollte, als Irrglauben, Hexerei oder Teufelswerk abgewehrt. Noch, als ich studierte, war religiöse Erfahrung ein Wort, das nur der ernst nahm, der das Wort, die Botschaft der Bibel und der Kirche, nicht hören wollte. Heute könnte eben dieses verfemte Wort für die Kirche zu einer Brücke werden, über die sie zu vielen vergessenen Bereichen unserer

Wirklichkeit, vor allem aber zu vielen ratlosen Menschen hinübergelangte.

Ausgangspunkt dieser Schule der Psychologie waren die Archetypenlehre und die Lehre vom kollektiven Unbewussten von C. G. Jung. Ihre Wege begannen mit Versuchen der tschechischen Psychiatrie um 1960 mit der Droge LSD und mit der Erforschung außerordentlicher Bewusstseinszustände durch Stanislav Grof. Ihre Wege begannen zum Zweiten mit den Forschungen von Elisabeth Kübler-Ross und Raymond Moody über das, was wir heute die Nahtoderfahrung nennen. Sie begannen in einem dritten Ansatz mit der Theorie der nichtmateriellen Felder, die den Transport von Informationen ermöglichen. Nach 1980 sprach der Biologe Rupert Sheldrake von morphischen Resonanzen. Im Hintergrund von all dem standen dabei keineswegs Zauberei oder Hexentreiben oder Sensationshascherei, sondern stets die heutige Physik, die sagt, die Trennung der Wirklichkeit mit Hilfe von Grenzen sei nicht ein Merkmal der Wirklichkeit, sondern ein notwendiges Konstrukt des menschlichen Verstandes. Die sagt, Zeit, Raum und Materie wie auch Ursache und Wirkung seien im Hintergrund der Natur nicht auf die Weise zueinander zu ordnen, wie es für unseren Sinnesapparat und unseren Verstand gegeben sei.

C. G. Jung hatte gesagt, seine ausgereifteste Arbeit sei aus transpersonalen Erfahrungen erwachsen. Er habe eines Tages die Grenzen seines Alltagsbewusstseins überwunden und eine Welt betreten, deren Existenz er sich zuvor nicht hätte vorstellen können. Er schließt auch an William James an, der bereits um 1900 in seinem Buch »Die religiöse Erfahrung in ihrer Mannigfaltigkeit« schrieb, wir zögen immerfort willkürliche Grenzen, die unsere Psyche einzäunten und sie lähmten, und wir sollten uns den unendlichen Möglichkeiten öffnen, die unserer Seele offen stehen.

Ein anderer unter den Vätern der transpersonalen Psychologie, Roberto Assaglioli, schließt zwar an C. G. Jung und das kollektive Unbewusste als die eigentliche Tiefe der menschlichen Seele an, aber er schreitet fort zu einem »Überbewussten«, in dem das Ich nun bewusst seine Grenzen überschreite und das Wissen entstehe, man gehöre einem umfassenderen, höheren Bewusstsein an.

So spricht einer jener Psychologen, Frances Vaughan, wie die ganze mystische Tradition es vorgeschlagen hat, vom »Ich-Tod«, mit dem ein Überschritt in transzendente Räume zu beginnen habe. Aber dieser Ich-Tod führe nicht ins Nichts, sondern in eine neue, engere und nähere Gemeinschaft mit der Welt, der Erde und ihren Geschöpfen. Wer diesen Ich-Tod wähle, dieses Ent-werden, wie die Mystik sich ausdrückt, erfahre sich als Teil eines grenzenlosen Ganzen, er erfahre sich mit allem verbunden, einschließlich dem, was wir als transzendent bezeichnen.

Ein weiterer dieser »transpersonalen Psychologen«, James Bugental, spricht dabei von unserer Heimkehr in unsere innere Heimat. Das Ziel dieser Heimkehr aber sei die mystische Erfahrung Gottes. Dass wir Gott ahnten, entspringe einer Intuition, die wir auf den weiten Raum unserer eigenen Tiefe, in der Gott sei, richten.

Meines Erachtens stellt alle diese Gedanken über das Überbewusste Ken Wilber am klarsten dar. Er nennt die Aufgabe des Menschen an seiner Seele den Weg der Dis-identifizierung. Er sagt: Wer sieht, kann nicht der sein, der dabei gesehen wird. Er gibt also der Bemühung um Selbsterkenntnis wenig Chancen. Er fordert vielmehr vom Menschen einen Schritt von seiner eigenen Seele weg, damit ein Abstand entsteht, aus dem das Eigentümliche der eigenen Seele wahrgenommen werden kann. Dieses Weggehen von sich selbst ist im Grunde mystisch, es ist der Weg des Entwerdens, und es ist der Weg zum umfassenderen Sein und zum zutreffenderen Erkennen.

So sagt auch Sylvester Walch, diese Dis-identifizierung vom Ego weg sei in der transpersonalen Psychotherapie die wichtigste Voraussetzung für eine Befreiung von seelischen Leiden und Krankheiten. Es gehe also nicht um den direkten Weg zur Gesundung und Ganzheit des Menschen und seiner Seele, sondern um das Gewinnen von Ganzheit auf dem Wege des Abschiednehmens von dem kleinen, den Blick verengenden Ich.

Mit alledem ist die transpersonale Psychologie weder ein Ersatz für die allgemeine Schulpsychologie noch für die Tiefenpsychologie, sondern eine Weiterführung, die wir aber als eine unserer Chancen erkennen sollten, wenn wir mit den Erfahrungen unserer eigenen Seele theologisch weiterkommen wollen.

Leichter zugänglich wird all dies für den sein, der in der langen Geschichte der christlichen und der außerchristlichen Mystik zu Hause ist und sie an seinem Teil weiterführt. Meister Eckart kann ihm dabei helfen. Leichter wird es auch für den, der die tiefe Christusmystik des Paulus erfasst hat und verstanden, wie diese mystische Frömmigkeit in dem einfachen Evangelium von Jesus Christus angelegt ist, wie also unsere eigene christliche Überlieferung in einem neuen Gewand hier wiedererscheint. Im Grunde liegt für die Kirche hier die Chance, aus ihrer seltsamen Sprachlosigkeit herauszutreten und wieder so von ihrer Sache zu reden, dass sie der Suche heutiger Menschen nach mehr und sensiblerer Spiritualität gangbare Wege zu zeigen vermag.

Wir können dabei besser verstehen, was Johannes vom Kreuz den mystischen »Ich-Tod« nennt, was die Befreiung ausmacht, die er besingt, die Erlösung, die er erlebt, und was die ethischen, die handlungswirksamen Folgen. Wir könnten erkennen, wie wir beides vermeiden können: die Regression ins Primitive und die aus unseren Konflikten sich zusammenziehende Depression, von denen der heutige Mensch in so beunruhigender Weise bestimmt ist.

Im Grunde wird hier eine Weisheit formuliert, die dem, was uns das Evangelium sagt, sehr nahe kommt. Sagt nicht Jesus: »Wer sein Leben lieb hat, wird es verlieren?« Lehrt er nicht mit vielen seiner Worte die Dis-identifizierung als den Weg zur Wahrheit und zum

Gottesreich? Gehen wir aber diesen Weg mit, so wird uns aufgehen, dass mystische Erfahrungen auch unter uns heutigen Menschen durchaus nicht selten sind und dass es allenfalls an uns fehlt, die den Mut finden müssten, für sie offen zu sein?

Ich wundere mich immer wieder, mit wie leichter Hand dieses ganze Feld von Erfahrungen von der Theologie weggewischt wird und wie schwer es Einzelne haben, es als theologisch relevant in die Diskussion einzubringen. Haben wir denn keine Mittel, das Gesunde und das Kranke an solchen Erfahrungen, die Täuschung und die Wahrheit, die Phantasie und die Wirklichkeit voneinander zu trennen? Könnten aber auch nur wenige unter solchen Erfahrungen als einer Wirklichkeit entsprechend bestätigt werden – und dafür stehe ich persönlich in mehreren Fällen gerade –, dann bedeutete dies Entscheidendes für die Welt, in der wir leben, vor allem auch für die Welt, innerhalb derer wir die religiöse Wirklichkeit unseres Glaubens ansiedeln.

44 Das alles führt uns nicht in ein Jenseits. Es erweitert aber unser Diesseits

Eine freie und weiter ausgreifende Erfahrung sagt: Die Welt ist so strukturiert, wie Sinne und Verstand sie für uns produzieren. Sie ist aber zugleich ganz anders und unerklärbar. Und in beidem ist sie eine und dieselbe Wirklichkeit. Es gibt außer für das Bewusstsein des Menschen in ihr keine Grenzen. Die scheinbaren Wände sind dünn zwischen unserer Welt, in der wir uns orientieren können, und jener, von der wir umgeben sind und in die wir vielleicht hinüberwechseln, wenn wir sterben. An dieser dünnen Wand ist mir derart viel widerfahren, dass ich, wie gesagt, nur staunen kann, wie leichten Sinnes viele Christen unter uns alles, was diese Wand durchdringt oder überwindet, ins Unwirkliche abdrängen oder etwa einer törichten Esoterik zurechnen.

Was wir heute wissen oder ahnen können, ist aber zweierlei:

Einmal: Es gibt auf diesem ganzen Feld unserer Erfahrung nichts Unnatürliches und nichts Übernatürliches. Die Natur reicht weit über das hinaus, was sich uns als Natur zeigt. Alles aber ist Teil der einen Wirklichkeit, in der wir leben. In ihr gibt es für uns freilich viel Unerkanntes und auch Unzugängliches.

Zum anderen: Nirgendwo gibt es Grenzen zwischen verschiedenen Ebenen der Wirklichkeit. Alles geht ineinander über. Es gibt nur Grenzen unseres Erkenntnisvermögens dort, wo wir mit unserem bescheidenen Verstand und Sinnesapparat das Ganze dieser »Natur« zu ordnen und zu gliedern suchen.

Sehen wir das, so entsteht vor unseren Augen das Bild einer größeren Welt. Eines größeren Diesseits. Denn »Diesseits« ist alles, was uns zugänglich ist, was uns als Vermutung erscheint, oder was wir vielleicht, unter bestimmten Bedingungen, wahrzunehmen vermögen. Diese bekannt-unbekannte Wirklichkeit ist nicht, was wir das Jenseits nennen. Es ist ein erweitertes Diesseits. Das Jenseits beginnt erst an jener »Mauer«, wie sich Nikolaus von Kues ausdrückt, die die Heiligkeit Gottes vor uns verschließt und unser Zudringen hindert. Alles, was davor liegt, gehört zu unserer Welt und ist mit den Mitteln unseres Verstandes zum Teil erkennbar, zu einem großen anderen Teil eben nicht. Ich möchte also von einem nahen Diesseits sprechen und von einem fernen. Oder von einem inneren Diesseits, das uns nah liegt, und einem äußeren, das zu bedenken immer noch sinnvoll und hilfreich ist, das wir in aller Regel gern als nicht real den religiösen Träumern überlassen möchten. So ist bei den Visionären der christlichen Geschichte dies kennzeichnend, dass die geschaute Überwelt keineswegs fern ist wie das Jenseits, sondern nah, sozusagen unmittelbar hier vor der Haustür oder vor der sinnlichen Wahrnehmung beginnend, in sie hineindrängend und sich ihr wieder entziehend.

Die amerikanische Physikerin Lise Radall sagt, es gebe Welten ganz anderer Art als die unsere, die uns völlig verborgen seien, mitten in der Wirklichkeit, die wir kennen. Sie stellt fest, der wirkliche Raum bestehe nicht aus drei Dimensionen, sondern aus deren neun, unsere Welt aber sei eine von vielen dreidimensionalen Inseln in einem über alles Vorstellungsvermögen hinaus riesigen und differenzierten neundimensionalen Universum. Diese vielen Welten stünden nicht nebeneinander, sie ruhten und bewegten sich vielmehr ineinander so, dass unmittelbar neben und in der Hand, mit der ich das schreibe, völlig andere Wirklichkeiten bestünden. Ich weiß natürlich nicht, was die Physik in zehn Jahren zu dieser Vorstellung sagen wird. Was mir aber sicher ist und was mir auch der christliche Glaube in immer neuen Bildern zeigt, ist, dass alles, was wir als unser Universum kennen, allenfalls als Vordergrund der Wirklichkeit gelten kann.

Und was wird geschehen, wenn wir sterben? Der christliche Glaube sagt: Wir lassen uns durch eine dunkle Tür führen und begegnen dabei einem neuen, andersartigen Licht. Wir nehmen ein neues Bild unserer selbst wahr, betreten einen neuen und anderen Raum und beginnen wohl auch deutlicher zu sehen, wer denn der Gott sei, von dem wir während unseres irdischen Lebens geredet haben. Es wird uns nichts diesseitig werden, das bislang jenseitig war. Es geschieht im Grunde nichts anderes, als was uns schon in diesem Leben bei jeder neuen Erkenntnis widerfahren war: dass die Welt sich um einen neuen Raum erweitert. Es bedeutet gewiss nicht, dass sich uns plötzlich alle Geheimnisse über Gott und die Welt erschließen, sondern vielleicht nur, dass uns mehr und anderes zugänglich wird als auf dieser Erde. Die Grenze zu unserem Jenseits schiebt sich hinaus. Wir bleiben Geschöpfe Gottes mit ihren begrenzten geistigen Kräften. Aber Licht aus einem anderen Raum dringt in uns ein und macht uns die Welt neu durchscheinend für den Sinn, der unserem Dasein eingestiftet ist.

Ein Wissen um diesen erweiterten Raum, das größere Diesseits scheint sich in einem indianischen Gedicht auszusprechen:

»So wie der Baum nicht endet
an der Spitze seiner Wurzeln oder seiner Zweige,
so wie der Vogel nicht endet
an seinen Federn und seinem Flug,
so wie die Erde nicht endet an ihrem höchsten Berg:

So ende auch ich nicht
an meinem Arm, meinem Fuß, meiner Haut,
sondern greife unentwegt nach außen
hinein in allen Raum und alle Zeit
mit meiner Stimme und meinen Gedanken:
denn meine Seele ist das Universum.«

Norman H. Russel, Cherokee

Aber es für sinnvoll halten, so zu reden, oder dies oder Ähnliches als wahrscheinlich anzusehen oder nicht, es scheint mir in jedem Fall vernünftiger zu sein, etwas, das sich uns entzieht, von unserer Sucht, es zu beurteilen, freizuhalten und ihm gegenüber erwartend offen zu sein. Zudem scheint mir, es sei in unserem normalen Bewusstsein durchaus eine transpersonale Matrix angesetzt, der wir zum Erwachen und Schauen helfen könnten. Vor allem aber: Mir scheint, es sei charakteristisch für jede ernsthafte Religion, an scheinbaren Grenzen unserer Wirklichkeit entlang zu leben, also aufzunehmen, was von jenseits dieser Scheingrenzen herüberkommt, herübertönt, herüberspielt, und dies sei die Weise, um die sich die Sensibilität eines religiösen Bewusstseins heute zu bemühen habe.

Was wir von dieser größeren Wirklichkeit nach unserem Tode wahrnehmen werden, kann ich nicht wissen. Ob sie uns fünf oder sieben zusätzliche Dimensionen zugänglich macht, überlasse ich gerne meiner mich dann treffenden Erfahrung. Dass wir danach Einblick gewinnen in den »Raum Gottes« hinter jener »Mauer« des Nikolaus von Kues, wage ich mir nicht vorzustellen. Ich vermute, dass wir unser neues Leben und unseren neuen Auftrag innerhalb jener Schicht der Wirklichkeit zugewiesen bekommen, die ich das »äußere Diesseits« genannt habe.

Wollten wir uns aber etwas wie die seelisch-physikalische Gesamtwirklichkeit dieser Welt vorstellen, so könnten wir zu folgenden Abstufungen kommen:

Irgendwo in uns, wir sagen »unten« in uns, ist eine breite Zone des Unbewussten. Sie bleibt weitgehend außerhalb von Raum und Zeit. Darüber, irgendwo, ist unser individuelles Bewusstsein, mit dem wir unserer Weltwirklichkeit begegnen. Wiederum über unserer realen Welt ist vermutlich eine geistige Welt, die uns nur in Ausschnitten oder Andeutungen zugänglich ist. Erst danach, darüber oder außerhalb irgendwo geraten wir an die »Mauer«: die Grenze, die unübersteigbare, die die Heiligkeit Gottes abgrenzt von unserem erkennenden Zugriff. Vor allem aber scheint es so zu sein, dass alle diese Zonen miteinander verbunden oder vernetzt sind, dass sie ineinander übergehen und so am Ende auch das, was Meister Eckart den »Seelengrund« nennt, sich verbinden kann mit dem, was ich das äußere Diesseits nenne.

Ich bin überzeugt, dass wir mitten in einer Wende jener flachen Vorstellung von Wirklichkeit stehen, die uns bisher selbstverständlich erscheint, in einer Wende, die der kopernikanischen oder dem Wechsel von der Physik Newtons zur Quantenphysik ähnlich und vergleichbar ist und mit beiden zusammenhängt. Vor unseren Augen öffnet sich ein unbekanntes Territorium, dessen Landschaft wir immer deutlicher sehen und dessen Wege immer selbstverständlicher begangen werden können. Und es ist entscheidend, dass wir damit keineswegs unsere Welt verlassen, sondern tiefer in sie eindringen, tiefer in ihr verwurzeln. Wir sollten den Gegensatz zwischen dem Geist der Naturwissenschaft und dem Geist des mystischen Erfahrens allmählich aufheben und uns mit allen Sinnen, mit allen geistigen und seelischen Möglichkeiten der sichtbaren und der unsichtbaren, der körperlichen und der geistigen Wirklichkeit zuwenden.

45　Alle Erfahrung spiegelt eine Wirklichkeit

Erfahrung, so sagt uns dieses Wort, wird gewonnen auf einer »Fahrt«. Die »fahrenden Gesellen« früherer Zeiten wanderten, weil sie ihre Erfahrung um die Erfahrungen fremder Menschen erweitern wollten. Was ein junger Zimmermann in einer fremden Stadt und von fremden Meistern an Handgriffen und an Konstruktionen lernen konnte, das wurde seine »Erfahrung«, der Gewinn seiner »Fahrt«.

Wir sind unterwegs auf der Fahrt durch unser Leben und durch unsere Welt, und es sammelt sich in uns während dieser Fahrt eine Menge Erfahrung an. Wir begegnen Wirklichkeiten der verschiedensten Art. Wirklichkeiten, die wir mit den Augen sehen. Wirklichkeiten, die wir hören, die wir fühlen und schmecken. Wirklichkeiten, die jedermann als solche erkennt. Aber auch geträumte Wirklichkeiten, phantasierte, erdachte. Was ist denn Wirklichkeit? Wenn wir dem Wort nachgehen, so wird Wirklichkeit alles sein, was wirkt. Was sich auswirkt. Was auf andere einwirkt. Was in der Zeit weiter wirkt.

Eine Sache ist eine »Wirklichkeit«. Ein Ereignis ist es. Aber auch die geistige Bedeutung eines herausragenden Menschen. Eine Erkenntnis. Auch eine Idee ist eine Wirklichkeit. Sie wird sich auswirken. Eine Utopie, ein Wunsch sind Wirklichkeiten. Ein Traum kommt von irgendwoher und ist in seinem Vorbeihuschen eine Wirklichkeit. Er berührt mich. Er ängstigt mich. Ich lasse ihn gelten oder vergesse ihn. Aber er bleibt eine geschehene Wirklichkeit. Hoffnungen, Irrtümer oder Lügen sind Wirklichkeiten. Es gibt keine Erfahrung von etwas Unwirklichem. Eben damit, dass es erfahren wird, erdacht, erträumt, phantasiert, rückt es in die Wirklichkeit ein. Es zeitigt Wirkungen und ist damit zur Wirklichkeit zu zählen. Gedankenkonstrukte wie eine politische Ideologie sind nicht nur Gedanken, nicht nur aufgeblasene Illusionen, sondern geschichtsmächtige Wirklichkeiten. Ob es die Zeit oder den Raum wirklich gibt oder ob sie Konstrukte unseres menschlichen Verstandes sind, weiß ich nicht. Aber indem sie erfahren werden, indem sie mich bestimmen und begrenzen, sind sie Wirklichkeiten.

Wir bedürfen heute einer neuen Weisheit, die uns sagt, wie wir ehrfürchtig und geduldig mit dem Wirklichen umgehen können. Auch die Theologie, die von der Wirklichkeit dessen, was sie uns zu zeigen hat, überzeugt ist, wird diese Weisheit finden müssen. Denn Wahrheit kann nur dann wirklich zu uns Menschen durchdringen, sie kann nur dann Veränderungen an uns bewirken, wenn, was sie sagt, in Erfahrungen eingehen kann. Nur dann, wenn sie erlebbar wird. Was wir nicht mitahnen können oder mitempfinden, wird für uns den Rang einer Wahrheit nicht annehmen können, auch dann nicht, wenn es uns wieder und wieder verkündigt oder wenn es immer wieder und wieder in einem Bekenntnis hergesagt wird. Wahrheit kann für uns Menschen nur zu einer Wahrheit, das heißt einer bestimmenden Macht werden durch die Erfahrung ihrer Wirklichkeit.

XI

Visionen und Ekstasen

46   Das Gipfelerlebnis

Eine weitere Form von Erfahrungen, die nun dem Eigentlichen eines religiösen Erlebnisses näherkommen, finden wir in der Gestalt von Ekstasen, von Überwältigungen. Ein Mensch fühlt sich irgendwohin weggerissen oder emporgehoben, und er sieht – ja, was sieht er? Was es war, das er sah, kann er danach kaum berichten. Paulus erzählt davon 1. Korinther 12,2–5:

»Es kommt zwar nichts dabei heraus, wenn einer von sich selbst spricht, aber es lässt sich wohl nicht umgehen. So will ich denn doch auf die Visionen und übersinnlichen Erfahrungen kommen, die der Herr mir geschenkt hat.

Ich kenne einen Menschen, der in Christus ist, der wurde eines Tages in Gottes Welt hinaufgerissen, so dass er sich plötzlich im dritten Himmel befand, in seiner Nähe. Es sind jetzt vierzehn Jahre her. Ob man sagen soll, er sei dabei in einem ›normalen‹ Zustand gewesen, oder er habe seinen Leib verlassen und sei ›außer sich‹ gewesen, weiß ich nicht. Gott weiß es. Ich weiß von demselben Menschen, dass er (noch höher, nämlich) ins Paradies entrückt wurde. Ob man sagen soll, er sei im Leibe gewesen oder außerhalb seines Leibes, weiß ich nicht. Gott weiß es. Der hörte unaussprechliche Worte, die kein Mensch nachsprechen kann.«

Wir werden, wenn wir solche Berichte hören, viel offen lassen müssen, ehe wir daraus Schlüsse ziehen sowohl auf bestimmte seelische Zustände als auch auf bestimmte Verhältnisse in der größeren Welt. Wir werden offen lassen, was sie über eine bestimmte biografische Situation aussagen oder über Einblicke in geistige Realitäten. Die von Paulus geschilderte Erfahrung hat jedenfalls ihre Ähnlichkeit mit durchaus religiösen oder auch vorreligiösen Vorgängen, von denen andere berichten.

Eugen O'Neill schildert einen solchen Vorgang in seinem Stück »Eines langen Tages Reise in die Nacht«:

»Ich lag vorne am Bugspriet, schaute achtern aus, das Wasser schäumte unter mir, und die Maste über mir türmten sich hoch auf mit ihren weißen Segeln im Mondlicht. Ich war wie trunken von all der Schönheit und dem singenden Rhythmus des Ganzen. Für einen kurzen Augenblick verlor ich mich selbst – wirklich, ich verlor mein Leben. Ich war befreit, war frei!

Ich löste mich auf im Meer, wurde weißes Segel und fliegende Gischt, wurde Schönheit und Rhythmus, Mondlicht und Schiff und der hohe mit Sternen übersäte, verschwimmende Himmel. Ich gehörte, ohne Gegenwart und ohne Zukunft, mit hinein in den Frieden und die Einheit und in eine wilde Freude, in etwas, das größer war als mein eigenes Leben, größer als das Menschenleben überhaupt, ich gehörte zum Leben selbst! Zu Gott, wenn du willst …

Es war, wie wenn eine unsichtbare Hand den Schleier weggezogen hätte von den Dingen. Für eine Sekunde sieht man – und wenn man das Geheimnis erkennt, ist man selbst das Geheimnis. Für einen Moment ist Sinn!«

Solche »Gipfelerfahrungen« zeichnen sich aus durch die Intensität des Erlebens und die Beglückung, die sie auslösen. Sie müssen nicht von einer bestimmten religiösen Vorbestimmtheit ausgehen, sie können über einen religiös wenig oder nicht Interessierten oder wenig vorgeprägten Menschen kommen, irgendwann, ohne Anlass, aber sie können danach, in der Erinnerung und in ihrer bleibenden Bedeutung, durchaus religiöse Qualität gewinnen.

Eugène Ionesco (1909–1994) berichtet:

»Ich war siebzehn Jahre alt, und eines Tages spazierte ich in einer Provinzstadt herum, im Juni, am Morgen. Plötzlich erschien die Welt mir wie verwandelt, so stark, dass ich von einer überrumpelnden Freude ergriffen war und bei mir selbst sagte: was auch immer geschehen möge, jetzt weiß ich! Und ich werde diesen Augenblick nie vergessen. Und folglich werde ich nie mehr völlig verzweifelt sein. Ich kann Ihnen nicht erzählen, was es war, denn es ist wirklich unerzählbar. Es war gleichsam eine Veränderung eingetreten im Anblick der Stadt selbst, der Welt, der Leute. Der Himmel schien mir viel näher zu sein, fast mit Händen greifbar. Ich kann nichts anderes sagen als Intensität, Anwesenheit, Licht. Man kann es mit diesen Wörtern mehr oder weniger umschreiben. Aber es ist unmöglich, es zu definieren. Auf jeden Fall habe ich mir in jenem Augenblick gesagt, dass ich gewiss war. Hätte man mich gefragt: wessen gewiss, so hätte ich es nicht sagen können. Ich war von Gewissheit erfüllt, und ich sagte mir, dass ich nie mehr unglücklich sein würde, dass ich mich in den schlimmsten Momenten jenes Augenblicks erinnern würde.«

Soll ich sagen, wohin uns solche Erfahrung führen kann, so werde ich von einer Erfahrung von »Feuer« sprechen. Ein Feuer ergreift mich. Es will mich aber nicht verzehren, um mich auszulöschen, sondern damit Licht aus mir wird. In der Hymne »Brot und Wein« spricht Hölderlin davon:

»Göttliches Feuer auch treibet bei Tag und bei Nacht, Aufzubrechen. So komm! Dass wir das Offene schauen ...«

Ich kann persönlich dazu nur sagen: Es ist zu wenig, sich von irgendwelchen irdischen Energien verzehren zu lassen, die am Ende nur verlöschen können. Es muss schon das ewige Licht sein, auch wenn es so scheinen mag, als würde ich dabei gemindert, auch wenn es scheint, als brächte es mir nichts weiter als Mühe, Schwächung, Alter und Tod. Es wird mir das Aufglühen in dem großen, ewigen Licht Gottes bringen. Ich muss also als Ziel meines eigenen inneren Weges ansehen, dass ich der werde, der die Begegnung mit der Zukunft erträgt, sie aufnimmt, sich nicht gegen sie versperrt, sondern sie mitvollzieht. Ihr zur Verwirklichung hilft. In mir selbst und um mich her.

Das Evangelium sagt mir: Am Anfang der Welt ist das Licht. Nicht die Nacht ist der Anfang, nicht die Nacht war es, die nach und nach das Licht hervorbrachte. Am Anfang ist der eine, schaffende, wirkende Gott, der selbst Licht ist und der spricht: »Es werde Licht.« Und von jenem Uranfang her leuchtet das Licht in die Dunkelheit, auch wenn die Finsternis es nicht begreift, und räumt mit einem Schlag und in einem Augenblick alle Finsternis aus.

In Erfahrungen dieser Art kann uns der Gedanke ergreifen, es sei doch eigentlich ein ungeheures Geschenk, ein Mensch und zu solcher Erfahrung fähig zu sein. Und es kann uns der Gedanke erfassen, es sei doch eigentlich gleichgültig, ob man Derartiges spirituell nennt oder nur »psychisch«. Solche Trennungen heben sich selbst auf. Die Menschen tragen danach alle ein heimliches Licht mit sich. Alles leuchtet. Alles ist eins, gehört zusammen, geht ineinander auf. Solche Erfahrungen sind indes kein Ziel, sondern leuchtende Wegmarken. Sie sagen: So kann alles werden. Vielleicht ist schon alles so. So voll Licht. Und in dieses Licht wird sich alles am Ende verwandelt haben.

Aber Gipfelerfahrungen sind kurze Augenblicke, und sie wollen losgelassen werden. Sie beweisen nicht, wie weit wir mit unserer spirituellen Entwicklung gekommen sind. Sie geschehen einfach. Und sie offenbaren eine Liebe, die in unserer Welt das Sagen hat, sei es eine Liebe, die uns das Dasein zuwendet, oder aber die Liebe Gottes selbst.

47 Ozeanisches Bewusstsein

Von diesem Gipfelerlebnis sollten wir eine andere Erfahrung unterscheiden. Sie ist weniger erregend, weniger dramatisch, und doch von der Erfahrungsweise, die uns als »normal« gilt, verschieden. Die Psychologie spricht von Erfahrungen, die uns Menschen vor dem Erwachen unseres rationalen Bewusstseins geprägt haben, nämlich in der Zeit vor unserer Geburt im Leib unserer Mutter, als wir im mütterlichen Wasser schwammen. Sie spricht von einem seligen Zustand, der später so nie mehr erreicht werde, als von einem »ozeanischen« Ruhen und Glücklichsein, aus dem wir mit der Geburt plötzlich und schmerzhaft herausgerissen würden. Für die Mystik ist der Zustand, den wir nach dem Tod erreichen, dieser ozeanischen Ruhe ähnlich. Nach unserem Tod werde wieder ein vergleichbarer Zustand des Glücks erreicht.

Für dieses ozeanische Bewusstsein, dieses Ruhen und Heimkehren, dieses gelassene Begegnen mit einer Welt voll Frieden hat unsere Seele ihre Bilder. Ich denke an einen Traum, der mich seit vielen Jahren immer wieder besucht und der eine solche Erfahrung abbildet.

Ich stehe am Ufer eines Meeres, ziehe mir die Tauchermaske über das Gesicht und schwimme hinaus, unter mir den Grund. Ich sinke immer tiefer in ein wunderbar grünes, dunkles Wasser, auf dessen Grund Wasserpflanzen wachsen wie Wälder, und gleite leicht, frei und gelöst über sie hin. Irgendwann, während ich ohne Anstrengung weiterschwimme, kommt mir ein Schwarm Fische entgegen. Rote, blaue, gelbe, grüne, bunte Fische. Sie schwimmen auf mich zu, schauen mich an, begrüßen mich und schwimmen gemächlich an mir vorbei. Ich bin einer von ihnen. Und manchmal geschieht es, dass ein großer goldener Fisch, größer als ich, auf mich zuschwimmt, und ich weiß: Der ist der König des Meeres! Er kommt auf mich zu, verweilt ein wenig in freundlicher Nähe und entfernt sich danach irgendwohin.

»Ozeanisches Bewusstsein«. Nicht, dass mein Bewusstsein sich dabei auflöste. Ich bin dabei keineswegs der berühmte Tropfen, der sich im Meer auflöst, ich bin und bleibe ich selbst, aber mich umgibt ein Friede, dem ich mich anvertrauen kann. Ich weiß auch nicht, ob dies ein Traum ist mit einer »religiösen Aussage«, er zeichnet mir vielleicht nur die Weise vor, in der es mir möglich sein kann, mich meinem Leben und Schicksal anzuvertrauen. Vielleicht auch zeigt mir dieser Traum, dass dies die Weise ist zu leben, aus der ich komme und auf die ich am Ende zugehe und die schon dieses kurze Zwischendasein tröstend begleitet.

Was ich selbst dazu zunächst sagen und erzählen möchte, spielt in einem Raum, der vor allem religiösen Kennen und Wissen liegt. Ich meine ein Sehen, das plötzlich über einen Menschen kommt, ihn in ein umfassendes Bewusstseinsfeld entführt, das dann aus dem Gedächtnis nicht mehr zu tilgen ist. Das aber hinterher in der Begegnung mit der Verkündigung irgendeiner Religion prägend und kritisch sichtend wirken und zum entschiedenen Ja oder zum entschiedenen Nein dieser Religion gegenüber zwingen kann. Ich erzähle davon, weil es für mein ganzes Denken und für alles, was ich im Lauf meines Lebens versucht habe zu tun, ungemein prägend gewesen ist.

Es war um mein zehntes oder zwölftes Lebensjahr. Anfang der dreißiger Jahre. Genauer kann ich es nicht mehr sagen. Ich hatte nach dem frühen Tod meiner Eltern meine ganze Umwelt empfunden als ein feindliches Gebiet und, seit ich zur Schule ging, immer meine eigenen Wege gesucht. Die »Familie«, in der ich mich wohlfühlte, bestand in den Buchenwäldern meiner Heimat, in den Quelltöpfen, Bächen, Felsen und Höhlen am Rand der Schwäbischen Alb. Ich wanderte und lebte dort in den Ferien oft viele Tage allein. Die Obstbäume, die Beerensträucher und die Äcker hatten Nahrung für mich. Trinken konnte man damals noch aus jedem Bach. Feuer machen durfte man beinahe überall. Die Höhlen boten sich als Schutz für die Nacht an. Eine solche Heimat zu haben und dabei frei und unabhängig zu sein, das war es, was mich beglückte. Ich danke es meiner zweiten Mutter bis heute, dass sie mir so viel Freiheit ließ.

An irgendeinem Abend geschah das, was mir die Richtung wies: Ich schaute von einem freistehenden hohen Kalkfelsen aus, auf dem ich mir aus Zweigen eine Hütte gebaut hatte, in der ich übernachten wollte, dem »Hohlen Fels« in der Nähe von Blaubeuren, über das Tal hin. Der Hohle Fels ist ein uralter besonderer Ort, in dem unlängst die ältesten Tierfiguren von Menschenhand gefunden wurden. Wie ich so schaute, veränderte sich das ganze Land. Es wurde wie aus Glas. Durchsichtig. Die Bäume, die Felsen, die Straße, alles war noch da. Aber sehr blass und wie nicht recht wirklich. Dahinter wurde ein Licht sichtbar, das den ganzen Horizont überhell ausfüllte, das ganze Tal. Ich verlor keineswegs das Bewusstsein, vielmehr war mir plötzlich klar: Das ist ja alles ganz anders! Das ganze Land, dieses ganze Leben, das ist ja alles nur ein Vordergrund! Ein im Grunde unwichtiger! Dahinter ist alles ganz anders. Da kommt etwas auf mich zu, warm und übermächtig. Dabei sehr sanft. Ich wusste plötzlich: Dort bist du in Wahrheit zu Hause. Dort kommst du her. Dorthin wirst du eines Tages wieder gehen, wenn du einmal gestorben bist. Dort ist alles, was wirklich zählt. Und als sich diese Erfahrung wiederholte, wurde mir gewiss: Auf das, was da hinter den Dingen ist, kannst du dich verlassen. Das ist gut. Wenn das Leben so ist, dann kannst du es mit ihm aufnehmen. Denn was da kam, war eine Liebe, die anders war als was man sonst so nennt. Sie war auf seltsame Weise stark. Und ich konnte ihr antworten, wie man auf etwas Heiliges antwortet.

Diese Erfahrung blieb mir durch meine ganze Jugendzeit und durch einen ganzen Krieg hindurch eine Quelle des Trostes. Ich wusste von da an, dass ich weder verlassen noch allein noch ungeliebt sein könne. Sie hielt ihre Kraft und Reinheit so klar durch, dass ich nicht gewusst hätte, was ich für realer halten sollte als diese Vision. Natürlich meldete sich hier auch mein eigener psychischer Zustand, aber wie mir gewiss ist, war mein eigener Zustand nur der Türöffner für die Zeichen einer größeren und wahreren Wirklichkeit.

An der ganzen Erfahrung war nichts, das sich mit dem zusammenbringen ließ, was ich im Religionsunterricht oder zu Hause über Gott gehört hatte. Es war mehr die Kraft, die Güte und Barmherzigkeit des Daseins, die ich empfand, und es dauerte rund zehn weitere Jahre, bis ich wagte, sie mit Gott zusammenzusehen. Aber sie gab mir das Grundvertrauen mit, das mir so sehr abhanden gekommen war. Wenn ich später einen festen Grund unter die Füße bekommen wollte, so stellte ich mir vor, ich säße auf dem Hohlen Felsen und das große, warme Licht komme wieder zu mir. Der verlässliche Hintergrund. Die Heimat und das Ziel.

Es war rund zehn Jahre später. Ich war Soldat. Ich tat meinen Dienst in Frankreich, auf einem Flugplatz am Rand von Lyon. Neben unserer Unterkunft lag ein altes Fort, eine Befestigungsanlage aus dem 19. Jahrhundert mit Gräben und Wällen und breiten Bunkern, das »Fort Bron«. Wenn ich in meiner Freizeit dem Lärm der Baracke entkommen wollte, ging ich auf die Wälle des Forts hinüber, um in der Stille etwas zu lesen. Einmal, es muss im April 1943 gewesen sein, saß ich dort, umgeben von einem dichten Gestrüpp weißblühender Schlehen. Wohin das Auge sah, waren dicht an dicht weiße Blüten.

Plötzlich war ich »anderswo«. Ich war in einem Land aus Licht. Die Blüten schwammen zusammen zu einer durchdringenden Helligkeit. Mich durchfuhr der Gedanke: Das sind keine Blüten, das ist eine andere Welt! Alles war offen. Und ich saß nicht mehr im Gras, ich war in einer anderen Dimension. Mir war klar: Die kleine Welt, in der ich mein Buch las, die nicht viel größere Welt, in der ich Soldat war und in der ein Krieg tobte, war wie ein Gefängnis, dessen Mauern mir die eigentliche Wirklichkeit verstellten. Aber die Welt ging weiter! Ich war in unendlichen Räumen, die mir sonst verschlossen waren. Eine größere Welt, vielleicht eine »geistige«, wandte sich mir zu, öffnete sich mir, und mich überkam der Gedanke, ich könne nie mehr eine andere Welt bewohnen als diese, die aus der kleinteiligen Welt bestand, in der ich Soldat war, und aus einer riesigen andersartigen Welt in ihrem Hintergrund. Nach einer Zeit, von der ich nicht sagen könnte, wie lang sie war, hatte ich wieder mein Buch in der Hand.

Diese Erfahrung war so nachhaltig, dass ich bis zum heutigen Tag blühende Schlehen nicht sehen kann, ohne sofort im Jahr 1943 zu sein und im Fort Bron. Ein paar weißblühende Büsche sind einige meiner wichtigsten Lehrer gewesen. Und sie haben mich deutlicher auf den christlichen Glauben hingeführt als alles, was ich damals von meiner Kirche gesagt bekam. Bernhard von Clairvaux muss Ähnliches erlebt haben; er sagt: »Ich hatte keine anderen Meister als die Buchen und die Eichen.« Wenn mir heute einer sagen würde: Du warst überreizt. Oder: Du warst in einem labilen Zustand. Oder: Das hast du dir ausgedacht. Oder: Das war ein Notwehrerlebnis, das dir dein Leben als Soldat erträglich machen sollte, dann würde mich das nicht im mindesten stören. Für alles, was der kleine Mensch in uns nicht verstehen will, hat er seine passenden Erklärungen.

Wem sich die größere Wirklichkeit einmal geöffnet hat, der kann die kleine, die er bewohnt, nicht mehr zureichend finden. Für mich waren die weißen Schlehen das, was von Mose erzählt wird: er habe am brennenden Dornbusch die verzehrende Gegenwart Gottes erfahren. Ich hätte es sofort verstanden, wenn jemand mir gesagt hätte: »Zieh deine Schuhe aus, diese größere Welt, die du betrittst, ist heiliges Land«, auch wenn das schwierig gewesen wäre bei den schweren Schaftstiefeln, die ich trug. Ich empfand, ich atmete die Weite des Universums ein oder mehr noch die Kraft und die Heiligkeit Gottes. Ich atmete mit in seinem unendlichen Atem. Die Luft war ein Meer, durchlichtet von der Gegenwart von etwas, das man als Gott zu bezeichnen pflegt. Die Welt war, wie der Psalm es ausdrückt, das »Kleid, das Gott anhat«. Oder wenn mir heute ein Psalm sagt, die Bäume auf dem Feld »lobten Gott«, dann ist mir das sehr vertraut. Ich höre es, seit ich die Schlehenbüsche von ihm singen hörte.

Max Frisch spricht von solchen Ausnahmeaugenblicken in seinem Tagebuch als von »lichterlohem Bewusstsein«. Vielleicht ist das die genaueste Beschreibung, die möglich ist. Denn was lichterlohes Bewusstsein ist, lässt sich nicht sagen. Es lässt sich nur erfahren.

Alice Miller schreibt:

»Ich stelle mir vor,
dass wir unsere Kinder eines Tages
nicht mehr als manipulierbare Kreaturen ansehen werden,
sondern als Boten aus einer Welt,
die uns einmal sehr vertraut war,
die wir aber längst vergessen haben,
und die uns mehr über die wahren Geheimnisse
des Lebens lehren können,
als unsere Eltern jemals konnten.«

Oder Hildegard von Bingen:

»Alles durchdringst Du,
die Höhen,
die Tiefen
und jeglichen Abgrund.
Du bauest und bindest alles.

Durch Dich träufeln die Wolken,
regt ihre Schwingen die Luft.
Durch Dich birgt Wasser das harte Gestein,
rinnen die Bächlein
und quillt aus der Erde das frische Grün.

Du auch führest den Geist,
der deine Lehre trinkt,
ins Weite.
Wehest Weisheit in ihn
und mit der Weisheit die Freude.«

Das ist es.

Die christliche Sprache spricht von »Epiphanie«. Sie bezeichnet
damit ein Erscheinen Gottes, genauer das Erscheinen Gottes in

Christus. Pierre Teilhard de Chardin, Mystiker und Naturforscher, spricht von Erfahrungen dieser Art als von Diaphanie, von einer Erscheinung Gottes, »durch die Dinge hindurch«. Übersetze ich diese Erfahrungen von der Ebene des Schauens in die Ebene des Hörens, eines Hörens dessen, was Gott mir sagt, dann könnte man entsprechend von Per-sonanz sprechen, von einem Hindurchtönen durch den Lärm des Tages oder durch das Schweigen Gottes, das das Ohr meiner Seele trifft.

Auf solche Weise wird für Teilhard die Welt zum »göttlichen Bereich«. In dem Buch, das diesen Titel trägt, schreibt er, die Stelle Johannes 3,8 auslegend: »Eine Brise weht in der Nacht. Wann hat sie sich erhoben? Woher kommt sie? Wohin geht sie? Niemand weiß es. Niemand kann erzwingen, dass sich der Geist, der Blick, das Licht Gottes auf ihn lege.« Wem etwas dieser Art widerfährt, der wird von da an sein Leben lang das Dasein anders wahrnehmen als zuvor, und anders als der, dem es nicht widerfahren ist.

Ernst Benz schreibt in seinem Buch über »Die Vision«:

»Die Schau des Lichtes stellt wohl die ursprünglichste Form der Erfahrung Gottes, der Erfahrung der transzendenten Welt überhaupt dar. Das Licht ist mehr als ein bloßes Symbol Gottes: Es manifestiert das Wesen Gottes selbst. Unter den Phänomenen der christlichen Vision ist die Schau des göttlichen Lichts die beherrschende Form der visionären Erfahrung.«

49 Die Stufen der visionären Erfahrung nach Emanuel Swedenborg

Der schwedische Universalgelehrte Emanuel Swedenborg (1688–1772) spricht in seinen biblischen Meditationen immer wieder von den charakteristisch verschiedenen Formen der Vision oder der Schau. Ihm fiel auf, dass während einer visionären Erfahrung das Tagesbewusstsein und die Schau sich in unterschiedlicher Weise ergänzen oder ausschließen, und fand fünf Stufen, auf denen eine Vision sich ereignen könnte.

Eine unterste Stufe fand er im Traum. Er meinte damit nicht den gewöhnlichen Traum, wie er unseren Schlaf zu begleiten pflegt, sondern einen Zustand erhöhten Bewusstseins während des Träumens. Er meint den Traum, der uns mit einer Botschaft anspricht und in unserem Bewusstsein nach dem Erwachen eine erregende Bedeutung behält, so, dass wir uns danach fragen, was dieser Traum denn wohl sage. Ihn sieht er gemeint in den kritischen Worten der Bibel über das irreführende Träumen, wie es bei Sirach 34,1–8 oder Jeremia 23,25 formuliert ist: Sie nennen die Träume mehr eine Quelle der Lügen als der Wahrheit, und den Gehorsam gegenüber Träumen den Weg in den Irrtum.

Eine zweite Stufe besteht nach Swedenborg darin, dass der Erfahrende schläft, aber bei geschlossenen Augen so klar sieht wie bei »hellstem Licht«. Die sinnlichen Wahrnehmungen sind an dieser Art Schau nicht beteiligt.

Eine dritte Stufe findet noch immer ohne Beteiligung des Tagesbewusstseins statt und der Schauende glaubt, er sei wach. Er denkt nach. Er ist sich klar über das, was er erlebt, es handelt sich aber immer noch nicht um einen Zustand des Zugewandtseins zur äußeren Wirklichkeit. Die äußeren Sinne ruhen noch immer.

Die vierte Stufe ereignet sich bei wachem Bewusstsein. Die äußeren Sinne nehmen die Wirklichkeit wahr. Es besteht aber noch eine Trennung, eine Ablösung der äußeren von den inneren Sinnen. Die äußeren Sinne bleiben, noch abgeschwächt, auf die äußere Wirklichkeit gerichtet, während der innere Sinn die geistige Welt wahrnimmt.

Die höchste, die fünfte Stufe, nennt Swedenborg die »Schau mit offenen Augen«. Vor dem Schauenden steht zugleich die irdische und die geistige Welt. Er sieht die irdische Wirklichkeit im Licht der geistigen Welt, er erkennt die geistigen Kräfte, die die sinnliche Welt durchwirken. Er sieht in den irdischen Gestalten die himmlische Urform, und zwar zugleich mit dem leiblichen und dem geistigen Auge.

Diese fünf Stufen unterscheiden sich je nach dem Maß, in dem das Tagesbewusstsein mehr und mehr das geistige Schauen in die Wirklichkeit und Wahrheit der Welt einbindet, in dem es den inneren und den äußeren Menschen zusammenführt.

In seiner Auslegung zu 4. Mose 24, der Erzählung von dem Propheten Bileam, bezeichnet Swedenborg die vierte Stufe des Schauens als die »süßeste«, »denn in ihr wirkt der Himmel in seiner höchsten Ruhe auf den Geist des Menschen ein«, während auf der fünften Stufe die Sphäre der Bildlosigkeit und der Sprachlosigkeit erreicht ist. Soll ich also, was ich das »Licht hinter den Dingen« genannt habe, in Swedenborgs Gliederung wiederfinden, so meine ich, es habe seine stärkste Wirklichkeit auf der vierten Stufe. Denn dort war die natürliche Wirklichkeit ebenso voll gegenwärtig wie der leuchtende Hintergrund voll erfahrbar mit seinem Leuchten und seiner Wärme.

Was die Swedenborgsche Gliederung bestätigt, ist die Tatsache, dass bei vielen echten Visionären, wie etwa bei Hildegard von Bingen, die Berichte über ihre Schauerfahrungen immer begleitet sind von Feststellungen über die Wachheit ihres sinnlichen Wahrnehmens oder über die Beteiligung ihrer natürlichen Sinne an der Wachheit ihrer die bloße Wirklichkeit überschreitenden Sinne. Viele unter ihnen machen genaue Angaben über den jeweiligen Zustand ihres Tagesbewusstseins während ihrer Visionen und zusammen mit ihnen.

So bekennt Hildegard von Bingen (1098–1179) von sich (und es mag offen bleiben, ob Swedenborg diese Schilderung der vierten oder der fünften Stufe zuordnen würde):

»Gott wirkt, wo immer er will. Ich aber habe immer eine zitternde Angst, denn ich kann mir nicht zutrauen, irgendetwas aus mir selbst zu können. Darum strecke ich meine Hände aus zu Gott und bitte ihn, er möge mich wie eine Feder, die aller Schwere eigener Kräfte entbehrt und im Winde fliegt, tragen.

Von meiner Kindheit an aber schaue ich dieses Gesicht immer in meiner Seele bis zur gegenwärtigen Stunde, da ich schon mehr als siebzig Jahre alt bin. Meine Seele steigt, wie Gott es will, in diesen Visionen zur Höhe des Himmels durch verschiedene Schichten der Luft und breitet sich zu mannigfachen Völkern aus, die um weite Länder und Räume von mir entfernt sind. Aber ich höre dabei nicht mit den äußeren Ohren noch empfange ich es mit den Gedanken meines Herzens oder mit den fünf Sinnen, sondern in meiner Seele allein bei offenen, äußeren Augen, so dass ich dabei niemals eine Ermüdung erfahre, sondern wachend am Tage und in der Nacht schaue ich es.

Das Licht aber, das ich schaue, kommt nicht aus einer bestimmten Stelle, es ist überall und heller als eine von der Sonne beschienene Wolke. Es hat kein Maß nach Tiefe oder Länge oder Breite. Es wird mir gesagt, es sei der Schatten des lebendigen Urlichts. Und wie Sonne, Mond und Sterne sich im Wasser spiegeln, so erglänzen darin die Schriften der Menschen, ihre Reden und ihre Werke und zeigen sich mir. Was in solchem Gesicht an Worten hörbar wird, klingt nicht wie Worte von Menschen, sondern wie eine schwingende Flamme und wie eine Wolke in reiner Luft.

In diesem Licht aber sehe ich manchmal ein anderes Licht, das mir als das lebendige Urlicht genannt wird, und wann und wie ich es schaue, weiß ich nicht zu sagen. Wenn ich es aber sehe, wird alle Not und Traurigkeit von mir genommen, und ich fühle mich wie ein junges Mädchen und nicht wie eine alte Frau.«

Von der Vision ist aber zu unterscheiden die Ekstase. Die Ekstase hat ihre eigenen Gesetze und ihre eigene Vielfalt. Als Form religiöser Erfahrung geschieht sie so verschieden, wie die Menschen sind, denen sie je widerfuhr und denen sie je widerfährt. Teresa, aufgefordert, von ihren ekstatischen Erfahrungen zu sprechen, äußert sich in einem Brief an ihren Beichtvater, Pater Rodrigo Alvarez, mit bemerkenswerter Genauigkeit. Ihr Brief beginnt so:

»Es ist schwer, von den inneren Dingen zu sprechen, und noch schwerer, dies so zu tun, dass sie verstanden werden können ...«

Und sie fügt danach die einzelnen Formen ekstatischer Erfahrung aneinander:

»Das erste übernatürliche Gebet, das ich in mir wahrgenommen habe, ist eine innerliche Sammlung, in der die Seele empfindet, sie habe noch andere Sinne als die äußeren und sie müsse sich aus dem Getöse der äußeren Sinne zurückziehen. Es wandelt sie die Lust an, die Augen zu schließen und nichts zu sehen, nichts zu hören, nichts zu verstehen und nur mit Gott selbst zu sprechen. Es verliert sich da kein Sinn und keine Kraft, alles bleibt unversehrt, aber es dient alles dem Zweck, mit Gott umzugehen. Aus dieser Einsammlung entstehen oft Ruhe und innerer Frieden, wobei der Seele scheint, sie habe nichts zu tun. Sogar das Reden ist ihr lästig, ich meine das Hersagen eines Gebets oder das Nachdenken einer Betrachtung. Sie will nichts als Liebe. Dies währt eine Weile, es währt manche Weile.

Ganz anders geschieht das, was ich die »Einung der Seelenkräfte« nenne. Die Kräfte der Seele können dann auf keine Weise tätig sein, und der Verstand ist wie ausgesetzt. Der Wille liebt mehr, als er versteht. Aber er versteht auch nicht, ob er liebt oder was er tut. Das Gedächtnis schwindet und das Denken. Die Sinne sind nicht wach; es ist, als hätte man sie verloren, damit die Seele dem, was sie erfährt, sich mehr zuwenden könne. Dieser Zustand verliert sich in kurzer Zeit und geht schnell vorüber.

Etwas anderes geschieht in der »Verzückung«. Diese dauert länger und ist von außen wahrnehmbar. Der Atem wird verkürzt, man kann nicht reden und die Augen nicht auftun. Wenn die Verzückung stark ist, werden die Hände kalt und strecken sich aus wie Stangen, und der Körper erstarrt in dem Zustand, in dem sie ihn ergriff, ob auf den Füßen oder kniend. Die Seele erlebt dabei so Schönes, das Gott ihr zeigt, dass es so scheint, als vergesse sie, den Leib zu beleben, und lasse ihn hilflos zurück. Dauert dieser Zustand länger an, so bleibt in den Gliedern ein Schmerz zurück.

Wieder anders ist das, was ich die »Hinwegführung« nenne. In der Verzückung stirbt die Seele allmählich den äußeren Dingen ab. In der Hinwegführung dagegen geschieht es, dass Gott dem Innersten der Seele eine einzige Erkenntnis mit solcher Plötzlichkeit eingibt, dass ihr scheint, ihr höherer Teil werde entführt und vom Leib abgelöst. Und sie braucht den Mut, sich den Armen des Herrn zu überlassen, damit er sie heben kann, wohin er will. Sie muss am Anfang entschlossen sein, für ihn sterben zu wollen, denn die arme Seele weiß ja nicht, was daraus werden soll.

Der »geistige Flug« ist etwas, das ich eigentlich nicht schildern kann. Aus dem inneren Seelengrund steigt etwas auf so, als müssten Seele und Geist zu einem Wesen werden. Ein Feuer etwa, das groß werden soll und alles verbrennt. Die Seele ist wie ein Feuer, das schnell aufflammt und emporlodert. Es brennt unten und lodert nach oben. Was da aufflammt, ist etwas Köstliches. Es steigt in die oberen Sphären und kommt dorthin, wo Gott es haben will. Es ist wirklich ein Flug. Man nimmt ihn deutlich wahr und kann ihn nicht verhindern. Und was sich dabei aus dem Kerker des Leibes wie ein Vogel entschwingt, das ist so wunderbar, so zart und fein, dass die Seele gewiss ist, es könne da keine Täuschung vorliegen.

Wieder ganz anders geschieht das, was ich als »Ansturm« erfahren habe: Ihm geht kein Gebet voraus, vielmehr ist da plötzlich die Erkenntnis, Gott sei nicht da und von der Seele aus dringe kein Wort zu ihm. Diese Erkenntnis ist zuweilen so eindeutig und so stark, dass sie den, dem sie widerfährt, mit einem Schlag von Sinnen bringt und die Seele ihren Tod will. Alles, was die Seele nun erfährt, steigert ihre Verzweiflung, und sie empfindet, Gott wolle nur, dass ihr ganzes Sein zu nichts mehr nütze sei, dass sie keinen Trost empfangen und dass sie wissen solle, Gott wolle nicht, dass sie lebe. Sie weiß sich einsam und verlassen und die ganze Welt tut ihr weh. Sie versteht, dass es ihr ohne ihren Tod nicht möglich sei, ihren Schöpfer zu finden; da sie sich selbst aber nicht töten darf, stirbt sie aus dem Wunsch zu sterben, so, dass der Tod wirklich geschehen kann. Sie sieht sich zwischen Himmel und Erde hängen und weiß nicht, was sie aus sich machen soll. Das geschieht auf eine so seltsame Art, dass man die Pein nicht beschreiben kann, denn es gibt unter allen, die ich erlitten habe, keine, die ihr gleicht. Wenn sie nur eine halbe Stunde währt, reißt der Körper so sehr aus allen seinen Verbindungen, dass den Händen keine Kraft bleibt, zu schreiben.

Und noch eins: Eine wieder andere Art von Gebet gleicht einer »Verwundung«, die die Seele so erfährt, als wenn ein Pfeil ihr durch das Herz fährt und sie tödlich trifft. Der Schmerz aber, der sich in Klagen äußert, ist so süß, dass die Seele ihn nie entbehren möchte. Es ist eine Verwundung durch Liebe. Die kann die Seele nicht selbst hervorbringen. Sie kann sich ihrer aber nicht erwehren, wenn Gott sie ihr geben will. Da sind dann so zarte Sehnsüchte nach Gott, dass man sie nicht aussprechen kann. Da aber die Seele sich gefesselt sieht durch ihren Leib, so fasst sie eine tiefe Abscheu gegen den Leib. Er scheint ihr wie eine hohe Mauer, die sie hindert, das zu finden, was sie ohne das Hemmnis des Leibes genießen könnte.

Ein anderes Mal überfällt mich in einem gewaltigen Ansturm ein solches »Zergehen«, dass ich mich nicht bewahren kann. Es scheint mir, mein Leben wolle zerrinnen, ich schreie laut auf und rufe nach

Gott. Zuweilen vermag ich nicht sitzen zu bleiben, so große Ängste überfallen mich. Diese Pein ergreift mich, ohne dass ich sie will, aber sie ist so, dass ich nie und nimmer aus ihr freikommen will. Mir erscheint dann, ich könne keine Hilfe erlangen, der Tod aber sei das Mittel, Gott zu sehen, ihn aber darf ich nicht wollen. Es erscheint der Seele, alle seien getröstet, nur sie nicht, und alle fänden Hilfe in ihrer Not, nur sie nicht. Wenn nun Gott nicht zu einer Verzückung hilft, in der sich alles beruhigt und die Seele Frieden findet, ist es unmöglich, aus dieser Pein sich zu befreien.« Soweit Teresa.

Solche Ekstase scheint damit zu beginnen, dass jemand in seiner Erfahrung nicht mehr sich selbst begegnet. Sie beginnt nicht damit, dass er die sichtbaren Dinge der Welt klarer zu sehen beginnt, sondern damit, dass durch ihn selbst hindurch wie auch durch die Welt hindurch etwas aufblitzt, etwas erscheint, etwas gegenwärtig wird. Ekstase beginnt damit, dass Gott und die Welt nicht getrennt voneinander wahrgenommen werden, sondern ineinander. Sie beginnt damit, dass der Mensch nicht etwas empfängt oder etwas schaut, sondern damit, dass er sich als Teilhaber an der Welt mit Gott beschenkt weiß. Er weiß sich als ein Stück dieser Welt, die Gott mit seinem Licht durchdringt. Und er wird sich darüber im Klaren sein nicht durch sein Nachdenken, sondern aus der Erfahrung heraus, die ihm gewährt wird. Er wird von einer Resonanz sprechen zwischen sich und allen Dingen, und von einer Resonanz der Stimme Gottes in ihm selbst.

Vielleicht beginnt diese Erfahrung damit, dass er überrascht wird, dass er sprachlos wird. Vor allem damit, dass er empfindet, nicht er selbst gerate irgendwohin, sondern es komme etwas Überwältigendes auf ihn zu. Nicht er suche etwas, sondern er selbst werde gesucht. Irgendetwas finde ihn. Die Wirklichkeit, die er erfährt, ist stärker und wichtiger als er. Er hat ihr nichts entgegenzusetzen und auch nichts entgegenzubringen, vor allem nicht seine kleinen Erklärungen.

Teilhard de Chardin spricht von einer gewissen Wahrnehmung des Göttlichen, die ihm selbst widerfahren sei. Er sagt, eines Tages könne sich der Mensch bewusst werden, dass er für diese gewisse Wahrnehmung empfindungsfähig geworden sei. Wenn wir ihn fragen, was da begonnen habe, so antwortet er, er könne es nicht sagen. Er wisse nur von einem neuen Geist, der sein Leben durchdrungen habe. Er sagt, nicht das Erscheinen, nicht die Epiphanie, sondern das Durchscheinen, die Diaphanie Gottes im Universum sei das große Geheimnis des Christentums. Der Mensch also sehe nicht Gott anstelle der Dinge der Welt, er schaue ihn durch die Dinge hindurch.

Ich muss nicht eigens betonen, dass alle solche Erfahrung nicht das ist, was man etwa einen Gottesbeweis nennen könnte. Und ich muss auch nicht hinzufügen, dass Erfahrungen dieser Art nur dem helfen, der sie macht. Sie anderen beweisen oder erfahrbar machen zu wollen, ist Unsinn. Sie anderen, die sie verspotten, erklären zu müssen, ist schrecklich. Jede Erfahrung solcher Art kann auch täuschen oder falsch verstanden werden, irrig oder ungenau sein. Natürlich kann Ähnliches auch aus Wünschen oder Befürchtungen hervorgehen. Sie kritisch zu prüfen ist notwendig. Genau hinzuschauen. Aber sie zu leugnen ist einer der Grundfehler, die uns Kindern der Aufklärung unser Bild von unserer Welt bis auf den Grund zu fälschen vermögen.

»Du, Mensch,
schau dich in deinem Leben nie so an,
als wärst du ferne von Gott.
Und wenn du dich nicht so ansehen kannst,
dass du nah seist bei Gott,
so fasse doch den Gedanken,
dass Gott nahe bei dir ist.«

Meister Eckart

Vierter Teil

Wie Gott in unsere Nähe kommt
und wir ihn als
gegenwärtig erfahren

51 Das unterscheidend Christliche und der Sinn der Lehre von der Dreieinigkeit Gottes

Wir sind bisher nach Art von Fassadenkletterern an der Außenwand der religiösen Erfahrung herumgestiegen. Aber diese schlichte und durchaus nicht vollständige Phänomenologie der außersinnlichen Erfahrung war notwendig, damit wir wissen, was eigentlich wir ins Auge fassen, wenn wir nun auf die Mitte des Evangeliums zugehen. Bisher war die Rede von Erfahrungen, die in jeder Religion und häufig auch außerhalb aller religiösen Bindung sich ereignen können, nunmehr gehen wir zu der Art von religiöser Erfahrung über, die vom charakteristisch christlichen Glauben nicht abgelöst werden kann.

Nun schildert die Bibel drei Wege, auf denen uns Gott entgegenkommt. Er tritt uns zum Ersten entgegen in der Welt als der Schöpfer des Universums. Er tritt zum Zweiten in die Menschengeschichte ein in der Gestalt des Mannes aus Nazaret. Er spricht zum Dritten im Grunde der Seelen von Menschen. Diese drei Wege, auf denen sich uns Gott erschließt, nahm die Kirche drei Jahrhunderte nach Christus zum Modell, um ihr Bekenntnis zu dem einen Gott in drei Bildern zu formulieren.

So spricht das kirchliche Dogma davon, Gott erscheine uns Menschen in dreifacher Gestalt, als Vater, Sohn und Geist. Wir Heutigen hören, dies seien drei »Personen«. Und wir sind damit sofort in Gefahr, die ganze Lehre vom dreieinigen Gott misszuverstehen. Wenn wir heute von einer Person sprechen, meinen wir einen in sich vollständigen einzelnen Menschen mit seiner Eigenart, seiner Freiheit, seiner Würde, seinen Rechten und seinen Merkmalen. Wenn die alte Kirche in der Zeit, als sie das Dogma schuf, von einer Person sprach, dann meinte sie aber eine Maske – das heißt das Wort »Person« ursprünglich –, die Maske eines Schauspielers an einem antiken Theater.

Wir sehen heute noch die riesigen Theater der antiken Städte vor uns, oval oder als Halbkreisbauten. In diesen Theatern war ursprünglich weniger nach dem Unterhaltungswert gefragt, es spielte sich vielmehr in der Regel ein religiöses Drama ab zwischen Göttern, Dämonen, Heroen, Herrschern, Völkern und einzelnen Menschen. Es kam dabei etwas »herüber« von einem Gott zu den Menschen, es wurden Bekenntnisse formuliert oder ein tragischer Untergang beschrieben. Nun traten aber die Schauspieler nicht als Stars auf, ihre Person war gerade nicht das Wichtige. Das Wichtige war ihre Rolle. Wenn sie einen Gott spielten, dann gaben sie dieser Rolle nicht ihr persönliches Gesicht und ihren persönlichen Charakter, sie traten vielmehr gänzlich zurück hinter dem, was sie darstellten. Darum trugen sie Masken. Sie verkörperten eine göttliche Macht oder ein Schicksal, und die Maske drückte das Wesen dessen aus, was da von ihr verkörpert war. Diese Maske nannte man damals griechisch prosopon oder lateinisch »persona«. Persona meint wörtlich etwas, durch das etwas »hindurch-tönt«. Prosopon meint: ein Gesicht, mit dem sich uns jemand zuwendet. Diesen Hintergrund hat das Wort von der Person, mit dem wir heute etwas aussagen, was eigentlich eine Verarmung der ursprünglichen Meinung ist: Der Mensch nämlich sei ein Medium, durch das etwas hindurch-töne.

Der Zuschauer wusste: Was da zu mir durch die Maske herübertönt, kommt aus einer größeren Ferne her als nur von diesem Schauspieler. Es trifft mich elementarer. Es bindet mich ein in einen größeren Zusammenhang und ein universelleres Schicksal.

Die Kirchenväter des vierten Jahrhunderts sprachen also von drei Masken Gottes. Sie sagten: Gott begegnet uns auf drei Weisen. Wir sehen ihn selbst nicht. Wir stehen einem Geheimnis gegenüber, das wir auf keine Weise aufklären, wenn es nicht anfängt, zu uns zu reden. Wenn es aber redet, dann sehen wir eine Maske vor uns, hinter der uns der verborgen bleibt, der zu uns spricht. Das All der Welt also wird zu einem Klangraum, durch den Gottes Anrede zu uns herübertönt. Die Geschichte der Menschen wird zu einem

Klangraum, und wir sehen Jesus Christus vor uns, der Gottes Anrede verkörpert. Unsere eigene Seele wird ein dritter Klangraum, in dem Gottes Stimme hörbar werden kann. Und alle drei sind die Felder unserer Gotteserfahrung.

Ich habe von der Mauer geredet, die nach Nikolaus von Kues unseren Zugang zu Gott verbaut. Diese Mauer gilt es nicht zu überspringen oder zu durchbrechen. Vor dieser Mauer stehen wir vielmehr, wenn wir wohlberaten sind, wartend, bittend und hoffend, bis Gott uns durch eine dieser drei Türen entgegenkommt. Wir werden auch in der erweiterten Welt des äußeren Diesseits, die wir auf den Wegen unserer Erfahrungstätigkeit betreten können, nichts von ihm wahrnehmen. Gott muss erscheinen, soll er geschaut, er muss reden, soll er gehört werden. Er muss auf dem Antlitz eines Menschen aufleuchten, auf dem Antlitz der Erde, oder im Tiefenraum unserer eigenen Seele. Nötig von unserer Seite ist die sensible und genaue Achtsamkeit auf die drei Masken. Die Lehre von der Dreieinigkeit Gottes sagt also nicht: So ist Gott gebaut. Sondern: Das kann dir von ihm her widerfahren. Das trifft dich von ihm. Man könnte sagen: Die Lehre von der Dreieinigkeit Gottes beschreibt einen Strom in drei Armen. Eine Bewegung. Nicht einen Zustand. Sie beschreibt die Resonanz und die Diaphanie in unserer Erfahrung Gottes und nicht Gott selbst. Sie ist eine Lehre nicht über Gott, sondern über die Weise, wie wir Menschen ihn zu erfahren bekommen.

XII

Das Schlüsselwort für das Ankommen Gottes
in uns selbst lautet
christlich »Heiliger Geist«

52 »Geist Gottes« ist die bewegende Kraft, mit der Gott aus seiner Verborgenheit zu uns Menschen kommt

Die Bibel malt den Geist Gottes in vielen Farben und Bildern. Der Geist ist für die Bibel der Inbegriff des Lebendigen, eines lebendigen Strömens: Er ist so lebendig wie das Leben überhaupt, und so lebendig wie das Feuer einer brennenden Seele. Er wird beschrieben als Wind, als Sturm, als Atem oder auch als Feuer. Schon diese Bilder des Ungreifbaren machen es schwer, sich ein eindeutiges, in sich schlüssiges Bild zu machen. Ich will versuchen, in einigen Annäherungen von ihm zu reden, ohne zu beanspruchen, ich hätte damit alle Erscheinungsweisen und Wesensmerkmale des Gottesgeistes auch nur berührt.

Das Erste, was von ihm gesagt wird, ist, er habe bei der Schöpfung der Welt »über den Wassern gebrütet«. Ihn habe Gott dem eben erschaffenen Menschen »in die Nase geblasen«. Er sei als heilige Kraft in dem Berserker Simson gegenwärtig gewesen, oder als heilige, schützende Aura in König Saul. Er habe in den Propheten geredet oder er habe ein ganzes Volk ergriffen (1. Mose 1,1. 1. Mose 2,7. Richter 3,10. 1. Samuel 11,6. 1. Samuel 24,7. 1. Samuel 3,1–18). In diesen Versuchen, zu beschreiben, was durch den Geist Gottes geschehe, geht das Alte Testament lange Wege heraus aus der ursprünglichen Bindung an magische Vorstellungen zu einer reinen Darstellung des Geschehens zwischen Gott und dem Menschen.

Der Überschritt zum Neuen Testament beginnt mit Schilderungen der dichten Präsenz des Gottesgeistes. Jesus ist von Anfang an der aus dem Geist Geborene (in beiden Geburtsgeschichten bei Matthäus und Lukas), andererseits wird er nach Paulus Träger des Geistes durch die Auferstehung aus dem Tod (Römer 1,4).

Jesus wird eingeführt als der, auf den der Geist herabkomme und auf dem er bleibe (Matthäus 3,16. Lukas 4,1. Johannes 1,33). Jesus also wird in der Taufe zum Träger und Repräsentanten des Geistes.

Jesus spricht davon, er werde den Seinen nach seiner Auferstehung den Geist senden (Johannes 7,39). Wer aber den Geist empfange, werde zu ihm gehören. Und Paulus sagt Dasselbe:»Wer den Geist nicht hat, der gehört Christus nicht zu« (Römer 8,9). Und Johannes sagt Dasselbe ähnlich:»Dass Christus in uns bleibt, erkennen wir an dem Geist, den er uns gegeben hat« (1. Johannes 3,24).

Dadurch, dass Christus den Geist sendet, wird der glaubende Mensch selbst zum Träger des Geistes. Freilich so, dass er nicht über ihn verfügt:»Der Wind weht, wo er will, und du hörst seine Stimme. Aber du weißt nicht, woher er kommt und wohin er geht. So ist jeder, der aus dem Geist geboren ist« (Johannes 3,5).

Noch mehr: Paulus identifiziert beide, Christus und den Geist Gottes, wenn er sagt:»Der Herr ist der Geist« (2. Korinther 3,17). Oder Johannes:»Ich werde euch nicht verwaist zurücklassen, ich komme zu euch« (Johannes 14,17–18).

Im Blick auf die Auferstehung, die uns allen bevorsteht, sagt Paulus:»Gesät wird ein physischer Leib, auferweckt ein Leib aus Geist« (1. Korinther 15,44). Das heißt: Wir werden nicht nur Empfänger des Geistes, nicht nur Träger des Geistes. Wir werden uns vielmehr in Geist wandeln.

Andererseits gilt, dass es der Geist ist, der uns das Geheimnis Gottes öffnet:»Was kein Auge gesehen und kein Ohr gehört hat, … das hat uns Gott offenbart durch seinen Geist, denn der Geist erforscht alle Dinge, auch die Tiefen der Gottheit« (1. Korinther 2,9–10).

»Wenn wir nun reden, so reden wir nicht mit Worten, die menschliche Weisheit uns lehren kann, sondern mit Worten, die der Geist lehrt« (1. Korinther 2,13). Das heißt, wir werden zu Organen, deren sich der Geist bedient, wenn er zu Menschen sprechen will.

Aber der Geist spricht durch uns nicht nur zu den Menschen, sondern auch zu Gott:»Der Geist hilft unserer Schwachheit auf. Denn wir wissen nicht, was und wie wir angemessen beten sollen, sondern der Geist selbst tritt mit Bitten für uns ein, mit einem Seufzen ohne Sprache ... Er vertritt die Heiligen so, wie es Gott gefällt« (Römer 8,26–27).

Der Geist spricht auch nicht nur zu uns einzelnen Menschen. Christus sandte uns den Geist, und nun sind wir die von ihm gestiftete, geprägte und beauftragte Kirche. So die Pfingstgeschichte (Apostelgeschichte 2,2–4).

Insgesamt ist der Geist auch die treibende Kraft in der täglichen Praxis von Menschen:»Alle, die sich vom Geist treiben lassen, sind Kinder Gottes. Denn ihr habt nicht den Geist der Unterwürfigkeit empfangen, den Geist der Furcht, sondern den der Kindschaft« (Römer 8,14–15).

Geist ist also, nehmen wir alles zusammen, ein bewegendes Geschehen zwischen Gott und uns Menschen. Da fließt etwas. Strömt etwas. Da ist eine Bewegung, die unser Bewusstsein verändert, die alles, was wir erleben und erfahren, auf ein Ziel hin wendet, dem wir Gestalt geben in unserem Tun, sofern und soweit er selbst uns seine Kraft verleiht. Wer vom Geist bewegt wird, dem »geht etwas auf«, wie wir sagen. Der beginnt »durchzublicken«. Der begegnet Menschen wie auch sich selbst anders. Der fängt mit seinem Leben mehr und anderes an. Der schaut auf sein Schicksal anders voraus. Der ist fähiger, Leiden durchzustehen. Er wird zuversichtlicher sein und gelassener. Er wird mit der ihm gegebenen Kraft mehr bewirken.

Fassen wir zusammen, was das Gemeinsame dieser Gedanken ist, so erscheint der Geist Gottes als der seinen Geschöpfen auf vielerlei Weise nahekommende Gott. Er ist in dem Wort gegenwärtig, das er spricht, schaffend, prägend, leitend, bewahrend, Kräfte des Leibes und des Geistes gebend. Und er ist gegenwärtig in dem Wort, das ein Mensch als seine Antwort ausspricht. Immer aber ist es im Grunde der eine Gott selbst, der im »Geist« ankommt und wirkt.

Der »Geist Gottes« beschreibt also, was an Energie, an Wirkung von Gott ausgeht. Er meint die Kraft, mit der Gott mich anrührt, und die Kraft, mit der ich mich ihm öffne, zugleich. Er ist die anrührende Kraft, die mich von Gott her trifft, angeht, beflügelt, aufrichtet, tröstet, führt und bewahrt. Er meint die Kraft, die mich in eine Gemeinschaft einbindet, die in mir selbst Wandlungen möglich macht oder neue Anfänge. Er ist, wie die Bildersprache der Bibel ihn malt, ein »Strom«, der auf mich zukommt, sich über mich »ergießt«, mich »erfüllt« und von mir aus »weiterströmen« will, hin zu anderen Menschen oder zu allen Dingen. Er wird mir »ins Herz gesenkt«. Er gibt mir Freiheit, offenen Raum, gangbare Wege. Was ich mit ihm empfange, gibt mir Gewissheit, Vertrauen, Stehvermögen.

Nehme ich den Gedanken ernst, den die Reformation das »innere Zeugnis des heiligen Geistes« nennt, den Gedanken eines Redens Gottes in uns selbst, dann kann ich am Ende nicht mehr trennen zwischen dem, was von Gott ausgeht, und dem, was ich selbst ihm entgegenbringe. Das aber bedeutet, dass es von außen her keine Autorität geben kann, die über der Autorität stünde, die der Geist Gottes in mir selbst repräsentiert. Damit aber sind wir am Anfangspunkt unserer Freiheit.

Und wir sind an noch einem anderen entscheidenden Punkt unseres christlichen Glaubens: Ist nun die Offenbarung Gottes in Christus abgeschlossen oder setzt sie sich fort? Gilt nämlich dies, dass Gottes Geist in uns sich kundtut, so setzt sich seine Offenbarung fort in den Glaubenden. Gibt also Gottes Geist dem hörenden Menschen noch ein Wort ein oder nicht? Spricht nur im Wortlaut der Bibel Gottes Geist zu uns? Bestätigt also die Erfahrung von Gottes Geist in uns nur eben, was die Bibel sagt? Oder kann der Geist Gottes auf einer heutigen Kanzel original sich zu Wort melden? Und ist er anwesend und wirksam auch in denen, die die Rede von der Kanzel herab hören? Und zeigt der Geist Gottes nicht auf diesem Wege auch der Kirche, welche Schritte sie zu gehen habe?

Noch einmal: Was ist Geist Gottes? Von Johann Arndt (1555–1621) gibt es ein Wort, das wie ein Schlüssel wirkt für die innere Erfahrung, die der Glaube an das Evangelium uns eröffnet:

»Aus dem Licht der Seele steigt oft
ein voller, heller Schein und Klang,
das heißt eine Erkenntnis,
in der der Mensch mehr weiß und erkennt,
als ihn irgendjemand lehren kann.«

Dabei erhebt sich nun überdeutlich die Frage, woran denn kenntlich sei, dass es Gottes Geist ist, der durch uns redet, und nicht unsere eigene Beredsamkeit. Die Religionswissenschaft spricht an dieser Stelle von »Divination«, das heißt von der Fähigkeit eines Menschen, einem menschlichen Gedanken anzumerken, dass er von Gott oder im Namen Gottes spreche oder von Gott selbst gesprochen sei. Sie spricht von der Fähigkeit, die Stimme Gottes als Stimme Gottes zu erkennen. Ein Bild, das in unserer eigenen Seele erscheint, als ein Bild des wirklichen Gottes von allerlei Phantasien zu trennen. Divination heißt, aus der Rede eines Menschen das, was darin wahr sei, heraushören zu können.

Höre ich also irgendeine Stimme eines Menschen, mache ich irgendeine überwältigende Erfahrung, so vertraue ich in mir einer nicht von mir selbst ermächtigten Instanz, die klärt, ob das eine Anrede oder ein Anzeichen Gottes sei oder nicht. In mir aber entsteht das, was das Evangelium die »Fähigkeit zur Unterscheidung der Geister« nennt.

Fassen wir dieses Wirken des Gottesgeistes ins Auge, so wird es uns unbegreiflich, in wie ahnungsloser Weise jene Einzelnen in der Kirchengeschichte ausgegrenzt, verfolgt, vor Gericht gestellt oder auch getötet wurden, die mit der ganzen Leidenschaft ihres Herzens davon überzeugt waren, sie hätten in sich selbst die Stimme Gottes vernommen und die Antwort, die sie dieser Stimme gegeben hätten, sei von Gott selbst in ihnen gesprochen worden. Ich brauche die lange, sehr lange Liste derer nicht anzufügen, die überzeugt waren, was sie intuitiv erfassten oder was ihnen in der Kontemplation widerfuhr, enthalte einen Auftrag, ein kritisches Wort etwa an die verfasste, auf ihre dogmatischen Meinungen oder politischen oder sozialen Vorstellungen fixierte Kirche. All dies wurde verfolgt, als wäre es ihre eigene Anmaßung und als hätte nicht schon Paulus von den »Gaben des Geistes« geredet, die den Einzelnen gegeben seien, damit sie miteinander die Kirche bauten, so, wie sie gemeint und von Gott gewollt sei; mit diesen Gaben erkennten sie, was Gott ihnen sagt, in der verkürzten und vereinfachten Form, die ihnen gegeben wird.

Sagt nicht Luther: »Niemand versteht das Wort, außer so, dass der Geist es ihn lehrt.« Oder Augustinus: »Die nur verstehen seine Sprache, die sie an dem urteilenden Wahrheitssinn messen, der in ihnen selbst spricht.« Mit ihrer Fähigkeit also, Wahrheit zu erkennen, die ihnen der Geist Gottes gegeben hat.

Und von dieser Erfahrung aus können wir die Unabhängigkeit, die bekennende Freiheit verstehen, mit der viele ihren Richtern gegenübertraten bis hin zu Luthers »Hier stehe ich. Ich kann nicht anders«. Und das im Sinn von 2. Korinther 3,17:

»Gott ist der Geist.
Wo aber Gottes Geist ist, da ist Freiheit.«

Das Evangelium nennt den Geist das »Pneuma« und gebraucht damit einen Ausdruck, mit dem die spätgriechische Philosophie eine den Kosmos durchdringende und durchwirkende Kraft bezeichnete. In der lateinischen Kirche spricht man von »spiritus«. Dieses Wort bedeutet Wind, Hauch, Atem, aber auch Seele, Geist, ja Weltseele. Auch Schwung, Feuer, Selbstbewusstsein. Gemeinsam ist diesen Bedeutungen das Ungreifbare, vor allem der seltsame Gegensatz zwischen seiner Fremdheit und seiner alles erfüllenden Kraft.

Als junger Mensch las ich, während mir der christliche Glaube,
wie die Kirchen ihn darstellten, einigermaßen fremd blieb, bei
Meister Eckart, und war davon tief ergriffen:

»Darin liegt ein großes Übel,
dass der Mensch Gott in die Ferne rückt,
denn ob er selbst nun in der Ferne
oder in der Nähe sich aufhält,
Gott geht nie in die Ferne. Er ist beständig nah.«

Und:

»Die Seele nimmt ihr ganzes Sein unmittelbar aus Gott.
Darum ist Gott der Seele näher, als sie sich selbst ist,
und darum ist Gott im Grunde der Seele
mit seiner ganzen Gottheit.«

Und alles in mir stimmte dem zu. Ich habe schon gelegentlich
berichtet: Nach einer längeren Zeit der Lektüre von Meister Eckart
schrieb ich als Zwanzigjähriger aus dem Krieg nach Hause: »Wenn
das Christentum nicht seinen mystischen Hintergrund wiederentdeckt, hat es uns nichts mehr zu sagen.« Dem kann ich heute nur
zustimmen.

Die ganze Landschaft eines den Kontinent fressenden Feuers, das
den Namen Krieg trug, fand in solchen Gedanken Frieden. Und
der Streit in dem jungen Menschen, der mitten in einem Kampf-
auftrag stand, den er immer tiefer erlitt, kam zur Ruhe. Der Grund
der Seele wurde zur Zuflucht. Teresa von Avila würde von einer
»Seelenburg« sprechen.

Oder noch einmal Meister Eckart:

»Ihr sollt wissen, dass all unsere Vollkommenheit
und all unsere Seligkeit darin liegen,
dass der Mensch über alles Geschaffene und Zeitliche
und alles Wesen hinausgehe
und in den Grund steige,
der ohne Grund ist.«

»In unserem tiefsten Innern
will Gott bei uns sein.
Wenn er uns nur daheim findet
und die Seele nicht ausgegangen ist
mit den fünf Sinnen.«

Oder Johannes Tauler:

»Also soll der Mensch
mit großem Fleiß sich selber umgraben
und in seinen Grund sehen.«

Und Mahatma Gandhi:

»Ob ich Antwort bekam auf meine Gebete?

Da kann ich mich glücklich schätzen.
Ich habe niemals erlebt,
dass Gott mir nicht geantwortet hätte.
Ich habe ihn am tiefsten erfahren,
wenn es um mich her sehr dunkel war,
während meiner Leidenszeit im Gefängnis,
als es um mich nicht gut stand.
Ich kann mich an keinen Augenblick
in meinem Leben erinnern,
in dem ich das Gefühl gehabt hätte,
dass Gott mich verlassen habe.«

Es ist dabei entscheidend, dass hier nicht gesagt wird, wir erreichten Gott auf einem Weg nach oben, in eine geistige Zone, die über unserem normalen Bewusstsein liege, sondern durch einen Abstieg. *03.10.2022*

Dass unsere Seele einiges in sich hat an Tiefe, die wir zum Teil kennen, zum Teil auch nicht, wissen wir alle. Wir sprechen heute von »Tiefen«psychologie. Wir reden von einem Unbewussten in uns oder von einem Unterbewussten. Und wir wissen, dass dort immer und zu jeder Zeit Kräfte am Werk sind, die unser praktisches Verhalten bestimmen, auch wenn wir nichts von ihnen wissen. Dass von dort Impulse ausgehen, denen wir nicht viel entgegenzusetzen haben. Wir können heute wissen, dass die viel gerühmte Freiheit, die uns jene Kräfte unseres Unbewussten übrig lassen, sehr schmal ist und kaum den Namen Freiheit verdient.

Diese Tiefendimension der Menschenseele reicht in Schichten hinab, in die wir wenig Einblick haben, in noch tiefere Schichten, die wir absichtsvoll vor unserem Blick verschließen, und in dritte, die uns ganz unbekannt sind.

Es kommt also darauf an, uns selbst kennen zu lernen in dem Sinn, den eine mystische Schrift aus dem 16. Jahrhundert, die sich »Eine deutsche Theologie« nannte und die Martin Luther neu herausgab, im Auge hat:

»Sich selbst erkennen, wie man in Wahrheit ist,
das ist mehr wert als alle Wissenschaft.
Wenn du dich selbst erkennst, bist du vor Gott besser,
als wenn du, ohne dich selbst zu kennen,
die Bewegungen des Himmels,
aller Planeten und Sterne, die Kraft aller Kräuter,
das Wesen aller Menschen und Tiere verstündest
und wenn du dazu noch die Kunst aller derer hättest,
die im Himmel und auf der Erde sind.
Es war nie ein Weg in die Welt hinaus so gut,

dass es für einen Menschen nicht besser gewesen wäre,
zu sich selbst zu kommen.«

Wir werden also lernen, zu unterscheiden zwischen uns selbst und
dem Ich, das wir für uns selbst halten. Wir werden in uns selbst
absteigen müssen, in die Tiefengeschosse unserer Seele. Man stellt
sich das zwar häufig – und vor allem tut es allerlei esoterisches
Leichtgewicht – so vor, dass wir nur in uns selbst einzukehren
brauchten, um eine wohnliche Welt zu finden, ein behagliches Zuhause, ein Herz voll Licht und voll Frieden. Wir würden die Welt
verlassen und uns als glückliche Menschen wiederfinden. Aber
damit läuft man an aller wirklichen Selbsterfahrung vorbei. Denn
steige ich mit einem ehrlichen Wirklichkeitssinn in mich selbst ab,
so finde ich in mir selbst alles wieder, vor dem ich draußen in der
Welt weggelaufen war. Aber machen wir uns ein Spiel aus diesem
Abstieg:

Wir steigen also in unserem Seelenhaushalt abwärts. Im ersten
Untergeschoss ist alles klar. An der Tür steht: Hier wohnt ein guter
Mensch. Wenn wir eintreten, finden wir alles wohlgeordnet. Da
stehen wie alte Möbel alle moralischen Prinzipien herum, die dem
Bewohner als fest und bewährt gelten. In den Schubladen ruhen
alle die großen Überlieferungen, für die er eintritt. Da hängen wie
Lampen von der Decke alle die hohen Werte, die er schützt. Und
da hängt an der Wand sein eigenes Porträt, das einen gerechten,
geordneten und friedlichen Menschen zeigt.

Wir steigen ab ins zweite Untergeschoss. An der Tür steht: Hier
wohnt einer, der eine andere Welt braucht und einen anderen Gott.
Wenn wir eintreten, finden wir einen Bewohner in einer Ecke sitzen, der sich ausdenkt, was er täte, wenn er Gott wäre. Er würde
diese ganze verkommene Menschenwelt in seine großen Hände
nehmen und durchschütteln. So, dass alle die schönen Häuser, alle
die stolzen Gedanken und Reiche zu Staub zerfielen. Ja, in dieser
Rolle würde er sich wohl fühlen. Und wie er sich weiter mit seinen
Tötungswünschen beschäftigt, findet er: Ja, so müsste das gehen.

Gott müsste mit dem Feuer seines Gerichts all die Nester der Lügner, der Gewalttäter und Ausbeuter ausbrennen. Er müsste alle Gottlosigkeit und Arroganz ausräuchern. Für einen solchen Gott wollte er der ganzen Welt widerstehen. Er verlegt alles, was er an sich selbst verurteilen müsste, hinaus in die böse Welt oder in andere Menschen, so dass er in dem Bewusstsein leben kann, er sei als armes Lamm umstellt von Wölfen oder Drachen. Aber Gott, der ihm helfen könnte, tut nichts gegen alles, was ihn da bedroht.

In einem dritten Untergeschoss endlich geraten wir in eine lichtlose Rumpelkammer, in der alles herumliegt, was wir vergessen haben, was wir nicht wissen wollten, was wir darum verdrängten. In eine Höhle unterdrückter Triebkräfte, ein Tiefenversteck für alle unsere lichtscheuen Regungen und Gedanken. Dorthin verweist Jesus, wenn er zu bestimmten Menschen sagt:

»Ihr seid Gräbern gleich,
die äußerlich hübsch geschmückt,
innen aber angefüllt sind
mit Totengebein, Gestank und Moder.«
Matthäus 23,27–28

Der Raum ist rundum tapeziert mit Angst. Dort liegt alles Beschämende herum, das wir nicht wahrhaben wollen, alle die Masken, unter denen wir unser Gesicht verbergen. Alle die hundert Widersprüche in uns selbst. Alles, was im Haushalt unserer Seele nicht funktionieren will.

Gibt es von hier aus noch mehr? Ist da noch eine Treppe, die tiefer führt? Vielleicht, wenn wir noch tiefer absteigen, betreten wir einen schwach erleuchteten Raum, in dem an den Wänden viele Bilder hängen, wie sie aus uralter Zeit überliefert sind. Bilder von Gestalten, die uns zurechthelfen könnten, uns korrigieren, uns Wege zeigen. Bilder, die wir zu Helfern erwecken könnten. Bilder, in denen die Menschheit uns zeigen will, wie wir in uns selbst eine notdürftige Ordnung schaffen könnten, etwas wie Klarheit. Wir werden sie also anschauen, wie sie uns teilnehmend, freundlich oder abweisend und bedrohlich ansehen und uns fragen, wie wir uns denn das große Aufräumen in den drei oberen Geschossen vorstellen.

Wenn wir aber nun diesen Raum verlassen und nach der großen Wendeltreppe suchen, die uns hier herabgebracht hat, dann mag es geschehen, dass uns jemand an der Hand nimmt und uns in großer Dunkelheit noch tiefer hinabführt. Meister Eckart, der große Seelenkundige, spricht von einem noch tieferen Ort in uns und nennt ihn den »Grund der Seele«. Wenn du dorthin kommst, sagt er, wird es sehr still. Der Raum, den du betrittst, öffnet sich sehr groß und weit vor dir. Er ist viel größer, als deine eigene Seele sein kann, und in ihm begegnest du dem, der größer ist als du. Meister Eckart sagt: »In deiner Seele ist eine Kraft, die nicht die deine ist und nicht aus dir selbst kommt. Sie kommt aus dem Geist Gottes und sie erfüllt deinen Grund ganz und gar.« Du kommst in einen Raum, in dem die Erfahrung Gottes beginnt. Und du beginnst zu fühlen: Das ist der wirkliche Gott. Nicht der erträumte, nicht der ausgedachte. Sondern der, der mich berührt mit seinem leisen, andringenden Wort.

Von diesem Grund spricht Jesus, wenn er sagt: Du bist ein Acker, in dem ein Schatz ruht. Grabe dich um, grabe dich auf und suche nach ihm. Und am Ende hole ihn heraus. Jesus sagt in seinen Gleichnissen vom Ackerfeld, was die Seele sei, so: Verstehe dich recht! Es muss in dir nicht alles so bleiben, wie es ist. Es kann in dir Neues entstehen. Wenn nämlich in den Grund deiner Seele jemand ein Korn wirft. Das Saatgut, das du brauchst, damit etwas in dir wächst, ist ein Wort, mit dem Gott dich anspricht. Dieses Wort kommt zu dir einerseits auf dem Weg, dass es dir ein Mensch in Gottes Auftrag ins Ohr spricht. Andererseits auf dem Wege, dass du es nur selbst hörst. Horche also! Du wirst immer deutlicher verstehen, was es dir sagen will. Gib ihm, diesem inneren Wort, deine Antwort. Lass es weiter reden. Gib ihm Raum. Sieh zu, dass es nicht verstummt. Sieh zu, dass es geschützt bleibt. Aus ihm will in dir ein neuer Mensch entstehen.

Was also, konkret gefragt, spielt sich im Grund meiner Seele ab? Ich stehe dort und höre – so berichten viele – ein sehr leises, aber deutliches Wort. Indem ich es höre, weiß ich zugleich, dass mich dieses Wort angeht und dass es Gott ist, der es spricht. Es ist ein gütiges, ein liebevolles Wort. Ich stehe dort und fühle mich – so berichten andere – zu Hause. Ich fühle, dass sich mir eine Liebe zuwendet, die nicht aus mir selbst ist. Ich stehe dort – so berichten Dritte – und finde eine Antwort auf das Gehörte, die ich sonst nicht gefunden hätte. Wieder andere reden von Bildern, die sie dort gesehen hätten, Bildern ihrer selbst, die sie trösten. Oder von Bildern, die ihre krausen Vorstellungen von Gott zurechtrücken. Oder von Bildern des Tuns und Lebens, die sie zu verwirklichen hätten. Oder von Bildern der Zukunft erlöster, befreiter Menschenkinder. Oder wie solche Gotteserfahrung immer geschehen mag.

Was dort zu uns kommt, ist ein Zeichen von jenem Umfassenden, das wir Gott nennen. Und wir nehmen es auf in dem Versunkenheitsbewusstsein, von dem die spirituellen Meister sprechen. Und zwar als das Zeichen eines persönlichen, eines zugewandten Gottes, oder auch als das Zeichen eines Gottes, der ganz anders ist als persönlich, nämlich überpersönlich, transpersönlich oder wie immer man andeuten mag, dass Gott mit der »Person«, die wir Menschen sind, nicht zu erfassen ist.

Dieses Sichabkehren vollzieht sich anders in der Meditation als in der täglichen Arbeit. Aber immer ist das Ziel das Hören eines Wortes:

»Lausche auf Wunder. Draußen sehen wie drinnen, begreifen und umgriffen werden, schauen und zugleich das Geschaute selbst sein, halten und gehalten werden, das ist das Ziel, an dem der Geist in der Ruhe verharrt, der Ewigkeit vereint« (Meister Eckart).

So wirst du erleuchtet sein. Hell geworden. Wach geworden. Es geht nicht um die Verschmelzung der Seele mit Gott. Es geht um das Hören des stillen Wortes, das Gott in der Seele, in ihrem Grunde, spricht. Heinrich Seuse sagt:

»Du musst dich bis in den tiefsten Grund
deiner entledigen.
Unergründlich tief. Aber wie?
Fiele ein Stein in ein abgrundtiefes Wasser,
der müsste immer weiter fallen;
denn er fände keinen Grund.
So sollte der Mensch unauslotbar tief sinken
und tief fallen in den unergründlichen Gott
und in ihm gegründet sein ...
und er sollte seines eigenen Grundes
nie dabei gewahr werden,
nicht an ihn rühren,
nicht ihn trüben,
auch nicht nach seinem eigenen Selbst suchen,
er sollte Gott allein im Sinn haben,
in den er versunken ist.«

Und Johannes Tauler:

»Das Reich Gottes,
das ist Gott allein und nichts anderes.
Wenn ein Mensch dahin gekommen ist,
nichts anderes zu meinen
noch zu wollen noch zu begehren,
so wird er selber Gottes Reich,
und Gott herrscht in ihm
in seinem innersten Grunde.«

55   Gott spricht innen, und er spricht leise

»Als mein Gebet immer andächtiger und innerlicher wurde,
da hatte ich immer weniger und weniger zu sagen.
Zuletzt wurde ich ganz still«,
sagt Sören Kierkegaard.

»Ich wurde, was womöglich
ein noch größerer Gegensatz zum Reden ist,
ich wurde ein Hörer.

Ich meinte erst, Beten sei Reden.
Ich lernte aber,
dass Beten nicht nur Schweigen ist, sondern Hören.

Beten heißt nicht sich selbst reden hören,
beten heißt still werden und still sein
und warten, bis der Betende Gott hört.«

Und Meister Eckart:

»Wir hören viel,
aber wir hören erst eigentlich,
wenn wir die wirren Stimmen
haben ausklingen lassen
und nur noch eine spricht.

Wir sehen viel,
doch wir sehen erst eigentlich,
wenn wir die wirren Lichter
alle ausgeblasen haben
und nur das klare, eine, große
in der Seele leuchtet.«

Es gibt in der Bibel einen Bericht, der genau schildert, wie das zugehe und wie ein bestimmter Mensch dies erfahren habe. Es ist jene große mystische Erzählung von dem Propheten Elia, der mit seinem Auftrag scheiterte, von den Menschen bedroht und von der Regierung seines Landes verfolgt in die Wüste floh, in eine Höhle einstieg und dort anfing, Gott Vorwürfe zu machen, vor allem den Vorwurf, Gott habe ihn in seinem Kampf im Stich gelassen. In jener Höhle aber begann er nun zu horchen, ob er die Stimme Gottes nicht auf irgendeine Weise in den Geräuschen jener Gebirgslandschaft vernehmen könne. Er hörte einen Sturm, einen Orkan, der an den Bergen riss. Aber er wusste: Das ist Gott nicht. Später spürte er ein Erdbeben, und die Höhle zitterte. Aber Gott war nicht im Erdbeben. Nach dem Erdbeben kam das Feuer eines Gewitters, aber Gott sprach nicht durch den Donner oder den Blitz. Nach dem Feuer kam ein stilles, sanftes Sausen. Als Elia das hörte, wusste er: Das ist Gott! Er verhüllte sein Gesicht mit dem Mantel und trat in den Eingang der Höhle, um zu hören, was Gott mit ihm reden wolle. In diesem leisen Wehen, von dem er nicht zu wissen brauchte, ob es zwischen den Gebirgsstöcken draußen oder in ihm selbst erging, begann er zu hören, was Gott ihm sagte. Und er hörte die leise Stimme, die ihm sagte:»Was hast du hier zu tun, Elia? Geh zurück in die verworrenen Verhältnisse in deinem Land und sage dein Wort« (1. Könige, 19,9–15).

Ein anderer biblischer Zeuge spricht von jenem sprechenden Gott so:»Das Gotteswort, das dir gilt, ergeht nicht im Himmel, so dass du sagen müsstest: Wer will für uns in den Himmel fahren und es uns holen, damit wir es hören und tun? Es wird auch nicht jenseits des Meeres laut, so dass du sagen müsstest: Wer will für uns übers Meer fahren und es uns holen, damit wir es hören und tun? Denn das Wort ist ganz nahe bei dir, in deinem Mund und in deinem Herzen« (5. Mose 30,12–14).

Ähnlich spricht Dag Hammarskjöld, der große Mann der Vereinten Nationen. Er sagt:

»In dem Vertrauen,
das auf Gottes Einung mit der Seele gründet,
bist du eins mit Gott und Gott ist völlig in dir,
wie er ganz für dich ist in allem, das dir begegnet.

In diesem Vertrauen
steigst du im Gebet hinab in dich selbst,
um dem Anderen zu begegnen,
im Gehorsam gegenüber der Einung und in ihrem Licht.
Alle aber stehen für dich, wie du, allein vor Gott.

In diesem Vertrauen
ist unser Tun ein fortwährender Schöpfungsakt,
und er geschieht in dem Bewusstsein,
mit dem du eine menschliche Verantwortung trägst,
gleichwohl aber wird er gesteuert
von der Kraft jenseits des Bewusstseins,
die den Menschen schuf.

In diesem Glauben bist du frei von den Dingen,
du begegnest in ihnen einer Erfahrung,
die die befreiende Reinheit
und die enthüllende Schärfe einer Offenbarung in sich hat.«

Oder auch:

»Ich weiß nicht, wer – oder was – die Frage stellte.
Ich weiß nicht, wann sie gestellt wurde.
Ich weiß nicht, wann ich antwortete.
Aber einmal antwortete ich Ja zu jemandem –
oder zu etwas.

Von dieser Stunde her rührt die Gewissheit,
dass das Dasein sinnvoll ist und dass darum mein Leben,
in Unterwerfung, ein Ziel hat.
Seit dieser Stunde habe ich gewusst, was das heißt,

›nicht hinter sich zu schauen‹,
nicht ›für den anderen Tag zu sorgen‹.

Ich bin durch das Labyrinth des Lebens geleitet worden,
durch den Ariadnefaden dieser Antwort.
So habe ich eine Zeit und einen Ort erreicht,
an dem ich weiß,
dass mein Weg zu einem Triumph führt, der Untergang,
und zu einem Untergang, der Triumph ist.
Dass der Preis für den Einsatz des Lebens Schmähung
und dass die tiefste Erniedrigung jene Erlösung bedeutet,
die dem Menschen zugesagt ist.
Seitdem hat das Wort ›Mut‹ seinen Sinn verloren,
da mir ja nichts genommen werden kann.«

Wir sind damit wieder an dem Punkt, den Jesus den Menschen
seines Landes gegenüber festmacht. Er sieht sie mit ihren Holz-
pflügen über ihre Äcker gehen und nimmt das Bild auf: Die Erde,
über die ihr geht, seid ihr selbst. Ihr seid Erde, gute, fruchtbare
Erde. Ich werfe wie ein Sämann Gottes Wort in euch, und in der
Verborgenheit eurer Seele will es aufquellen, wachsen und Frucht
bringen. Das Wort, das euch von Gott her zugesprochen wird,
ergeht in großer Stille. Was in euch reifen will, ist die Nähe und
Kraft Gottes, die ich sein »Reich« nenne. Dieses kommende Reich
ist eine Gewalt, die eure Herzen ergreifen will, die in euch wirken
will und zu euch sprechen, die dann von innen nach außen drängt
und euer Leben und das der Menschen um euch her verändert. So
Jesus.

Dabei ist entscheidend, festzuhalten: Das Wort, das ich so in mir
vernehme, ist nicht mein eigenes Wort. Ich spreche es nicht mir
selbst zu. Und wichtig ist auch, festzuhalten: Dort, in der Tiefe unserer Seele, wo Gott uns nahe kommt, ist nicht unser Aufenthaltsort
für unser restliches Leben, nicht unsere lebenslange, beschauliche
Fluchthöhle. Wenn wir dem inneren Wort lange genug und genau
genug zugehört haben, werden wir hören, was es am Ende sagt wie

Jesus zu Lazarus: »Komm heraus!« Komm heraus zu den Menschen und lebe mit ihnen anders. Sie brauchen, dass du sagst, was du erfahren hast. Komm also heraus mitten in den Jahrmarkt, der im Grunde ein Schlachtfeld ist, und halte dabei den Frieden fest, den Gott dir mitgibt. Er gibt dir mit seinem stillen, sanften Wort eine Lebenskraft, die größer ist als deine eigene. Eine Klarheit, die dich ordnet. Ein Vertrauen, dass dir Gewissheit gibt. Sage dir also mitten im Gewühl der Menschen: Ich bin ein Ort Gottes. Mehr kann ich nicht werden. Mehr soll ich nicht sein.

Wir können beim Sprechen Gottes auch von einem Hindurchklingen sprechen. Von einem Hindurchtönen durch die vielen Stimmen in uns, die Töne und Klänge unserer Seele. Und unsere Seele wird dabei zu einem Klangraum, wie das Dasein überhaupt es ist.

Das Äußerste, das einem Menschen an Gotteserfahrung geschehen kann, schildern die Propheten des Alten Testaments. Sie berichten, wie sie einen Anruf Gottes hörten, der sie aus ihrem bis dahin geführten Leben herausriss und ihnen den Auftrag gab, das ihnen gesagte Wort Gottes ihrem Volk weiterzusagen. Wobei hinzuzufügen ist, dass ein solcher Anruf auch von vielen bezeugt wird, die in den drei Jahrtausenden seitdem in Gottes Auftrag ihr Wort gesagt haben.

Das ist das charakteristisch immer Wiederkehrende: Dass da ein Mensch sich der Öffentlichkeit seiner Zeit entgegenstellt mit dem Bewusstsein: Mich hat Gott aus der Menge der Menschen herausgerufen! Mich hat er angesprochen! Mir hat er ein Amt gegeben und einen Auftrag! Nämlich den Menschen weiterzusagen, was Gott ihnen sagen will. So sagt Amos:

»Gott, der Herr, ließ mich schauen.
Und wirklich: Da stand ein Korb mit reifem Obst!
Da sprach Gott zu mir: Reif zum Ende ist mein Volk Israel.«

Amos 8,1–2

Oder Jesaja:

»Ich hörte die Stimme des Herrn, wie er sprach:
Wen soll ich senden, wer will mein Bote sein?
Ich antwortete: Hier bin ich! Sende mich!«

Jesaja 6,8

Oder Jeremia:

»Des Herrn Wort erging an mich:
Ich kannte dich, ehe ich dich im Mutterleibe bereitete,
und sonderte dich aus und bestellte dich
zum Propheten für die Völker.

Ich aber sprach: Ach, Herr, Herr!
Ich tauge nicht zum Propheten.
Ich bin zu jung ...

Und der Herr rührte meinen Mund an und sprach zu mir:
Das soll gelten: Ich lege mein Wort in deinen Mund.«

Jeremia 1,4–10

Oder Hesekiel:

»Gott sprach zu mir: Du Mensch!
Stelle dich auf deine Füße, ich will mit dir reden ...
Und er sprach: Du Mensch!
Ich sende dich zu den Israeliten,
zu dem abtrünnigen Volk.«

Hesekiel 2,1–3

Prophet zu sein war eine Berufung, die in die Lebensverhältnisse dieser Menschen tief eingriff. Von einem Augenblick zum anderen verändert sich ihre ganze, nicht nur religiöse Existenz. Und so werden manche von ihnen erst unter dem unausweichlichen Zwang des redenden Gottes zum Propheten. Jeremia etwa sagt:

»Du hast mich betört, und ich habe mich betören lassen.
Du bist mir zu stark geworden und hast mich überwältigt.«

Jeremia 20,7

Amos spricht ähnlich:

»Der Löwe hat gebrüllt – wer soll sich nicht fürchten?
Gott hat gesprochen, wer ist da nicht gezwungen zu weissagen?«

Amos 3,8

Oft sind solche Berufungen mit Visionen verbunden, die die besondere Färbung des prophetischen Auftrags darstellen. Oft auch beschreibt ein Prophet, was bis ins Körperliche hinein mit ihm geschah, während er das Wort, das ihm gesagt wurde, aufnahm:

»Wie Stürme vom Südland einherfahren,
kommt's von der Wüste, aus schrecklichem Lande.
Eine harte Schau ist mir eröffnet:
›Der Räuber raubt, der Verwüster verwüstet …‹
Darum sind meine Hüften voll Krampf,
Wehen haben mich ergriffen, wie die Wehen einer Gebärenden.
Verstört bin ich vom Hören, bestürzt vom Sehen,
die Sinne taumeln mir, Entsetzen hat mich erfasst;
die Dämmerung, sonst mein Begehren,
ist mir zum Grauen geworden.«

Jesaja 21,1–4

Wie soll man solche Erfahrungen deuten? Als »ekstatisch« kann man sie eigentlich nicht bezeichnen, das Wort ist zu ungenau. Zudem schwindet dem Propheten nicht das Bewusstsein, wer dieses angesprochene Ich sei. Neu für die Geschichte der Religion war damals, dass der Prophet mit seiner Verantwortung und Entscheidungsmöglichkeit in einer bis dahin nicht erlebten Weise konkret behaftet wurde. Man mag von einem außergewöhnlichen Erregungszustand sprechen. Das Ich des Propheten wird nicht ausgeschlossen und nicht gemindert, sondern gerade mit einer Deutlichkeit gesteigert, die für Menschen der Kultur von damals noch nicht gegolten hatte.

Andererseits hat nie ein Prophet in irgendeiner Weise eine Verschmelzung mit Gott erlebt. Ihr Zustand stellt keine mystische Möglichkeit dar, die damals hätte im religiösen Raum gedacht werden können. Man mag zu dem Schluss kommen, es habe sich um temporäre, abnormale Bewusstseinszustände gehandelt, verbunden mit einer extremen Steigerung der Affekte. Die Propheten werden nicht identisch mit Gott, wohl aber mit seiner Absicht, seinem Wollen, seinem Plan und seinem Wort. Sie werden nicht etwa willenlos, sondern Werkzeuge, deren Wille und konkrete

Rhetorik, deren Erleiden und Durchhalten gefordert wird. Aber sie stehen immer vor der Gefahr, dass ihr Wort scheitert, dass es zwar gesagt wird, aber unwirksam bleibt und also die Katastrophe, vor der gewarnt werden soll, alles verschlingend eintrifft. Jeremia etwa, der sich gegen seine Berufung gewehrt hat, wehrt sich auch während seines späteren Lebens, aber er tut, was ihm aufgetragen ist, und erlebt den Zusammenbruch von allem, was zu schützen er berufen wurde.

Anders berichtet der zweite Jesaja. Er spricht nicht von einer einmaligen Offenbarung Gottes an ihn, sondern von einem Zustand, der über lange Zeiträume anhielt:

»Gott, der Herr, hat mir eine Zunge gegeben,
wie Jünger sie haben, so dass ich weiß,
mit den Müden zur rechten Zeit zu reden.
Alle Morgen weckt er mir das Ohr,
dass ich höre, wie Jünger hören.
Er hat mir das Ohr geöffnet.
Ich bin nicht ungehorsam und weiche nicht zurück.«

Jesaja 50,4.5

Er ist selten, der große Augenblick, in dem eine Berufung dieser Art geschieht. Und wir alle tun gut daran, auf die vielleicht sehr viel leisere Stimme zu achten, mit der Gott uns aus einer bestimmten Situation herausruft, um uns auf ganz anderen Wegen zu sich zu holen. Das aber geschieht nun wiederum häufiger, als uns scheinen will.

XIII

Die Schlüsselgestalt, die unsere
Wandlung auslöst, ist der
absteigende Christus und seine Liebe

57   In Christus steigt Gott ab in die Dunkelheit der Menschengeschichte

Zweierlei sagt Jesus über Gott aus: Er steigt ab und kommt uns nahe. Und: Er tut das, weil er uns als unser Vater liebt. Er wird also erfahrbar. Er nimmt uns in seinen Schutz. Er geht in unsere Schicksale ein, in unsere Situationen und in die Herzen und Seelen von uns Menschen.

Genau dem entsprechend wird der Weg Jesu in dem bekannten Hymnus des Philipperbriefs geschildert (Philipper 2,5–11). Jesus nahm sein Lebens- und Todesschicksal auf sich, weil er uns liebte. Und wenn wir ihm nachfolgen, so werden der Verzicht auf Status, Würde und Recht und der Abstieg in die dunklen Untergeschosse des Menschenlebens das Merkmal für unser Leben sein. Die Ethik Jesu sagt darum: Steige ab, bis du in Augenhöhe bist mit dem, der deiner Liebe bedarf. Dann liebe, und du wirst keiner Moral und keiner Vorschrift mehr bedürfen. Steige ab. Liebe dort unten. Und dann tu, was du willst.

Aber tu es nicht als der Großzügige, Opferwillige, der Gutmensch. Sondern als der, der weitergibt, was er empfangen hat. Als der, zu dem Gott abstieg. Als der, der den Weg Jesu sieht und seine Anrede hört. Steige ab als der Reiche, der alles empfangen hat und der es weitergibt. Als der, der Gottes Liebe erfahren hat. Viel mehr als das muss über die christliche Ethik oder das Handeln eines Christen nicht gesagt werden. Es ist alles und das Ganze.

Der Liebende kann die Dunkelheit wagen. Niemand hat die Fülle der Empfindung oder der Intuition, wie sie der Liebende hat, die ganze Breite zwischen Hoffnung und Enttäuschung, zwischen Geborgenheit und Verlassenheitsgefühlen, zwischen Helligkeit und Klarheit einerseits, der Rätselhaftigkeit und Abgründigkeit des Daseins andererseits. Liebe ist ein so kostbares Gut, dass es seltsam wäre, ein Mensch wäre nicht glücklich, wenn sie ihm geschenkt wird, und er ängstige sich nicht davor, sie zu verlieren. Niemand ist so offen, so verletzlich und so bereit, aufzunehmen, was ihm entgegenkommt, wie der, dessen Leben von einer Liebe bestimmt ist.

Er sieht mehr von der Dunkelheit dieser Welt und mehr von ihrem Licht. Und er hat heilende Kräfte für den nachtkranken Menschen in seiner Nähe. Er wird das Böse, vor allem das Böse im anderen Menschen, nicht mehr hassen können. Er wird auch etwas wie »Sünde« nicht mehr geißeln. Er wird keine moralischen Lehren erteilen. Der Gegensatz zwischen ihm selbst und den anderen, auch den Bösen unter den anderen, wird sich auflösen, einfach dadurch, dass er liebt. Und diese Verwandlung der Wirklichkeit in eine »Welt vor Gott« wird geschehen in ihm selbst, in der Stille des unausgesprochenen, in Gott gelebten Gebets.

58 An uns soll die Wandlung in den christusförmigen Menschen geschehen

Für den Protestantismus wäre es ein wichtiger Schritt, wenn es ihm gelänge, von der Rechtfertigungslehre weiter zu gehen zu den tiefen Gedanken der paulinischen Mystik.

Die Rechtfertigungslehre gilt als das Hauptstück eines evangelischen Glaubens. Sie stellt fünf Sätze in die Welt:
Das Leben und die Gerechtigkeit vor Gott erlangen wir allein durch Jesus Christus.
Der Grund unserer Gewissheit ist allein das Wort und die Heilige Schrift.
Unser Glaube ist reines Geschenk. Was gelingen soll, gelingt allein durch den Glauben.
Die Gerechtigkeit vor Gott empfangen wir nicht durch ein Anrecht, sondern allein durch Gottes Gnade.
Den Sinn und das Maß unseres Handelns gewinnt unser Glaube wiederum allein durch Christus.

Darüber spricht Paulus in den ersten Kapiteln des Römerbriefs. Aber er tut einen entscheidenden zweiten Schritt. Er entfaltet eine mystische Vision von der Zielgestalt des von Christus geprägten Menschen. Wer nach der Rechtfertigungslehre die Paulusbriefe schließt in der Meinung, damit sei alles gesagt, lebt an viel Wichtigem vorbei.

Was Christus an uns bewirkt, verwandelt oder neu schafft, das schildert Paulus in seinen Betrachtungen zu Wachstum und Wandlung, zu Erleuchtung, zu Spiegelung und zu unserer Gestaltwerdung nach der Gestalt Christi. Diese seine mystischen Gedanken sind gerade uns Protestanten bis heute sehr fremd geblieben.

Eine solche Mystik beginnt damit, dass Paulus nicht wie Jesus davon spricht, in uns wachse das Reich Gottes, sondern in uns wachse, lebe und reife Christus, und unser Ziel sei, seine erwachsene Gestalt in uns zu tragen.

Und so sagt er, wo er auch sagen könnte: »Gott ist in mir« oder »das Reich Gottes ist in mir«, lieber: »Christus ist in mir«. Und er sagt, wo er auch sagen könnte: »Ich bin in Gott«, lieber »ich bin in Christus«. Denn was zwischen Gott und mir geschieht, das geschieht im dichten Zusammenhang meiner Zugehörigkeit zu Christus.

Durch Gottes Berufung seid ihr »in Christus Jesus« (1. Korinther 1,30). An etwa sechzig Stellen spricht Paulus so oder ähnlich. Er sagt aber auch das Umgekehrte, das dem »Wir in Christus« scheinbar widersteht, nämlich Christus sei »in uns«.

»Meine Kinder, für die ich abermals in Wehen liege,
bis Christus in euch Gestalt gewinnt … (Galater 4,19),
merkt ihr denn gar nicht, dass Christus in euch ist?«
2. Korinther 13,5

Dieser letzte Satz ist bezeichnend. Paulus schreibt nicht, das gelte es zu glauben, dass Christus in den Christen von Korinth sei. Sondern: Merkt ihr denn nichts davon? Die ganze Neuprägung unseres inneren Menschen ist eine Sache des Bewertens, des Erfahrens. Der Mangel, sagt er, ist, dass es euch fehlt an der Fähigkeit, die Gegenwart des Christus in euch zu erfahren.

Diese »reziproke Immanenzformel« ist eine für alle Mystik bezeichnende Redeweise, die sich rational auf keine Weise ausgleichen lässt. »Ich bin in Gott«, »Gott ist in mir«, gleichzeitig gesagt und gleichwertig gültig, geht durch alle theistische Mystik dieser Erde, wie immer im übrigen von Gott die Rede sein mag.

Wo Jesus vom Acker sprach, spricht Paulus von »mir« oder von »euch«. Wo Jesus von der ausgestreuten Saat sprach, redet Paulus vom Geist. Der Geist ist bei ihm Ausdruck für die Abwärtsbewegung des Christus, für die Herabkunft Gottes in unsere Welt und in unsere Seele. Für das Leben des Christus in uns. Und so kann er sagen:

»Ich lebe, aber nicht ich lebe,
sondern Christus lebt in mir«.

Galater 2,20

Paulus verbindet auch beide Gedankenreihen und spricht vom »Einssein mit Christus«:

»Bei uns gilt einer nicht als Jude oder Grieche,
als Mann oder Frau,
ihr seid vielmehr alle miteinander ein Gesamtmensch,
weil ihr miteinander in Christus seid.«

Galater 3,27–28

Das bedeutet nicht: Ihr gehört »irgendwie zusammen«, sondern: Dadurch, dass wir in Christus sind, wird Christus zu einem neuen Bild, das wir werden sollen. Wir sind danach sein »Leib«, das heißt seine sichtbare Person.

»Ihr seid der Leib Christi und jeder von
euch eines seiner Glieder.«

1. Korinther 12,12

Dieser Leib Christi ist der leidende Leib. Und so sagt Paulus: »Ich bin mit Christus gekreuzigt.« Oder der Kolosserbrief: »Seid ihr nun mit Christus auferstanden, so sucht, was droben ist, denn ihr seid gestorben, und euer Leben ist verborgen mit Christus in Gott.«

Kolosser 3,1–3

Das alles mündet in die neue und kühne Vorstellung vom »inneren Menschen«:

»Darum werden wir nicht müde,
sondern wenn auch unser äußerer Mensch zerfällt,
so wird doch der innere von Tag zu Tag erneuert.«

1. Korinther 4,16

Oder:

»Wir spiegeln alle mit offenem Gesicht
den Lichtglanz des Christus.
Mehr und mehr wandelt er uns in sein Spiegelbild,
in die Lichtfülle, die aus Gott kommt.«

2. Korinther 3,18

Die Mystik des Paulus ist im Kern eine Wandlungsmystik. Er sagt: Wir schauen Christus. Wir schauen die Herrlichkeit Gottes. Was wir aber schauen, verwandelt uns. Schauen verbindet den, der schaut, mit dem, was oder wen er schaut. Schauen aber ist eine Form nicht unseres Glaubens, sondern der Erfahrung. Was einer schaut, das nimmt er wahr. Davon lässt er sich formen. Prägen. Verändern. Und so entsteht in uns, wenn wir Christus schauen, der neue Mensch, der nach Christus gestaltet ist. Sein Bild prägt uns um zu unserer eigentlichen, eigenen Gestalt.

Paulus verwandelt so die Ferne Gottes in den erfahrbaren Christus. Mystik wird bei ihm zur Lebenserfahrung, die alle Sinne gemeinsam gewinnen. Der ostkirchliche Mystiker Symeon sagt es in seiner 7. Hymne so:

»Du bist flutendes Feuer, erquickendes Wasser,
verzehrst und fließest über von Wonne
und befreist von Verderbnis.
Menschen machst du zu Göttern, Finsternis zu Licht,
du führst aus der Welt der Toten zurück
und beschenkst die Toten mit Unvergänglichkeit.

Du schließest die Tür der Nacht zu mit eigener Hand.
Du umgibst das Herz mit dem Schimmer des Lichts.
Du wandelst mich ganz und gar.
Du verbindest dich mit Menschen und machst sie zu Göttern.
Du entflammst sie mit deiner Liebe,
mit deiner Kindschaft, mit Gnade, mit deinem Geist.
Du vereinst, o Gott, wunderbar alles, was von dir getrennt ist.«

Was wir nach Paulus gewinnen können, ist jener »Mut zum Sein«, den Jesus als »Sorglosigkeit« bezeichnet. Mut, in der Welt zu stehen. Sich dem unberechenbar Lebendigen auszusetzen. Mut, zu widerstehen, wo deformiert oder zerstört wird, Mut, seinen Glauben dem Anspruch von Mächten aller Art entgegenzustellen. Mut, ein »Liebhaber des Lebens« zu sein in dem Sinn, in dem der Dichter des Buches der »Weisheit Salomos« dies von Gott sagt (Weisheit 11,26). Es ist jene überlegene Leichtigkeit, die Jesus auch mit Seligkeit bezeichnet, das freie Gehen auf einem zukunftsgewissen Weg, der uns lehrt, »zu merken«, dass Christus in uns und wir in Christus sind.

»Glaube ist ein Baum.
Er wächst in der Wüste.
Glaube lebt in der Hoffnung,
vergeblich zuweilen,
dass Gott den Regen schickt.
Glaube ist zärtliches Vertrauen,
vergeblich zuweilen.«
M. F. Dei-Anang (Afrika)

59 Gotteserfahrung als Erfahrung einer liebenden Nähe: die Frauenmystik

Es sind vor allem Frauen, die Gott erfahren, wie er ihnen innewohnt und sie ganz mit seiner Liebe ausfüllt. Das gibt es nun nicht nur im Christentum, sondern in vielen Religionen der Erde: die Erfahrung einer Liebe, die alle Elemente einer menschlichen Liebesbeziehung zu ihrer Deutung heranziehen muss, weil nichts Stärkeres an Erfahrung unter den Menschen zu Gebote steht. Insbesondere ist es die Frauenmystik des Islam und des Christentums, aber auch der indischen Religionen, die sich mit oft gewagten Worten der menschlichen Liebessprache einer Deutung dieser Gotteserfahrung nähert.

Eine der großen Frauen, die das Liebesdrama zwischen Gott und ihr selbst schildern, ist Rabia, eine islamische Mystikerin aus Basra, im 8. Jahrhundert:

»Auf zwei Weisen habe ich dich geliebt:
mit einer selbstsüchtigen Liebe
und mit einer Liebe, die deiner wert ist.

In der Liebe, in der ich mich selbst suche,
finde ich meine Freude in dir
und bin für alle anderen blind.

In der Liebe, die deiner wert ist,
hebst du den Schleier,
und ich sehe alles.

Aber nicht meine Kraft ist es, die dich liebt,
sondern in dieser wie in jener Liebe
geschieht alles aus dir.«

Mit einer in der Ekstase gewonnenen Entschiedenheit spricht Arjun, ein indischer Mystiker des 16. Jahrhunderts, davon:

»Nach dir verlange ich.
Nach dir dürste ich, o Gott!
Mein Herz geht auf in dir.
Wie ein Kind satt wird, wenn es Milch trinkt,
wie ein armer Mann Trost findet, wenn er reich wird,
wie ein Durstiger erquickt wird, wenn er Wasser findet,
so wird mein Herz glücklich in deiner Nähe, o Gott,
und leuchtet wie eine Lampe in der Dunkelheit.

Wie einer, der voll Sehnsucht nach seiner Gattin ausschaut,
glücklich wird, wenn er ihr begegnet,
so hüpft mein Herz vor Liebe, wenn du mir nahe kommst,
o mein Gott.«

Die Religionsgeschichte der letzten dreitausend Jahre ist voll solcher Stimmen. Laotse spricht von der Liebe, mit der der Himmel den Menschen schützt, auch Dschuang tse tut es. Es gibt Stimmen aus dem Zen-Buddhismus, die so reden, oder viele aus den Naturreligionen. Was immer sie Gott nennen – die Erfahrungen, aus denen solche Worte herrühren, nämlich Begegnungen mit einer unendlichen Liebe, und der Drang, ihr zu entsprechen, sind deutlich.

Insbesondere die christliche Glaubensgeschichte hat eine Fülle von Stimmen, die ähnlich sprechen oder singen. So Gertrud von Helfta, die man »die Große« genannt hat (13. Jahrhundert):

»Gib, dass ich anfange,
mich selbst zu verlassen und in dir,
mein Geliebter, außer mir zu geraten.
Ich will mich selbst in dir so verlieren,
dass von mir in dir keine Spur bleibt.

Verwandle mich so ganz in eine leidenschaftlich Liebende,
dass in dir zunichte wird all meine Unvollkommenheit
und ich außer dir keinen Geist mehr habe.

Möge ich untergehen in der Flut deiner Liebe,
wie der Tropfen des Meeres untergeht
in der Fülle des Wassers.

Ja, ich komme zu dir, mein Gott, du verzehrendes Feuer.
Zieh mich mit der feurigen Gewalt deiner Liebe in dich.
Vernichte und verzehre mich ganz in dir.«

Oder Mechthild von Magdeburg:

»Ich kann nicht tanzen, Herr,
es sei denn, du führtest mich.
Dann aber tanze ich in die Liebe,
aus der Liebe in die Erkenntnis,
aus der Erkenntnis in die Freude;
aus der Freude tanze ich
über alle menschlichen Sinne hinaus.
Dort will ich bleiben,
obwohl ich doch hier
im Kampf stehe.«

Und noch einmal Mechthild von Magdeburg:

»Das Gebet zieht den großen Gott in das kleine Herz;
es bringt zwei Liebende zusammen:
Gott und die Seele.

Liebende werden nach außen stiller;
was der Geist in ihnen singt,
das geht über allen irdischen Gesang.«

Man muss sich doch fragen, wie diese Frauen zu dieser Einschätzung kamen, Gott und ihre eigene Seele seien verbunden wie Liebende unter den Menschen! Aus einem rationalen Nachdenken kann sie nicht gewonnen worden sein. Es muss irgendeine Form von Erfahrung ihrer Seele oder ihres Herzens am Beginn solchen

Jubels gestanden haben, und sie muss von so elementarer Kraft gewesen sein, dass alle Armut, alle Verlassenheit, alle Missachtung durch die offizielle Umwelt ihr nichts anhaben konnten.

So spricht die geistliche Literatur auch von der »Zärtlichkeit Gottes«. Der Kuss, die Berührung, die Umarmung, die Vereinigung, alles tritt in den Dienst einer spirituellen Aussage. Dabei wird Gott das eine Mal als Bräutigam bezeichnet, der seine Braut, die Seele, besucht, einmal als Mutter oder Braut, die den einsamen Menschen empfängt. Gott ist das eine Mal der Übermächtige, Liebende, dem der Mensch als seine Braut nichts entgegenzubringen hat außer seiner bedingungslosen Hingabe, ein andermal die bergende, umfangende Macht, in die der unter der Verlassenheit in dieser Welt leidende Mensch in der Gestalt eines Bräutigams heimkehrt.

Eine solche Verbindung von Mystik und Sexualität hat für viele etwas tief Irritierendes. Sexualität erfährt oft gerade der, der auf sorgfältige Weise fromm ist, als etwas Störendes, das er besser verdrängt. Nun gibt es hier Menschen, die gerade diese bedrohliche Sexualität als Quelle einer starken und sorgfältigen Spiritualität erfahren. Aber im Grunde sind sich diese beiden Grundkräfte sehr nah. Sexualität findet ihren Sinn für den inneren Menschen darin, dass einer sein eigenes Ich in der Liebe zu einem anderen Menschen hingibt, wie die Mystiker und gewiss noch intensiver die Mystikerinnen alle ihre Kräfte einsetzen, um sich mit Gott spirituell zu vereinigen. Und so tritt die zarte erotische Sprache an die Stelle einer religiösen Ausdrucksweise.

Es ist leicht, aus der Einsamkeit und Verlassenheit solcher Frauen heraus ihr Bedürfnis nach Liebe zu erklären, und vielleicht war bei der einen oder anderen tatsächlich der Wunsch der Vater der Mystik. Wer aber dieser Literatur nachgeht, wird immer wieder den Zeichen konkreter Erfahrung begegnen, den Zeichen eines tatsächlichen Ergriffenseins. Wovon waren sie ergriffen? Die Lehre einer Kirche kann es kaum gewesen sein. Es bleiben für mein Empfinden Erfahrungen, die ähnlich einer Liebe zu einem Menschen den auf Gott hin gewandten Menschen zu ergreifen vermögen. Sie zu deuten aber überlasse ich gern den Frauen von heute. Ich will nur anmerken, dass hier Liebe und Tod sehr nah ineinander rücken zu der seligen Erfahrung des Zugrundegehens in den Armen der göttlichen Liebe. Und dieser Zusammenhang von Liebe und Tod gründet in einer Tiefe, über die letztlich nur die Religion und dabei am überzeugendsten die Mystik Auskunft gibt.

Armelle Nikolas, eine bretonische Bäuerin aus dem 17. Jahrhundert:

»O Liebe! Unendliche Güte!
Ich kann dir nicht entfliehen!
Du bist mir überall voraus,
und ich finde dich überall.
Ich sehe dich nicht mehr wie durch einen Schleier,
sondern klar und offenbar.

Nichts ist mehr zwischen dir und mir.
Was soll ich nun tun?
Wie werde ich künftig leben können
bei dem Licht und dem Feuer, das mich verzehrt?

Nie war ich verwirrt wie heute.
Die Kraft, die ich fühle, übertrifft alles Maß.
Ich weiß nicht, wohin mich wenden,
noch was sagen? Nur dies:
Deine Liebe führt mich aus mir selber fort
und überwindet mich bei jedem meiner Schritte.«

Indem jene Frauen, die wir aus der weltweiten Mystik kennen, sich von Gott geliebt wussten, wussten sie sich selbst wiederum fähig zu lieben. Wir stellen uns heute kaum noch vor, wie aussichtslos, wie sinnarm in damaligen Zeiten das Leben einer Frau war, die ehelos blieb und der am Ende nichts blieb, als in ein Kloster zu gehen, um überhaupt irgendwo versorgt zu sein. Es spricht für eine hohe Qualität des gemeinsamen Lebens in jenen Klöstern, wenn solche Frauen imstande waren, zu sagen: Ich weiß, dass Gott mich liebt. Und dass sie aus dieser Erfahrung die Konsequenz zogen: Also wird mein Leben sinnvoll und gut sein, wenn ich diese Liebe weitergebe. So sagt eine dieser Frauen, Mechthild von Hackeborn (1241–1299):

»Herr Christus, ich will mich vereinen mit der Liebe,
in der du auf der Erde gearbeitet hast
und immerfort wirkst ohne Unterlass;
so gehe ich an die Arbeit zu deinem Ruhm
und zum Segen der Mitmenschen.

Du willst, dass ich tätig sei.
Du hast gesagt: Ohne mich könnt ihr nichts tun.
So bitte ich, dass mein Tun wie ein Tropfen im Strom
vereinigt und vollendet sei
in deinem unendlichen, vollkommenen Werk.«

So gründeten und leiteten sie Krankenhäuser, Herbergen, Fürsorgestationen oder Schulen und lebten in dem Bewusstsein, dass ihre Erfahrung eine sinnvolle Spiegelung in ihrem Tun habe. Ihr Gottesbild war nicht fern im Himmel, sondern in der Gestalt des liebenden Christus nahe bei ihnen. Und wenn sie die Geschichte hörten, wie er sich eine Schürze umgebunden habe, eine Waschschüssel geholt und seinen Jüngern die vom Schmutz der Straße unansehnlichen Füße gewaschen habe, dann sahen sie anschaulich vor sich ihr eigenes Tun, das die Antwort war auf die erfahrene und empfundene Liebe Gottes.

60 Die Gegenerfahrung: die Weite der Freiheit und die Überhelle des Lichts

Man könnte – mit einem begrenzten Recht – als die männliche Gegenform der Gotteserfahrung zur Liebesmystik der Frauen die Erfahrung einer offenen Welt, einer aus Gott kommenden unendlichen Freiheit beschreiben, die häufig verbunden war mit der Vorstellung eines überhellen Lichts. Die dominikanische Mystik ist in ihren wichtigen Äußerungen durchdrungen vom Gedanken des Lichts und der Freiheit. Aber auch die orthodoxe Mystik etwa des Symeon ist tief bestimmt von dem Gedanken, dass Gott Licht und die Seelen der Menschen zum Licht berufen seien. Die beiden Grundaussagen Jesu über sich selbst und über die ihm zugehörigen Menschen stehen am Anfang dieser Empfindung: »Ich bin das Licht der Welt.« Und: »Ihr seid das Licht der Welt.«

Symeon sagt:

»Wieder leuchtet mir das Licht.
Wieder schau ich klar das Licht.
Es schließt mir den Himmel auf
und verscheucht mir die Nacht.
Wieder habe ich alles,
das Licht bringt mir alles an den Tag.

Wieder weilt, der über den Himmeln ist
und den niemand je sah, in mir.
Hier bin ich nun in Wahrheit gänzlich ich,
wo nur noch Licht ist. Ja, ich bin nur Licht.
Da ich es schaue, werde ich selbst einfach
und ohne Falten.«

Wenn ich hier, anstatt fremde Bekenntnisse zu zitieren, mit eigenen Worten solche Licht- und Freiheitsmystik nachzeichne, so höre ich von denen, die in diese Richtung sehen, etwa Stimmen

der folgenden Art, wie sie sich auch im Erfahren eines heutigen
Zeitgenossen spiegeln können:

Meine Seele schaut das Licht.
Das Licht ist Gott selbst.
Meine Seele will sich ins Licht erheben wie ein Vogel.
Warum soll ich ihr die Flügel stutzen?

Meine Seele klingt wie ein Vogel,
der musizieren will, rufen, zwitschern.
Ich höre, was Gott mir sagen will.
Warum soll ich ihr das Singen verbieten?

Meine Seele ist leicht wie ein Vogel.
Sie will im Licht sein. Lebendig sein.
Ich darf sie nicht überfüttern.
Warum soll sie satt und faul werden?

Meine Seele ist frei wie ein Vogel.
Sie braucht Wind. Sie lebt von der Kraft des Sturms
und von der Bläue des Himmels.
Warum soll ich sie in meine Stube sperren?

Meine Seele ist ein Zugvogel.
Sie hat ihr geheimes Wissen
und ihr Ziel.
Warum soll ich ihrem Orientierungssinn nicht vertrauen?

Meine Seele weiß. Ich lasse sie träumen.
Von Wolken und von Sternen
und von ihrer Heimat.
Ich lasse sie frei.

Vielleicht so:

Wenn ich höre, meine Seele solle sich erheben
aus einer ihrer Traurigkeiten,
dann bitte ich Gott um den Mut des Glaubens,
aufzustehen und die Flügel zu regen.

Meine Seele möchte mir etwas erzählen
von einer offenen, lichten Welt.
Von einem fernen, nahen Ziel.
Ich lasse es mir sagen. Gott hat es ihr gezeigt.

Die Reihe ähnlicher Gedanken oder Empfindungen lässt sich fortsetzen. Es könnte für den Leser dieses Buches hilfreich sein, ein
paar Verse dieser Art aus seinem eigenen Erleben anzuhängen.

61 Aus der Erfahrung der verlässlichen Liebe Gottes erwächst das mystische Grundvertrauen

Meister Eckart spricht davon, es gebe einen tiefsten Punkt in unserer Seele, an dem zwischen Gott und uns ein leises Gespräch stattfinde. Tief unter unserem bewussten, täglichen Leben. Tief auch unter dem, was die Psychologen das Unbewusste nennen. Tief auch unter dem, was man das »kollektive« Unbewusste nennen mag, die Heimat der Bilder, die unsere Seele durch ihre Erfahrungen geleiten. Tief auch unter dem, was wir das transpersonale Bewusstsein nennen, das kosmische, das alle lebendigen Wesen, aber auch alle Dinge und Elemente miteinander verbindet, sei eine Zone, in der Gott gegenwärtig sei und die einzelne Seele im Ganzen verankere.

Was erlebt also der, der in seinen Grund abgestiegen ist? Es mag sein, dass er nichts hört, sondern nur von den Bildern getröstet wird, die er sieht. Es mag sein, dass er nur die Nähe, die Gegenwart einer größeren Liebe empfindet. Und diese ist es, die alle Wandlung in ihm bewirkt. Es entsteht etwas in ihm, was er nicht machen konnte: nämlich ein seltsames Grundvertrauen, mit dem er in all seiner Unsicherheit feststeht, gehalten ist, getragen und geführt, das ein Ende macht mit allem Misstrauen gegenüber dem Dasein und gegenüber Gott. Das aber ist der Herzpunkt aller religiösen Erfahrung, dass wir am Ende sagen können: Gott ist alles. Er ist um mich. Und er ist in mir. Und alles ist gut.

Diesem erstaunlichen Ziel des mystischen Weges begegnen wir etwa bei Johannes vom Kreuz, dem großen Karmelitermönch im Spanien des 16. Jahrhunderts. Er stand zusammen mit Teresa von Avila einsam einer verweltlichten Mönchsszene gegenüber. Er bemühte sich um eine Straffung des geistlichen und praktischen Lebens von Mönchen und Nonnen, begegnete dem Hass der Angesprochenen und erlitt ihre Gewalt. Eines Tages, als er sechsunddreißig Jahre alt war, entführten ihn die Mönche eines anderen Klosters und kerkerten ihn in dem fünf Quadratmeter großen früheren Abort ein, der den Gästen des Klosters gedient hatte. Dort blieb er neun Monate lang gefangen, ohne mit irgendjemand sprechen zu können.

In diesem stinkenden Loch malte er, wenn etwas Licht hereinfiel, wunderbar schöne Landschaften in ein Schulheft. Seinen über die Erde sich herunterneigenden gekreuzigten Christus hat Salvador Dali nachgestaltet mit seinem Bild »Der Christus von San Juan de la Cruz«. Johannes schrieb dort Gedichte und Lieder, die von Kennern zum Edelsten der spanischen Lyrik gerechnet werden. Lieder, in denen es heißt:

»Wie gut kenne ich die Quelle,
die rinnt und fließt,
auch in der Nacht.
Ich weiß: Nichts ist schöner!
Himmel und Erde trinken aus ihr,
auch in der Nacht.«

Er spricht von der »dunklen Nacht der Seele«. Und er spricht von ihr als dem eigentlichen Weg zu dem in seine Rätsel versunkenen Gott. Er sucht nach der Gemeinschaft mit dem gekreuzigten Christus – er nennt sich seit jener Gefangenschaft »Johannes vom Kreuz« – und urteilt, Gott werde nur finden, wer sich ohne jede Hoffnung in die eigene Dunkelheit kauert und die Verlassenheit von Gott erleidet. Der Mensch werde dabei aller Selbsttäuschungen ledig, und Gott könne ihn ausfüllen. Seine Mystik unterscheidet sich dabei von allerlei gefühligen Versuchen der Einung mit Gott durch ihre Nüchternheit und Strenge. Ihm blieb in seiner Verlassenheit nur der »nackte Glaube, der nichts mehr hat, sich festzuhalten«.

Was aber gab ihm die Kraft, in dieser völligen Verlassenheit zu malen und mit der Sprache zu spielen so, als feiere er freie Tage irgendwo in einem schönen Garten? Irgendetwas muss ihm erhalten geblieben sein. Irgendein Blick ins Licht. Irgendwie muss er durch die Finsternis hindurchgeschaut haben. Irgendetwas muss

Gott in ihm begründet, geformt und festgehalten haben. Etwas wie
ein Grundvertrauen, wie es auf den Wegen der Mystik gefunden
werden kann. Etwas wie ein »ozeanisches Bewusstsein«, ein Ruhen, ein Lassen alles Eigenwillens, auch des Willens, Gott möge
doch erklären, warum seine Finsternis so tief sei.

Dag Hammarskjöld gelangte an denselben Punkt. Hammarskjöld
suchte in den fünfziger Jahren des 20. Jahrhunderts Gerechtigkeit
und freie Lebenschancen für die eben in die Unabhängigkeit entlassenen Kolonien und geriet dabei in Gegensatz zu allerlei wirtschaftlichen und politischen Mächten, die diese Länder nun gerne
ausgebeutet hätten. Er war sich darüber im Klaren, er werde wohl
am Ende auf irgendeine Weise ums Leben gebracht werden. Er fiel
denn auch im Kongo einem Flugzeugattentat zum Opfer. Kurz
vorher sagte er:

»Glaube ist Gottes Vereinigung mit der Seele
in einer dunklen Nacht.

Des Glaubens Nacht – so dunkel,
dass wir nicht einmal den Glauben suchen dürfen.
Es geschieht in der Gethsemane-Nacht,
wenn die letzten Freunde schlafen,
alle anderen deinen Untergang suchen
und Gott schweigt,
dass die Vereinigung sich vollendet.«

Was tut Hammarskjöld? Er wendet seinen Blick von sich selbst ab.
Er richtet ihn auf die Nacht von Gethsemane. Er sucht seinen
Schutz in der Christusgeschichte. Er liest sie im Evangelium. Er
tritt sozusagen aus der dunklen Nacht in ihm selbst heraus und
hört, was ihm von außen zugesprochen wird. Er flüchtet zum Bild
des verzagten Jesus und holt sich dort seinen Mut zum Widerstand
gegen die halbe Welt. Gotteserfahrung war für ihn die Grundge-
wissheit geworden, dass der von Gott gewiesene Weg der Weg in
die Freiheit sei. Das Evangelium zeigt uns, die in der Dunkelheit

gefangen sind, einen begehbaren Weg in die Freiheit. Es macht uns fähig, ans Licht zu treten und zu sagen, was auf dem Markt unserer Zeit zu sagen ist. Hammarskjöld empfand zu der dunklen Nacht seiner Einsamkeit hinzu die tiefe Nacht, in der sich das Leben der Menschen auf dieser Erde abspielt, und wusste sich aufgerufen zum Widerstand, wo Unrecht, Gewalt und Entwürdigung von Menschen sich breit machten. Wo die Freiheit des Menschen zertreten wurde von Menschen, Mächten oder Strukturen. Dort aber, wo dieser Kampf auszuhalten war, geschah, was er die »Vereinigung« nannte. Die Vereinigung nicht nur einer zerspaltenen Menschenwelt, sondern die Vereinigung seiner selbst mit dem Willen Gottes. Die Erlösung.

Entsprechend kommen wir heute in der spirituellen Besinnung an einen Punkt, an dem sich viel, was bislang dualistisch, das heißt in Gegensätzen, gedacht war, aufzulösen beginnt und wir der Gesamtwirklichkeit ansichtig werden, die den Namen Schöpfung trägt, den Namen »Reich Gottes«, den Namen Menschheit, den Namen Gott. Alle Dualismen haben ihren Grund und sie haben eine Zeit lang auch ihr Recht, aber die Wahrheit weist uns über alle Gegensätze, alle dualistischen Erklärungsversuche weit hinaus.

T. S. Eliot hat einmal gesagt:

»Sei still,
sprach ich zu meiner Seele,
und lass das Dunkel über dich kommen!
Es wird das Dunkel Gottes sein.«

Dieses Grundvertrauen ist nirgends so mit all seiner Bedrohtheit und seiner erlösenden Kraft bewahrt worden wie in der Tradition der Mystik. Das Vertrauen, das in der dunklen Nacht noch zu sagen wagt, es werde sich alles lösen. Es werde alles gut sein. Es werde am Ende alles offen sein und klar, eindeutig in einem eindeutigen Gott. Alles, was dem leidenden Menschen als unlösbarer Widerspruch auf der Seele liegt, würde zusammenfließen in Gott.

Und so sage ich auch mir selbst: Ich werde in diesem Dasein die Rätsel der Welt und die meiner eigenen Seele nicht lösen. Ich vertraue aber darauf, dass, was mir so schwierig in der Quere liegt, sich lösen wird und zur Wahrheit zusammentreten. Ich bin gespannt darauf. Und wenn ich drüben Johannes vom Kreuz oder Dag Hammarskjöld oder einen der vielen anderen antreffen sollte, dann werde ich nur sagen können: Ihr habt es gewusst. Ich danke euch nachträglich von ganzem Herzen.

Ich lasse also alles stehen, was meiner Erfahrung als Widerspruch erscheint, und sage: Alle Widersprüche, alles Ja und Nein, alles Gute und Böse in Gott, alles Persönliche oder Unpersönliche, alle Nähe und Ferne zu mir, fallen in Gott zusammen. Und erst, was dann gilt, ist wirklich Gott. Aber es ist mit dem Verstand, der mir in diesem irdischen Leben mitgegeben ist, nicht zu fassen. Es bedarf des freien Vertrauens.

Auf der einen Seite sage ich: Alles, was ist, ist Gott. Oder: Gott ist alles, was ist. Aber ich lasse mir aus der großen Überlieferung der Mystik auch sagen, Gott sei die große Leere, Leere im Sinn von Unaussprechlichkeit alles dessen, was er wirklich ist. Am Ende sage ich: Gott ist nicht die Leere, sondern gerade erfüllt mit dem Ganzen alles Denkbaren. Er wohnt allem ein und macht von innen her die Substanz alles dessen aus, was ist.

Dag Hammarskjöld sagt:

»In dem Vertrauen,
das auf Gottes Einung mit der Seele gründet,
bist du eins mit Gott und Gott ist völlig in dir,
wie er ganz für dich ist in allem, das dir begegnet.

In diesem Vertrauen
steigst du im Gebet hinab in dich selbst,
um dem Anderen zu begegnen,

im Gehorsam gegenüber der Einung und in ihrem Licht.
Alle aber stehen für dich, wie du, allein vor Gott.

In diesem Vertrauen
ist unser Tun ein fortwährender Schöpfungsakt,
und er geschieht in dem Bewusstsein,
mit dem du eine menschliche Verantwortung trägst,
gleichwohl aber wird er gesteuert
von der Kraft jenseits des Bewusstseins,
die den Menschen schuf.

In diesem Glauben bist du frei von den Dingen,
doch begegnest du in ihnen einer Erfahrung,
die die befreiende Reinheit
und die enthüllende Schärfe einer Offenbarung in sich hat.

In dem Glauben an die Vereinigung Gottes mit der Seele
hat es alles einen Sinn.
In ihm kannst du leben und nutzen,
was in deine Hand gegeben ist.«

Wenn ich also in meiner eigenen Erfahrung nacherlebe, was hier
gemeint ist, dann sage ich etwa so:

Nichts kann mich bedrohen.
Ich lebe in Gott wie in einer Hand.
Und ich werde darin weiterleben,
wenn dieser Augenblick vorüber ist.

Ich lasse mich fallen.
Es ist einer, der mich auffängt.

Alles ist gut. Alles ist im Frieden.
Die Ruhe Gottes macht alles ruhig.
Und wer sich für Gottes Ruhe auftut, ruht.

Ich will nichts. Ich plane nichts.
Ich eile nicht. Es gibt keine Zeit.
Ich muss nichts tun. Nichts leisten.
Gott allein wirkt.

Ich bin nicht verlassen.
Wenn die Nacht vorüber ist, ist Tag.
Und der Tag wird mich in sein Licht wandeln.

Mit mir kehrt die ganze Welt heim in den Gott,
der sie schuf.
Dorthin, wo sie schon immer war.

Ich höre eine ferne Musik.
Sie singt: Alles ist gut.
Gott ist das Instrument und sein Spieler.
Gott ist in allem.
Er ist alles. Auch in mir.

Und was kann ein Mensch dazu beitragen, dass dieses Grundvertrauen in ihm wächst und reift? Es ist viel. Es ist, was wir die »geistliche Einübung« nennen. Die christliche Tradition hat eine Menge
von Wegen entwickelt und praktiziert, die zur Öffnung dieses »See-
lengrundes« führen können. Jede fremde Religion hat die ihren.
Was diese Wege im Einzelnen prägt, ist die Epoche, in der sie entstehen, ist die Kultur, in der sie ihre Besonderheit finden, ist die
soziale Schicht, für die sie erdacht werden, ist vor allem auch die
Besonderheit einer auf den geistlichen Weg gerichteten mönchi-
schen oder einer normal im Rahmen menschlicher Berufe statt-
findenden Lebensweise. Freilich, es ist schwer, Wege aus fremden
Ländern und Zeiten in unserem christlichen Umfeld sich vertraut
zu machen und von ihnen Hilfe zu empfangen. Sinnvoll ist meist
nur, was dem Erleben unserer Seele in unserer eigenen Tradition
und Nähe vorausging.

So redet Dietrich Bonhoeffer, von dem viele sicher ein solches
Wort nicht erwarten, von Gott so:

»Wie ich Gottes Ich erst kenne in der Offenbarung seiner Liebe,
so auch den anderen Menschen.
So wird mir klar werden, dass unsere christliche Person
ihr eigentliches Wesen erst erreicht,
wenn Gott ihr nicht als Du gegenüber tritt,
sondern als Ich in sie eingeht.«

Oder Franz von Sales:

»Die Hauptübung der mystischen Theologie besteht darin,
im Grunde des Herzens mit Gott zu reden
und Gott reden zu hören.
Und weil diese vertrauliche Unterredung
durch sehr heimliche Regungen
und Eingebungen vor sich geht,
nennen wir sie das Zwiegespräch des Schweigens;
das Auge spricht zum Auge,
das Herz zum Herzen,
und niemand versteht, was gesprochen wird,
außer den heiligen Liebenden,
die miteinander reden.«

Wenn wir es mit unseren eigenen Worten sagen wollen, dann vielleicht mit diesen:

Lebe du in mir, heiliger Gott.
Ich möchte nichts als da sein
und durch dich leben.
Ich will mich lassen, mich freigeben.
Ich möchte mich öffnen
und mich geöffnet in der Hand halten,
dir entgegen.

Wirke du in mir so,
dass du mein Leben bist.
Sei du um mich so,
dass du meine Welt bist.
Durchdringe mich,
dass ich selbst unwichtig werde
und du allein bleibst.

Fragt nun aber jemand, aufgrund welcher Erfahrung wir dahin
kommen können, auf uns selbst zu verzichten und nur noch Gott
zu wollen, so möchte ich sagen: Das erleben viele. Sie empfinden
eine Wärme, in der sie geborgen sind. Sie sagen dann: Ich habe
Gott gespürt. Gott ist oder war »um mich«. Er war »da«. Sie empfinden, sie seien, mitten in dieser unheimatlichen Welt, zu Hause,
eingefasst in die Gegenwart Gottes. Danach, irgendwann, endet
dieses Bewusstsein der Anwesenheit Gottes, aber der Erfahrende
vertraut darauf, es werde irgendwann, zu seiner Zeit, wiederkehren. Aus der Erfahrung eines Augenblicks erwächst die Zuversicht,
mit der er seiner Zukunft entgegengeht.

XIV

Die Welt verstehen heißt
»das Wort schauen«

62   Vielleicht drückt das Wort »Information« heute am ehesten aus, wie unsere Welt zu verstehen sei

Für unsere Gesellschaft ist seit dem letzten Drittel des vorigen Jahrhunderts der Übergang von der Industrie- zur postindustriellen Gesellschaft kennzeichnend. Kennzeichnend sind der fortschreitende Einsatz der modernen Informations- und Kommunikationstechniken und die Bilderwelt einer globalen Informationsgesellschaft. Was »die Welt im Innersten zusammenhält«, scheint mehr und mehr die Information zu sein. So sagen Physiker wie Pagels oder Weinberg: »Das Universum ist eine in einem Code abgefasste Information, und der Wissenschaftler hat die Aufgabe, diesen Code zu entschlüsseln.«

Diese Wandlung von der bisherigen gegenständlichen Weltdeutung zur Deutung der Wirklichkeit als Information spiegelt sich auf vielen Ebenen des wissenschaftlichen Nachdenkens. So spricht Ervin Laszlo, einer der Universalgelehrten unserer Zeit, davon, es gebe möglicherweise über die vier Kräftefelder der Natur, die Gravitation, den Elektromagnetismus, die schwache und die starke Kernkraft hinaus ein fünftes Feld, das immer deutlicher die Wissenschaften und die Wirklichkeit des Universums zusammenschließe und dessen Merkmal die hin und her gehende Information sei. Ich kann das nicht beurteilen. Ich höre nur, was ausgewiesene Fachleute sagen. Aber wenn dies zuträfe, dann berührte sich die heutige Physik auf merkwürdige Weise mit der biblischen Sicht des Universums.

Bezeichnend für diese Wendung zur Informationsgesellschaft ist unter anderem die Tatsache, dass nicht mehr Geist und Materie einander, wie in der Aufklärung, konträr gegenüberstehen. Es war schon im 12. Abschnitt davon die Rede. Vielmehr sehen wir heute statt dieses Gegensatzes ein Beziehungsquadrat:

Geist – Bild – Wort – Materie

Diese vier Formen der Wirklichkeit stehen aber nicht gegensätzlich zueinander, sondern in einer Art von Fließgleichgewicht, wobei jedes zu jedem anderen hin durchlässig ist. Wir könnten auch, wenn ihr gemeinsames Merkmal »Information« heißt, von einem Durchtönen von einem zum anderen sprechen. Ihre gemeinsame Funktion aber ist die, dass sie uns gemeinsam zeigen, was Wirklichkeit sei. Sie alle stehen einzeln für die Wirklichkeit, und sie stehen gemeinsam für sie.

Alles aber ist ein Fließen durch die eine der vier Erscheinungsweisen der Wirklichkeit hin zur anderen, zur dritten, zur letzten, ob wir beim Wort beginnen, beim Bild, beim Geist oder bei der Materie. Geist drückt sich in Materie aus, das Wort im Bild, das Bild im Geist, die Materie im Bild. Es wird nicht möglich sein, für unser Verstehen von Wirklichkeit irgendeines von irgendeinem anderen abzulösen. Das Quadrat ist die Wirklichkeit und steht zugleich für unser menschliches Verstehen dieser Wirklichkeit. Alles aber ist, zusammengenommen, Information.

Die Bibel sagt: Im Anfang trat Gott, sprechend, aus seiner Verborgenheit, und es entstand die Welt. Im Anfang war schaffende Absicht. Gütige Weisheit. Weil die Welt vom Geist Gottes erdacht, geplant und gestaltet wurde, ist sie gut. Hat sie Sinn. Ist sie bewohnbar für uns Menschen, die ja wie alle Dinge aus der Rede Gottes ins Leben treten. In der Schöpfungsgeschichte der Bibel mit ihrer erstaunlichen Weisheit liegt der Gedanke, das Schöpfungsgeschehen und die Selbstmitteilung Gottes seien ein und dasselbe.

Wenn die Bibel vom »Wort« spricht, dann meint sie eben weit mehr als nur ein Element der Sprache. Sie meint Ereignis, Tat, Begegnung, Spiel, Drama, Offenbarung. »Wort« übergreift alle Sinneserfahrungen ebenso wie alles Geschehen und alle Deutungen dieses Geschehens. Wenn die Bibel sagt: »Nach diesen Worten tat Abraham dies und dies«, dann meint sie: »Nach diesen Ereignissen« tat er dies. Das Wort ergeht also nicht nur von einem Mund zu einem Ohr, es wird auch geschaut, erlebt, erlitten. Es begegnet im Traum oder im täglichen Geschehen, in der Ekstase oder im klaren Gedanken. Es will mit allen Organen gehört und gesehen, empfunden und geschmeckt, erfasst und beantwortet werden. Das schaffende Wort macht aus der Welt einen Klangraum, und wenn wir den Klang auch der Stille in ihr hören, so kann uns auch das Hören der Stille zu einer Erfahrung Gottes werden.

23. 09. 2022

Nikolaus von Kues (*1410), der große Mathematiker und Mystiker, bezeichnete, was wir hier »Wort Gottes« nennen, als die »große Stimme«, die es in allen Dingen und allen Dimensionen der Welt zu hören gelte. Mir scheint diese Wortwahl glücklicher zu sein als die des »Wortes«, denn in der Stimme sind das Wort und der Sprechende zugleich anwesend. »Stimme« ist die Nähe eines Sprechenden, sie teilt nicht nur etwas mit, sondern sie klingt, sie bewegt, sie weckt Vertrauen oder Verstehen. Und Nikolaus von Kues meint, sie unterscheide sich von einem »Wort« darin, dass es nicht möglich sei, sie durch einen Kanon heiliger Schriften einzugrenzen. Eine »Stimme« bleibt die Stimme eines Sprechenden. Wir Christen werden sie am deutlichsten wiedererkennen in der Stimme des Mannes aus Nazaret. Und danach in den Stimmen der Unzähligen, die von ihm geredet haben. Unsere eigene Stimme kann zu ihrem Nachhall werden. Und ist das so, dann werden wir Gottes Stimme, wie sie aus der langen Geschichte des Glaubens und aus unserer eigenen Erfahrung her tönt, so aufnehmen und wiedergeben, dass sie aus unserem eigenen Erfahren und Verstehen ihre Mündlichkeit wiedergewinnt.

Das Wort »Information« gewinnt hier die Doppelbedeutung, dass es einerseits Mitteilung meint, verstehbare Nachricht, dass es andererseits dem, an den die In-formation gelangt, eine »Form« verleiht. Das Wort, von dem die Bibel spricht, ist so zugleich Mitteilung und Kunst der Gestaltung. Es teilt sich mit als Materie, als Bewegung, als Kraft, auch als geschichtliche Entwicklung, als Evolution, als Differenzierung, schließlich als antwortender menschlicher Geist. Gesprochene Sprache, gehörte Sprache, antwortende Sprache, die sich an den ersten Sprechenden zurückwendet, das ist nach der Bibel das Wesen des Universums, es ist das Besondere der menschlichen Geschichte auf dieser Erde, und es ist zuletzt das Schicksal, das im Menschen angelegt ist, das Werk, das er tut, die Schuld, die er auf sich lädt. All das ist auch gemeint, wenn die Bibel vom »Wort Gottes« spricht und wenn die Bibel danach als »Wort Gottes« bezeichnet wird. Verliert also unsere Welt für den Physiker ihre materielle Substanz und wird sie zur hin und her gehenden Information, so haben Christen keinen Grund zur Panik. Es ist ihnen vertraut. Ihre Welt ist durch und durch lebendiges Gespräch, Anruf und Antwort, und damit lebendig wie Gott selbst.

Juliana von Norvich im 14. Jahrhundert schreibt:

»Es ist groß, zu wissen,
dass Gott, unser Schöpfer, in unserer Seele wohnt.
Und es ist noch größer, zu sehen und zu wissen,
dass unsere geschaffene Seele in Gott ihr Wesen hat.«

Ich kann von mir sagen, dass ich diese kurzen Augenblicke durchaus kenne, in denen alles fraglos wird, in mir und um mich her, und weder Pläne noch Wünsche noch Ängste mehr sind, sondern alles in sich ruht und ich nur noch nachsprechen kann: Ja. Ich bin in Gott. Oder ein andermal: Ja. Gott ist in mir. Ich lebe im Frieden mit der Welt und all ihrem Geschehen.

Der Starez Sossima in Dostojewskis »Brüdern Karamasoff« sagt:

»Mein Bruder bat die Vögel um Verzeihung.
Das scheint sinnlos zu sein,
und doch tat er recht,
denn alles ist wie ein Ozean;
alles fließt und berührt sich.
An einem Ende der Welt verursachst du eine Bewegung,
und am anderen Ende der Welt hallt sie wider.«

Und Meister Eckart:

»Wer Gott so hat,
der nimmt Gott göttlich,
und dem leuchtet er in allen Dingen.
Denn alle Dinge schmecken ihm nach Gott,
und Gottes Bild
wird ihm aus allen Dingen sichtbar.«

Achmed Al Ghasali, ein islamischer Gelehrter des 12. Jahrhunderts, spricht von der Dialektik von Schauen und Nichtschauen, Verstehen und Nichtverstehen Gottes:

»Lob und Preis gleich der Zahl der Sterne des Himmels,
der Tropfen des Regens, der Blätter der Bäume,
der Sandkörner der Wüste, ... sei dem einigen Gott ...
dessen vollkommene Herrlichkeit kein Geschöpf begreifen
und dessen wahres Wesen niemand erkennen kann
außer ihm selbst!
Denn das Geständnis der Ohnmacht,
ihn in Wahrheit zu erkennen,
ist die letzte Erkenntnis der Aufrichtigen,
das Bekenntnis des Unvermögens,
ihn nach Gebühr zu preisen,
der höchste Lobpreis der Engel und Propheten.
Erschrecken über die ersten Strahlen seiner Herrlichkeit
ist die letzte Grenze alles Verstandes der Verständigen,
verwirrtes, bestürztes Erschauern das äußerste Ziel,
das die »Wegschreiter« und »Jünger«,
die seiner Schönheit Nähe suchen, erreichen.

Aber die Hoffnung auf seine Erkenntnis ganz aufgeben,
heißt sein Wesen aller Bestimmung berauben;
der Anspruch, ihn vollkommen zu erkennen,
entspringt dem Wahn,
er sei menschlichem Wesen ähnlich und vergleichbar.
Blendung ist aller Augen Los,
die seines Wesens Schönheit selber schauen wollen,
notwendige Erkenntnis aber ist der Lohn des Verstandes,
der seine Wunderwerke betrachtet.

Möge keines Menschen Sinn grübeln
über das Wie und Was seines erhabenen Wesens,
möge aber auch keines Menschen Herz
einen Augenblick ablassen,
seine Wunderwerke zu betrachten und zu bedenken,
auf was und auf wem ihr Sein beruht.
Denn dann wird er mit Notwendigkeit erkennen,
dass alle Dinge Spuren seiner Macht,

Lichtstrahlen seines Wissens,
wundersame Zeugnisse seiner Weisheit,
Abglanz seiner Schönheit sind.
Dass alles von ihm und durch ihn ist,
ja dass er selber alles ist.
Denn nichts außer ihm hat wirkliches Sein,
sondern das Sein aller Dinge ist nur der Abglanz
von dem Lichte seines Seins.«

Und wunderbar formuliert Dag Hammarskjöld das Wechselspiel
der Sinne:

»Gott,
du nimmst den Zeichenstift – und die Linien tanzen.
Du spielst die Flöte – und die Töne schimmern.
Du bewegst den Pinsel – und die Farben singen.

So wird alles sinnvoll und schön jenseits der Zeit,
in dem Raum, der du bist.
Wie könnte ich irgendetwas zurückhalten von dir?«

Der Sinn eines solchen Weges der spirituellen Erfahrung ist die
Heimkehr. Die Beheimatung in Gott. Er ist ein Freiwerden und
ein Ganzwerden. Er ist ein Grundfinden unter den Füßen. Ein
Leben in der vielschichtigen, ganzen Wirklichkeit. Und dieser Weg
wird gegangen, und zwar von mehr Menschen, als wir gemeinhin
annehmen. Sie gewinnen dabei das starke innere Wissen, dass ihr
Ich seinen Platz im Mittelpunkt des eigenen Menschen aufgibt,
dass sie einfach da sind, in einem starken und haltenden Rahmen,
eins mit der Welt und allem, was sie einfasst. Sie lassen sich selbst
los und wissen sich geborgen in einer großen Wirklichkeit. Und
sie geben dieser großen, umfassenden und sie selbst durchdringenden Wirklichkeit den Namen »Gott«. *23.09.2022*

Niemand hat Gott je gesehen. Aber geschaut haben ihn viele. Gelebt haben viele in ihm. Und viele waren in ihm, wie man in der

Atmosphäre eines Wetters lebt. In Schnee oder Regen, Gewitter oder der Kraft eines Morgens. Es gibt etwas wie eine Atmosphäre Gottes, die wir atmen, die wir um uns her wehen fühlen. So dass wir sagen können: Das ist er! Das ist er selbst. Und das sind wir selbst, so wie unser Leben und Schicksal gemeint sind. Unser Weg wird dadurch nicht zu einem Spaziergang, er zeichnet sich ab auch mit seinen Härten und mühsamen Strecken. Aber er wird klarer, er findet seinen Horizont, seine in die Zukunft weisende Richtung.

Worauf kommt es dann an? Dass wir uns ihm überlassen, dem nahen Gott, dem gespürten Gott. Denn das ist deutlich: Gott lässt sich nicht nur hören, nicht nur schauen, er lässt sich auch spüren. Empfinden. Als bewegende Energie. Als behütende Nähe. Als begleitende Zuverlässigkeit. Als kritische Klarheit. Als tröstende Gegenwärtigkeit. Als fragloses Umfeld unseres Tuns. Wir müssen einmal verstehen, dass nicht nur unser Leib Sinne hat und einsetzt, sondern auch unsere Seele, auch unser Geist. Auch unser unbewusster Tiefenraum. Wir sind sinnliche Wesen als die ganzen Menschen, die wir sind. Wir sind, würde die Bibel sagen, ein Wort aus Gott. Ein empfangenes und ein antwortendes Wort.

64 Dieses Wort wird schaubar

Wenn wir sagen, die Welt sei Wort, und wenn wir davon sprechen,
wir hätten ihr mit unserem Gehör zugewandt zu sein, so spielt
unser Grundverhältnis auf der Ebene des Hörens, auf der Ebene
des Klingens und Sprechens und Antwortens. Die Bibel sagt aber
auch das ganz Andere. Sie spricht von der Ebene des Schauens,
der Ebene sehender Augen, der Ebene des Lichts als des Mediums
zwischen Gott und Mensch.

Das Erste in der Schöpfung der Welt war nach dem alten Text, dass
Gott sprach: »Es werde Licht«, und dass Licht wurde. Entsprechend
sprach Jesus von sich selbst: »Ich bin das Licht der Welt.« Licht ist
ein Medium für das Auge. Und der Epheserbrief beschreibt die
Eigenart des christlichen Lebens so, dass er sagt:

»Ihr seid früher Finsternis gewesen.
Nun seid ihr, sofern ihr in Christus seid, Licht.
Lebt wie die Kinder des Lichts.«

Epheser 5,8–9

Was Christus an euch tun will, das ist eure Erleuchtung. Der Sinn
dieses Wortes von den »Kindern des Lichts« war mir klar, als ich
mit Hirten in der arabischen Wüste in der nächtlichen Runde saß.
Da wirbelten die Funken aus dem Feuer, wurden vom Wind ein
Stück weit hoch getragen und verlöschten dann in der Dunkelheit.
Die Funken sind die »Söhne des Feuers«. Die »Kinder des Lichts«.
So also sollen wir leben. Wir kommen aus dem Feuer, das Christus
ist, und fliegen durch die Dunkelheit, bis wir verlöschen. Aber
dieser kurze Flug ist nun ein weithin sichtbares Zeichen für das
Feuer, aus dem wir kommen.

Hier spricht weder Demut noch Bescheidenheit. Hier spricht eine
hoch gestimmte, von Ekstasen her kommende Gotteserfahrung,
die alles Kleine, Vorläufige, Steckengebliebene hinter sich lässt und

294

sich in Gott hineinwirft. Sie geht nicht auf die Gnade zu und nicht auf das Licht, sie kommt von beidem her und spiegelt es herein in die Welt der Menschen.

Wenn Gott Licht ist, ist die Welt so, dass ich als Mensch in ihr leben kann. Sie akzeptieren, mich mit ihr aussöhnen, mich mit ihr anfreunden und ein Ja sprechen zu allem, was sie hat und birgt, was sie mir und meinen Kräften, auch meiner Leidensfähigkeit, zumutet. Ist Gott Licht, dann ist die Welt keine Ansammlung von unbegreiflichen Wirrnissen. Dann kann ich in dem Vertrauen leben, ich fände aus allen meinen Dunkelheiten doch immer wieder in einen hellen Tag. Das Ziel und der Sinn meines Daseins aber sei die ewige Klarheit Gottes.

Ist Gott Licht, dann ist er in allen Dingen dieser Welt. Dann leuchtet mir die Welt von innen. Dann leuchtet sie aus jedem Stein und jedem Grashalm. Dann leuchtet sie auch dem, der sie mit den Mitteln der Wissenschaft untersucht. Dann wird sie uns nah und vertraut werden und werden wir etwas in sie einbringen können von uns selbst. Denn wir sind nicht nur die abgespaltenen Menschen in ihrer Fragwürdigkeit, wir sind die, die in allem, darum vor allem in Gott, zu Hause sind.

Der alte Kirchenvater Dionysius Areopagita im 6. Jahrhundert sagt:

»Nur weil Gott ist,
ist alles, was es ist.
Denn ohne ihn,
ohne die Einheit in den Dingen,
könnte nichts sein.
Ohne dass er von seinem Strahlen
bis zu uns hin
einen Abglanz leuchten lässt,
könnte nichts sein.

Oder anders gesagt:
In allem, was ist,
leuchten seine Strahlen.«

Damit sagen wir, Gotteserfahrung sei auch Gotteswahrnehmung,
und erinnern an ein Wort von Friedrich Christoph Oetinger: »Das
Korn der himmlischen Offenbarung wächst immer auf dem Halm
der menschlichen Anschauung.«

Symeon sagt in einem Hymnus:

»Mein Gott, woher kommst du?
Wie kommst du in meine verschlossene Wohnung?
Seltsam ist es, es übersteigt Rede und Verstand.
Dass du plötzlich in meinem Innern dich niederlässt,
dass du aufleuchtest und als Licht erscheinst in mir
wie der hell blinkende Vollmond,
das macht mich sinnenlos und sprachlos, mein Gott.

Ich weiß, dass du es bist, der gekommen ist,
die zu erleuchten, die in der Finsternis sind.
Ich gerate außer mir und verliere Verstand und Worte,
wenn ich das Wunder schaue, das mir fremd bleibt
und alle Wirklichkeit und alle Rede übersteigt.

Dein Geist schmückt die Seele
mit herrlichen Gewächsen:
mit bunten, blühenden Blumen
und mit dem hellen Glanz deiner Gnade,
die alles, was in ihrem Garten lebt,
in Licht verwandelt.«

Wenn mir aber etwas dieser Art widerfährt, so tue ich gut daran,
nun nicht zu erwarten, es werde jeden Tag und jede Stunde so sein
und so bleiben. Ich werde mich auf den Augenblick vorbereiten,

in dem mir all dies wie fremd wird, in dem es fern rückt. Seine Spürbarkeit verliert. Auch auf den Augenblick, da ich allein stehe, allein herumsuche nach dem, was ich doch gespürt habe. Auch auf die Stunden, die sich danach durch lange Zeiten meines Lebens ziehen können, nein, mit Sicherheit ziehen werden, in denen nichts zu spüren ist. Nichts zu gewinnen. Und alles wieder zu verlieren. Denn die Gnade, das Geschenk des Überwältigenden oder des Beglückenden ist an ihrem Vorüberwehen zu erkennen, an ihrem Kommen und Gehen, an ihrem souveränen Ankommen und Schwinden. Worauf es ankommt, sind die Treue meines Gedächtnisses, die Offenheit der Erwartung und die immer wache Gegenwärtigkeit meines Gespürs. Und irgendwann – wir reden davon, Gott sei »treu« – wird es wieder geschehen können. Es ist eine seltsame Weisheit der Sprache, wenn sie von einem Geschehen als einem Ereignis spricht. Dieses Wort Er-eignis kommt nach Auskunft des Duden von »Eräugnis«, also von dem Gedanken, ein Ereignis sei ein Vorgang für das Auge.

Ein Wort aus dem Chassidismus lautet:

»Wie die Hand vors Auge gehalten
den größten Berg verdeckt,
so deckt das kleine irdische Leben
dem Blick die ungeheuren Lichter und Geheimnisse,
deren die Welt voll ist.
Und wer es vor seinen Augen wegziehen kann,
wie man eine Hand wegzieht,
der schaut das große Leuchten des Welteninnern.«

Oder:

»Er liebt mich, der nicht in dieser Welt ist.
Und inmitten meiner Zelle sehe ich ihn,
der außer der Welt ist.
Ihn aber schaue ich, rede mit ihm und wage zu sagen:
›Ich liebe dich‹, denn er liebt mich.

Ich nähre mich von der Betrachtung,
ich kleide mich darein;
ihm vereint übersteige ich die Himmel.

Dass dies wahr und gewiss ist, weiß ich.
Wo aber dann dieser Leib ist, erkenne ich nicht.
Ich weiß, dass herabsteigt, der unbewegt ist.
Ich weiß, dass von mir geschaut wird,
der von Natur unschaubar ist.
Ich weiß, dass er, der aller Kreatur weit entrückt ist,
mich in sich aufnimmt und mich in seinen Armen birgt,
und ich finde mich außer der ganzen Welt.

Hinwieder schaue ich Sterblicher,
den ganzen Schöpfer der Welt in mir;
und dieweil ich im Leben bin,
umfange ich in mir das ganze blühende Leben
und weiß, dass ich nicht sterben werde.
In meinem Herzen ist er und wohnt im Himmel:
Hier und dort sehe ich ihn in gleichem Leuchten.«

Symeon

65 Erleuchtung ist die Spiegelung einer Erfahrung von Licht

Alle Welt spricht von Erleuchtung. Alle Religionen kennen den gesteigerten Zustand des Weisen, des Heiligen, des erleuchteten Meisters. Auch die Bibel spricht von ihm. Aber was meint sie damit?

Was ist »Erleuchtung«? Stehen wir nun als »Erleuchtete« wie Straßenlaternen in der Dunkelheit? Sind wir eine Art von Scheinwerfern, die die Straße vor uns erleuchten? Die Bibel spricht anders: Gott ist das Licht. Wir sind sein Spiegel. Unser Gesicht wird hell durch das Licht, das uns trifft. Paulus deutet es auf Christus hin. Christus ist das Licht, und unser Gesicht wird hell, indem wir in diesem Licht stehen. Erleuchtung erreichen wir nicht, sie widerfährt uns. Wir sind nicht die Quellen von Licht, sondern seine Spiegel.

Paulus schreibt:

»Gott, der sprach:
Licht soll aus der Finsternis hervorleuchten,
ist als heller Schein in unseren Herzen aufgegangen
und hat uns erleuchtet,
so dass wir die göttliche Herrlichkeit erkennen,
die uns auf dem Angesicht von Jesus Christus erscheint.«
2. Korinther 4,4–6

Erleuchtung ist also die doppelte Spiegelung des Lichts, das von Gott her das Angesicht Jesu Christi erhellt, einerseits, die Spiegelung des Lichts, das auf dem Angesicht Jesu Christi erscheint, auf unser eigenes Gesicht hin, andererseits:

»Gott erleuchte die Augen eures Herzens so,
dass ihr schauen könnt, was Gott für euch bereithält,

und welche Fülle von Licht sich in euch,
den Heiligen, spiegelt.«

Epheser 1,18

Wer der aufgehenden Sonne entgegengeht, dessen Gestalt spiegelt
ihre Helligkeit. Seine Stirn ist dem »Gestirn« zugewandt. Sie
leuchtet. Dem »Erleuchteten« wird erkennbar, wer da vor ihm
aufgeht. »Christus, erleuchte uns«, betet die Kirche seit alters und
spricht ihn an: »Sonne dieser Welt und der Welt, die kommt!«
Und in diesem Licht offenbaren sich Wert und Unwert des Be-
stehenden ebenso wie Sinn und Bestimmung des Weges, den wir
Menschen auf dieser Erde gehen sollen. Aber diese Helligkeit
erscheint nicht nur unserem nachdenkenden Verstand, sie tagt
auch in der Tiefe unserer Empfindungen und wirft ihren Schein
auf alles, was wir schaffen und gestalten. Und wenn sie zu ihrem
Ziel kommt, dann stehen alle unsere Kräfte, die bewussten und
die unbewussten, die leiblichen, die seelischen, die geistigen und
wie immer man sie bezeichnen will, in einem gemeinsamen
Licht.

Hier geht es praktisch darum, dass wir endlich begreifen, wir Protestanten, die immer dazu erzogen worden sind, gering von uns
selbst zu denken, dass wir auf ein Zielbild hin angelegt sind, das
schöner und reifer ist als unser gegenwärtiger Zustand. Paulus, auf
den wir uns berufen, wenn wir sagen, wir seien »allzumal Sünder«,
sagt auch etwas ganz anderes, zum Beispiel dies:

»Wir alle spiegeln in unserem freien und offenen Gesicht
das Licht des Christus.
Er wandelt uns mehr und mehr in sein Ebenbild,
und wir werden durchscheinend für die Klarheit Gottes.
Mehr und mehr wandelt er uns in sein Spiegelbild,
in die Lichtfülle, die aus Gott kommt.
Der das aber an uns bewirkt, ist der Geist Gottes selbst.

Durch dieses Licht lassen wir uns wandeln
in sein Bild. Und zwar in Stufen.
Wir gehen also von einer Verwandlung
in immer helleres Licht in die nächste,
noch strahlendere Wandlung.«

2. Korinther 3,18

Mit all dem und noch viel anderem hat Paulus viel voraus gedacht, das die mystische Tradition später von ihm gelernt hat. Was Paulus sagt, gehört zu den kühnsten Gedanken des christlichen Glaubens, und es macht die Vornehmheit dieses Glaubens aus, dass er sich mit weniger nicht begnügen will.

Die mystische Frömmigkeit wird oft dahingehend missverstanden, sie liebe das Dämmerlicht, das Dunkel gar, sie mache die Welt künstlich dunkel, auch wo sie für den normalen Menschen hell und klar sei. Aber die Zeugnisse der großen Mystiker sprechen eine andere Sprache. Dem religiösen Visionär ist der Tag nicht hell genug. Im Spiegel des Lichtes, das er eigentlich sucht, ist der Tag auf dieser Erde Dämmer und ist der Weg des Menschen ein Weg durch die Nacht. Und wenn er ans wirkliche Licht gerät, spricht er von der Überhelle dieses Lichts. Er sagt, was wir mit unseren irdischen Augen nicht wahrnehmen können, weil es unserem Auge zu hell ist, sei das »göttliche Dunkel« oder das »überhelle Licht«.

Dieses überhelle Licht schaut Symeon in einer seiner Hymnen:

Ich weiß, dass du es bist, der gekommen ist,
die zu erleuchten, die in der Finsternis sind …
Dein Geist schmückt die Seele
mit herrlichen Gewächsen:
mit bunten, blühenden Blumen
und mit dem hellen Glanz deiner Gnade,
die alles, was in ihrem Garten lebt,
in Licht verwandelt.«

Für Symeon ist alles Auge. Alles ist Schauen. Alles ist von Licht erfüllt. Was wahrgenommen wird, ist, anders als auf der Ebene des Wortes, nicht Abstand, Distanz, Überbrückung einer Ferne, sondern dichte Zugehörigkeit. Nicht Suche nach dem Frieden, sondern Friede. Es könnte für den Protestantismus ungemein hilfreich sein, er fände über seine ausschließlich auf Sprechen und Hören gerichtete Gottesvorstellung auch wieder zu dem ganz anderen Gottesbild, das die Bibel hat, wenn sie sagt: Gott ist Licht. Jesus ist nicht nur das Wort von Gott. Er ist das Licht der Welt. Der Geist spricht nicht nur – das tut er gewiss auch –, er zeigt, er öffnet. Er leuchtet. Er strahlt. Und Wahrheit ist nicht nur die Offenkundigkeit, die sich mit einem Wort zeigen lässt, Wahrheit ist die Offenheit aller Dinge. Wahrheit wird auch geschaut.

Meister Eckart sagt:

»Der äußere Mensch ist der alte Mensch,
der irdische Mensch, der Mensch dieser Welt,
der von Tag zu Tag älter wird.
Sein Ende ist der Tod.
Der innere Mensch auf der anderen Seite
ist der neue Mensch, der himmlische Mensch,
in dem Gott leuchtet.«

Oder die Bibel in Jesaja 60,1:

»Steh auf! Werde Licht!
Dein Licht kommt.
Das Licht Gottes geht über dir auf!«

Oder Jan van Ruysbroeck (1293–1381):

»Den Liebenden will Gott erwählen
in reiner Gnade und ihn zu sich holen.

Ihm wird im göttlichen Licht
die neue, überwesentliche Schau zuteil.«

Das Feuer ist da. Es will uns ergreifen. Wir werden seine Nahrung
sein. Und in dem Maße, in dem wir bereit sind, ihm zur Nahrung
zu dienen, werden wir selbst Licht sein. Denn das Feuer will uns
nicht verzehren, um uns auszulöschen, sondern damit mehr Licht
sei. Es ist zu wenig, sich von irgendwelchen irdischen Energien
verzehren zu lassen, die am Ende nur verlöschen können. Es muss
schon das ewige Licht sein, auch wenn es scheinen mag, als würde
ich dabei gemindert, auch wenn es scheint, als brächte es mir nichts
weiter als Mühe, Schwächung, Alter und Tod. Es wird mir das
Aufglühen in dem großen, ewigen Licht Gottes bringen.

Denn wir, die Bewohner einer vergehenden Welt, wissen: Etwas
Festliches bereitet sich vor. Wenn die Sonne aufgeht, tut sie es ohne
Lärmen. In großer Stille schafft sie den neuen Tag. In ihrem großen
Gesang nimmt sie die Vollendung vorweg, die unserer Welt bestimmt ist. Wir aber, die schauen und hören, erwarten die Stunde,
in der wir durch das Licht hinübergehen in eine unendliche, eine
erlöste Welt.

Dies alles ist reine Mystik. Aber was bedeutet die Entdeckung oder
Wiederentdeckung der Mystik in unseren Tagen für die vor uns
liegenden Herausforderungen des 21. Jahrhunderts? Ich sprach
von der fälligen Neuorientierung des christlichen Glaubens in der
Welt der Religionen und von der Notwendigkeit, eine Allianz mit
ihnen einzugehen. Wo könnten wir damit beginnen, wo einsetzen?
Wo liegt so viel Gemeinsames zwischen den Religionen, dass es
sich als Grundlage für eine solche Allianz eignet? Mir scheint, es
könne der mystische Grundton in der Geschichte der Religionen
sein. Mystik in dieser oder einer anderen Weise könnte sich als
Grundlage einer religiösen Weltkultur eignen. Je stärker der mystische Grundzug aller Religionen hervortrete, desto leichter lasse
sich zwischen den Religionen etwas wie gegenseitige Anerkennung
ermöglichen. Al Ghasali, Rumi und alle die vielen Anderen stan-

den schon zu ihrer Zeit im Gespräch mit Christen und Hindus, und gerade die islamische Mystik könnte heute die Kräfte in unserem Land zum Frieden zwischen den Religionen führen. Sie ist eine der wunderbarsten Bekundungen einer religiösen Praxis. Mystik ist etwas wie der rote Faden im Gewebe der religiösen Geschichte der Menschheit.

66 Wahrheit ist allein Gott selbst. Unser Teil sind die Erfahrung und ihre Deutung

Ein Mensch, nehmen wir an, macht die erregende oder beglückende Erfahrung, dass Gott zu ihm sprach. Wenn er dieser Erfahrung nun nachgeht, so wird er versuchen, für die Botschaft, die er empfangen hat, eine Deutung zu finden. Dass er danach unterscheidet zwischen seiner Erfahrung und seiner Deutung, ist der Anfang seines Weges zur Wahrheit. Aber was ist nun Wahrheit? Gehen wir vom Evangelium aus, so wird uns selbstverständlich sein, dass die Wahrheit Gott allein hat, besser: dass er sie allein ist und niemals ein Mensch sie für sich zu beanspruchen hat.

Der Anfang einer Begegnung mit der Wahrheit liegt in einer Erfahrung. In einer Erfahrung auf irgendeiner Ebene. Der sinnlichen. Der inneren. Der übersinnlichen. Wie immer. Aber was sich in dieser Erfahrung konstelliert, ist nicht die Wahrheit selbst, sondern immer nur die Erfahrung einer Wahrheit.

Diese Erfahrung will gedeutet, das heißt verstanden werden. Sie will so gefasst werden, dass sie weitergesagt werden kann. Sie muss sich herabstufen in die übrige Erfahrungswelt des Hörenden. Sie muss herabgedeutet werden bis zu den vielleicht bescheidenen Verstehensmöglichkeiten, über die der Mensch verfügt, der sie empfängt.

Jede Religion, auch die christliche, sagt, was sie eröffne, sei die Wahrheit. Tritt aber nun Wahrheitsanspruch gegen Wahrheitsanspruch auf, so scheint mir dabei deutlich zu werden, dass die behaupteten Wahrheiten nicht die Wahrheit, sondern Deutungen einer Erfahrung von Wahrheit sind. Es steht also Deutung gegen Deutung und vielleicht Erfahrung gegen Erfahrung. Alle menschlichen Deutungen der Wahrheit aber sind gefärbt von der kulturellen Tradition, innerhalb deren ein Mensch seine Erfahrungen macht. Alle haben sie teil an den Entwicklungen, Veränderungen und Umschichtungen, die im Lauf der Geschichte mit den Menschen und ihren Deutungen geschehen. Alle sind sie des Gesprächs bedürftig. Alle spielen sie auf der Ebene der tastenden Versuche. Die Deutungen sind notwendig. Sie sind der einzige Durchblick durch die Landschaft der Erfahrung hinüber zur Wahrheit. Aber alles, was Christen verschieden sehen, auch alles, was die Konfessionen trennt, spielt auf der Ebene der Deutungen, nicht der Wahrheit oder der Unwahrheit. Die Deutungen können nie die gefährliche Rolle einer Grenze spielen, jenseits deren die Unwahrheit steht, die wir nun zu bekämpfen hätten.

Die Deutung rückt danach in die Bildersprache einer religiösen Überlieferung ein oder auch in die Originalität der Bildersprache eines besonders sensiblen Menschen. Sie wird zum Gebet, zum Hymnus, zum Ritual, zum praktischen Weg einer Gemeinschaft. Sie kann im äußersten Fall zum theologischen Satz oder gar zum Dogma werden. Sie kann verschieden ausfallen, verschiedene Menschen ansprechen, auf verschiedenem Niveau erfolgen. Mit verschiedenem Anspruch. Aber nichts, was wir religiös aussagen, geht über den Rang einer Deutung hinaus.

Ich werde also niemals einem Menschen, der andere Deutungen findet, weil er mit seiner Erfahrung anders umgeht, vorwerfen, er sei im Irrtum. Ich höre an meinem Platz das Wort des Mannes aus Nazaret und versuche, ihn zu verstehen. Ich stehe dabei aber nicht gegen den Glauben eines anderen Menschen, sondern immer im Gespräch mit ihm. Vielleicht werden sich im Gespräch beide Deutungen verändern, die seine und die meine.

Ist das aber so, so wird es dringend nötig sein, dass ein Mensch, der hören und sich einbringen soll, nicht nur hört und sich einbringt, sondern kritisch nachfragt, was denn nun gelten solle. Denn alle Deutung muss von Generation zu Generation vom einzelnen konkreten Menschen aus seiner eigenen Geschichte heraus neu geklärt werden, aus seinem eigenen Hören und Erfahren heraus. Er muss fragen dürfen, was denn nun das Eigentliche sei, das jeder praktizierten Religion Querstehende, das wir als die Offenbarung des wirklichen Gottes anerkennen können.

Dass die Kirche immer der Reform bedürfe, ist nur ein Teil der Konsequenz aus der Gesamterscheinung, die wir die Geschichte nennen. Auch dass es die »wahre Kirche« immer nur in der Form geben wird, wie eine Zeit und Kultur sie versteht. Dass also der Streit um die Wahrheit immer notwendig sein wird, dass er aber immer nur bis zu einer Wahrheit führen wird, wie der geschichtliche Augenblick und der kulturelle Ort einer Gemeinschaft von Menschen sie spiegelt, und wie sie sich in einem bestimmten Augenblick der Geschichte in eine Deutung fassen lässt. Von dieser Deutung wird es abhängen, ob die Menschen einer bestimmten Zeit ihren Weg finden und ihren Auftrag erfüllen können. Es ist darum notwendig, dass eine Gemeinschaft von Menschen wie die Kirche in Worte fasst, wie sie für ihre eigene Zeit ihre Erfahrung der Wahrheit deuten will. Dass ein Grundkonsens in Fragen ihres Redens und Begegnens gesucht wird. Und dass er gesucht wird immer unter dem Vorbehalt, dass, was einer sagen will, von seiner eigenen Welt und Selbsterfahrung gedeckt wird.

Dabei geht es auch um den Frieden zwischen den Religionen der Welt, den so genannten Hochreligionen und den so genannten primitiven, den Frieden zwischen den Konfessionen der Kirche und zwischen den Meinungen und Überzeugungen von uns Einzelnen. Diesen Frieden aber gilt es angesichts der heutigen Weltlage dringend einzuüben.

Fünfter Teil

Wie wir fähig werden können, aus Erfahrungen zu leben

67 Achtsamkeit kann eingeübt werden auf vielen Wegen. Hier ein Vorschlag über sieben Schritte

Vielleicht sagen Sie mir: Ich mache keine Erfahrungen. Dann werde ich Ihnen zunächst sagen müssen: Vielleicht leben Sie nicht achtsam genug. Achtsam, meine ich, mit allen Sinnen, den körperlichen, aber auch mit den Sinnen Ihres Verstandes, Ihrer Seele, Ihres Herzens.

Es ist ein eigener Zauber, wenn wir auf einer Wanderung in der Morgenfrühe erleben, dass ein Wild vorsichtig witternd aus dem Wald tritt, nach allen Seiten blickt, horcht, langsam auf die Wiese geht und sich dem frischen Gras zuwendet. Nichts entgeht ihm. Bei der leisesten Störung wendet es sich zurück in den Schutz der Bäume. Es ist mir immer wieder ein Bild gewesen für die Weise, mit der wir Menschen dem ganzen geistigen Zusammenhang unseres Lebens gegenüber aufmerksam sein könnten. Wach und sensibel. Suchen wir nach Wegen der Einübung, so werden es, wenn es denn um die tiefere und weitere Erfahrung gehen soll, Wege sein, auf denen wir unsere Achtsamkeit verfeinern.

Achtsam auch für alles, was in uns selbst dem, was geschieht, entgegenkommen, was ihm antworten will. Will ich Farben sehen, so muss die Farbe nicht nur in meinem Gehirn sein, sondern auch in meinem Empfinden. Will ich Töne hören, so müssen die Töne in mir ihren Resonanzraum haben. Will ich Weite erfahren, so wird mein Geist und Herz weit ausgreifen müssen.

Nichts in unserer Welt, so haben wir gesehen, ist durch Grenzen festgelegt. Die Grenzen sind immer nur in uns selbst. Es kann also alles geschehen. Die Reichweite unserer Sinne ist nicht unendlich, aber sie ist immer größer, als wir sie im Augenblick nützen, und überall hin sind die Wege offen. Fassen wir also unsere Welt groß genug. Lebendig genug. Und erwarten wir alles.

Die Fähigkeit, Erfahrungen zu machen und dabei Grenzen zu überschreiten, ist nichts, was wir haben oder nicht haben, sondern etwas, das sich durch Einübung verfeinern, präzisieren und erweitern lässt. Das sagen wohl alle Religionen, auch das Christentum. Heute stellen wir fest, wir Abendländer hätten mit erschreckender Einseitigkeit unseren Verstand entwickelt, und nun lebten wir in einer Welt, die aus dem bestehe, was der Verstand zu erkennen vermag. Ganze Bereiche unserer Seele und unseres Geistes haben wir veröden lassen. Das Hören des Leisen, das Sehen des Verborgenen, das Einvernehmen mit dem Fremdartigen, vor allem auch die Ehrfurcht vor dem, das sich uns entzieht, haben viele unter uns verloren. Nun sind aber die Grenzen unseres Erkenntnisvermögens – wie gesagt – nicht festgelegt. Nicht nur unsere rationalen Fähigkeiten können erweitert werden, sondern auch unsere Einsicht in die Farben- und Gestaltenwelt seelischer und geistiger Bilder und Symbole, und die Sprache, mit der wir innere Wahrnehmung und Erfahrung zu beschreiben vermögen, kann genauer werden und mehr aussagen. Wir können durchaus schauen, was wir nicht sehen. Wahrnehmen, was eine verborgene Wahrheit für uns bereit hat.

Aber nun kann man viele bewährte Wege dorthin beschreiten. Wege der Einübung, der Selbstprüfung, des Nachdenkens und Meditierens. So viele Menschen sie begehen, so vielfältig werden die Schritte sein, die sie auf Gott zugehen. Es ist hier nicht der Raum, allem nachzugehen. Hier kann ich nur ein paar Andeutungen folgen lassen, die unser besonderes Thema, das der religiösen Erfahrung, berühren.

Ich schlage hier einen Weg vor, der in sieben Schritten gegangen werden kann. Es lassen sich viele andere Wege vorschlagen, und es ist nicht entscheidend, nach welchem Gesetz sie angelegt sind. Wichtig ist nur, dass sie durch die innere Landschaft unserer Seele führen. Ich schlage für den Anfang drei Schritte vor, die dazu helfen sollen, dass wir Leib, Seele und Geist in die Hand bekommen. Drei weitere, mit denen wir Hindernisse, die unseren Erfahrungen im Weg stehen, wegräumen und stattdessen Wegzeichen finden, die uns unser Ziel zeigen. Und einen siebten Schritt, mit dem wir unser Ziel erreichen. An ihnen ist nichts Sensationelles und nichts Neues. Es ist eigentlich alles selbstverständlich. Es ist in Jahrhunderten immer wieder gezeigt, gelebt und versucht worden. Ich zeige diese sieben Schritte in der Hoffnung, wer sie gehen will, werde dabei nicht einem Schema folgen, auch nicht dem meinen, sondern seiner eigenen Freiheit und Einsicht.

Alle diese Schritte können nur gelingen, wenn sie durch eine lange Zeit täglich gegangen werden. Wer etwas mit ihnen erreichen will, muss wissen, zu welcher Zeit am Tag er dafür eine halbe Stunde hat, und muss diese halbe Stunde freihalten, wann immer er sie vorsieht. Am Tagesbeginn oder tief in der Nacht. Ich selbst pflege seit über fünfzig Jahren täglich morgens um vier Uhr zu beginnen. So habe ich Zeit für diese halbe Stunde – und danach kann ich drei oder vier Stunden ungestört meine Arbeit tun, lesen, schreiben, nachdenken, bis gegen neun das Frühstück und danach die gemischte Arbeit des Tages folgen. Sie werden, verehrter Leser, dafür gewiss eine andere, ebenso gute Lösung finden oder bereits gefunden haben.

XV

Drei Schritte zu Beginn

Den Weg dieser Einübung kann ich hier nicht ausführen. Ich habe ihn genauer und breiter dargestellt in dem Buch »Die goldene Schnur«. Aber für unser Thema, die Einübung in die religiöse Erfahrung, mag die Skizze genügen, die ich hier knapp durchzeichne.

Wir beginnen also mit einem ersten Schritt. Wir bemerken, dass in uns zu viel geschieht. Wir bewegen Gedanken. Bilder huschen durch uns hindurch. Wir erinnern uns. Wir sehen vor uns, was geschehen wird. Nun sammeln wir unsere Gedanken ein. Die Inder sagen: Die Gedanken sind wie Affen, die im Baum unseres Gehirns umherturnen. Wir greifen einen nach dem anderen sanft mit der Hand und setzen ihn auf die Erde, bis der Baum seinen Frieden gefunden hat. Wir sammeln unseren ganzen Menschen auf einen Punkt, den der ungestörten Wachsamkeit. Die Tradition spricht hier von »concentratio«, von Sammlung unser selbst auf unsere eigene Mitte und auf die Stille in ihr.

Dieser Anfang besteht darin, dass wir unseren ganzen Menschen zusammenholen aus seiner Zerstreutheit. Wir leben im pausenlosen Gerede. Wir beginnen, auf unser Wort zu achten. Ist es genau? Ist es eindeutig? Ist es verständlich? Ist es so, dass es Wahrheit transportieren kann? Wir achten auf unsere Gedanken. Was geht alles in unserem Kopf vor? Was denkt es alles in uns, das wir nicht wollen? Was reden die Bilder, die durch unseren Kopf gehen?

Eine mittelalterliche Gebetsanleitung schildert, was uns hier fehlt:

»Wehe über die Gedanken in meinem Kopf!
Wie sie mir davoneilen!

Durch wogende Menschenmengen eilen sie,
durch Kreise spielender Mädchen,
durch Wälder und Städte wie ein Wirbelwind.

Der Erinnerung verloren, streifen sie nah und weit,
von manchem großen Auftrag listig abgedrängt
schleichen sie heim.

Ohne Schiff gleiten sie über die See,
mit einem Schwung
fahren sie von der Erde zum Himmel auf.
Es ist ein törichtes Wettrennen nah und fern,
nach schwindelndem Lauf kehren sie zu mir zurück.

Versucht man gleich, sie zu binden
oder ihnen Ketten an die Füße zu legen –
sie reißen sich los und eilen davon,
unaufhaltsam, ohne Rast und Ruh.

Weder Schwertes Schneide noch Peitschenhieb
halten sie zurück. Schlüpfrig wie der Schwanz des Aals
entgleiten sie meinem Griff.«

Es gibt viele Vorschläge, wie die notwendige Konzentration unserer Gedanken und aller geistigen und seelischen Kräfte und leiblichen Bedürfnisse geschehen kann. Ich will sie hier nicht wiederholen. Wichtig ist, dass wir nicht für zwei Sekunden, sondern für eine halbe Stunde in vielen harten Übungen lernen, unseren inneren und äußeren Menschen in die Hand zu bekommen, ihn sozusagen um unsere eigene Mitte herum zu versammeln, so dass am Ende eine uns zugedachte Erfahrung uns wirklich als ganzen Menschen antrifft.

Dieser zweite Schritt zielt auf unsere ungeteilte Anwesenheit dem gegenüber, was uns begegnen, was uns anreden will.

Nichts Besonderes denken, nichts reden, nichts tun, sondern nur anwesend sein. Sich der Wörter erwehren, die um uns her ergehen, und derer, die sich in uns hörbar machen wollen. Schweigen. Wie will einer etwas hören, solange er redet? Man hört nur, solange man schweigt.

Die leise Stimme im Grund unserer Seele hören wir nur, wenn wir abseits gehen. Wenn wir, wie Jesus sagt, »die Tür schließen«. Die Tradition spricht hier von »tacitas«. Wir reden nichts. Wir tun nichts. Wir nehmen nichts wahr. Wir sind zwar von Hause aus ein Gewirr von Empfindungen, Gefühlen, Wünschen, Ängsten und Widerständen. Dies alles erst einmal zum Schweigen zu bringen, ist eine lange und mühsame Arbeit. Aber wir wollen ja hören können, was uns gesagt wird. Mutter Teresa sagt: »Wenn du dich verändern willst, dann schweige.« Oder andere: »Höre auf den feinen Ton, der erklingt, wenn du nichts mehr hörst.«

Wir leben in einer Zeit der bunten, schreienden, lärmenden Wörter. Getön umgibt uns, Gerede, Geschwätz. Dazwischen Information. Aufforderungen. Lügen. Halblügen. Viertelslügen, gemischt mit Viertelswahrheiten und Halbwahrheiten. Je tiefer diese Zeit der Massenmedien uns in ihre lärmenden Neuheiten zwingt, desto weniger wird die Wahrheit noch kenntlich, noch unterscheidbar sein.

Das Wort aber ist unentbehrlich. Ein Mensch lebt davon, dass jemand ihn hört, dass jemand mit ihm spricht. Es muss jemand da sein, der ihn hört und dann sagt: Ich verstehe dich. Ich vertraue dir. Du bist nicht allein. Ich will dir helfen. Wo das Wort abstirbt, stirbt der Mensch ab.

Das Wort aber lebt von seiner Freiheit. Wo es unfrei wird, verliert es seine Würde, wo es dem Geld dienstbar wird oder der Macht, dem Zeitgeist oder den Überlieferungen, der Konfrontation oder dem Geschäftssinn. Die Dienstbarkeit des Wortes ist der Anfang der Lüge. Dabei hungern Millionen nach einem verlässlichen Wort. Das unsere sollte eines davon sein.

Also: Tu den Mund auf, wenn du etwas zu sagen hast. Schließe ihn, wenn du nichts zu sagen hast, und was du sagst, sage so, dass man es versteht. Und lass auch einmal etwas Wichtiges ungesagt. Nicht jede Stunde eignet sich für jede Wahrheit.

Ibn Ata Allah, ein islamischer Weiser, sagt:

»Wenn du jemand siehst,
der auf alles antwortet, was man ihn fragt,
der alles ausspricht, was er bemerkt,
oder der alles erzählt, was er gelernt hat,
so schließe daraus: Er ist ein Tor.«

Ein Wort zur Einübung des Schweigens könnte das folgende sein:

Schweigen möchte ich, Gott,
und auf dich warten.

Schweigen möchte ich, damit ich verstehe,
was in deiner Welt geschieht.

Schweigen möchte ich,
damit ich den Dingen nahe bin,
allen deinen Geschöpfen, und ihre Stimmen höre.

Ich möchte schweigen,
damit ich unter den vielen Stimmen die deine erkenne.

Ich möchte schweigen und darüber staunen,
dass du für mich ein Wort hast.

Ich bin nicht wert, dass du zu mir kommst,
aber sprich nur ein Wort, so wird meine Seele gesund.

Der dritte Schritt: Nichts bewegt sich in uns. Weder Absichten noch Gedanken. Nur noch das Vertrauen, Gott sei uns nahe. Gott sei gegenwärtig. Wir selbst seien gegenwärtig vor ihm. Wir stehen Gott »leer« gegenüber. Leer von allem, was uns sonst bewegt und umtreibt. Wir warten nur noch auf das, was er uns geben wird, was er sagen will. Wir sind Empfangende, nichts sonst. Die Tradition spricht an dieser Stelle vom »vacare Deo«, dem Leersein für Gott. Von der reinen Offenheit für seine Anrede. Vom wehrlosen Empfangen.

Es ist kein Zweifel: Wer auf diesem Weg weiterkommen will, wird lange Zeit versuchen und üben müssen. Er wird viel Geduld nötig haben mit der eigenen Unfähigkeit. Und er wird seine kleinen Anfangserfolge sorgsam und freundlich bewahren. Sie sind immerhin Anfänge.

Johannes Tauler sagt: »Gott würde in dich kommen und deine Seele erfüllen, wenn er sie leer fände.«

Leer sein für Gott, das ist einer der wichtigsten Gedanken der spirituellen Meister. Und eine der schwersten Vorübungen innerhalb einer christlichen Meditation. Spirituelles Leben zielt weniger darauf, dass wir etwas als Gewinn einbringen – das steht ohnedies nicht in unserer Hand –, sondern darauf, dass wir sehr viel aufgeben, abgeben und weggeben. Spirituelles Leben gedeiht am genauesten in dem inneren Raum, in dem alles, was wir selbst sind, unwichtig wird.

Meister Eckart sagt:

»Du sollst wissen,
dass noch nie ein Mensch
so von sich gelassen hat,

dass ihm nicht eine noch größere Gelassenheit
möglich gewesen wäre.
Aber so vieler Dinge du dich aus deinem Eigenen begibst,
mit so viel hält Gott Einzug in dir.
Du musst dich nur aller Dinge, die du hinter dir lässt,
redlich und vollkommen entäußert haben.
Damit fang an und lass es dich alles kosten,
was du nur aufzubringen vermagst.
So findest du den wahren Frieden und nirgends sonst.«

So sagt der Christus-Hymnus in Philipper 2, Jesus habe »sich selbst
leer gemacht«. Alles, was an ihm göttlich und groß war, habe er
sozusagen »aus dem Haus geworfen«, das er selbst war, und habe
dafür wie einen Gast den Auftrag in sich aufgenommen, ein
Mensch zu sein wie andere Menschen. Später nahmen die geistlichen Lehrer und Lehrerinnen der mystischen Tradition diesen
Gedanken auf. Sie sprachen auch von »Nichtigung unser selbst«
oder von dem Nichts, das in uns sei und das wir seien. »Wer dir
dein Nichts zeigen will«, sagt einer, »den nimm dankbar und
freundlich auf, denn er erinnert dich daran, was du in Wahrheit
bist: Nichts.«

Gerhard Tersteegen gibt diesen drei ersten Schritten einen schlichten und genauen Ausdruck:

»Herr, lass schweigen, was du nicht selbst in mir redest,
lass still stehen, was du nicht selbst bewegst,
nimm die Stelle ganz ein, die jetzt ich bin,
und tue in mir und durch mich, was dir gefällt.

Lass dieses Ich untergehen
und sei du allein alles in allem.
Führe so mich ganz aus mir selbst
und aus dem Meinen heraus in dich,
o mein Gott, mein Ursprung und mein Ziel.

So bin ich nicht mehr im Schein, sondern im Wesen,
von allem Übel erlöst und frei
und ehre und verherrliche dich allein.«

XVI

Drei Schritte der spirituellen Einübung

71 Der vierte: Dem eigenen Geist gibt Raum, wer ihn dem größeren Geist öffnet

Die vierte unter den Stufen eines Meditationsweges ist eine geistige Neuorientierung, die den Sinn hat, mehr Raum zu gewinnen für das Denken, Bewegung zu bringen in Vorstellungen und Überzeugungen, Offenheit und Bereitschaft für geistige Erfahrung. Es geht um die Einübung geistiger Freiheit. Freiheit aber ist nicht zu gewinnen durch die Konzentration auf das eigene Interesse, auch nicht durch ein Aufsuchen des angeblich stillen Innenraums der eigenen Seele. Freiheit in diesem Sinn meint offenes, selbstständiges Stehen zu einem ebenso offenen und freien Gegenüber. Der Mensch sieht selbst. Er hört selbst. Er denkt nach. Er steht aus dem Schweigen heraus als freier Mensch auf. Er hört und gibt seine Antwort. Dieser vierte Schritt ist nach aller Überlieferung der der »Meditation«. Der, wie die Tradition auch sagt, »cogitatio«, der den Sinn hat, das geistige Instrumentarium, das uns Menschen mitgegeben ist, in der Richtung auf eine religiöse Erfahrung funktionsfähig zu machen.

Hier beginnen wir nicht mit uns selbst, nicht mit den Gedanken, die uns selbst einfallen. Wir öffnen uns vielmehr den Stimmen, die uns etwas zu sagen haben. Wir lassen sie reden. Wir wählen uns etwas, das mit Gewissheit außerhalb von uns erdacht wurde, etwa einen der dichten, starken Texte, die uns überliefert sind, im Evangelium oder anderswo, lesen ihn, hören ihn, denken ihm nach, durchqueren ihn mit unseren Gedanken vor und zurück und kreuz und quer und lassen uns von nichts abhalten, dies zu tun. Wir stellen uns vor, was er sagt. Wir beginnen vielleicht auch, mit ihm zu spielen, mit seinen verschiedenen Bedeutungen, Färbungen, Nuancen, und horchen auf das Echo, das dieses Wort in uns auslöst. Wobei uns aber immer gegenwärtig bleibt, dass dieses Wort nicht von uns, sondern von jemand anderem gesprochen wurde, und zwar auf uns hin. Die Tradition spricht in diesem Zusammenhang vom »Verweilen«, vom Umhergehen in einem kleinen abgegrenzten Reich, und empfiehlt, über den Rand, den unser Wort, unser Text festlegt, an keiner Stelle hinauszugehen. Denn wir wollen uns nicht mit Allem und Jedem befassen, sondern nur von diesem bestimmten Gedanken bewohnt sein. Wir werden also einfach zuhören, geduldig und freundlich. In jedem Horchen auf eine fremde Erfahrung ist ein Faktor enthalten, den wir beachten müssen: nämlich die Gefahr unseres eigenen Rechthabens. Unseres Urteilenwollens. Wir werden darauf achten, dass kein rasches Wort den Vorgang des Zuhörens vorzeitig abbricht. Wir werden alles ernst nehmen, was uns jemand erzählt, solange, bis uns klar wird, wo unsere Bedenken angezeigt sind. Und das gilt auch von unseren eigenen Einfällen, Erlebnissen und Erfahrungen. Auch fragwürdige oder täuschende Vorgänge können auf tiefere Ursachen zurückgehen. Eine psychologische Diagnose ist zunächst nichts weiter als eine Meinung. Die Wahrheit kann ganz anderswo sein, und es ist unendlich schwer, was einem anderen begegnet, zur eigenen Begegnung zu machen. Wir wissen wirklich nichts. Und jede Erfahrung ist kostbar.

Was dieser Schritt auf unserem Weg uns bringen kann, ist die Offenheit dessen, der wenig weiß und sehr viel erwartet. Der sehr offen lässt, ob Gott nicht vielleicht doch ein redender Gott sei, ob er nicht tatsächlich fähig sei, mir selbst oder anderen ein Zeichen zu geben, ob es nicht geschehen könne, dass er mir oder anderen in den Weg tritt.

Aber dies wiederum ist nicht das Ganze. Kein fremdes Wort ist von vornherein und bedingungslos eine Autorität, der wir uns fügen. Wir prüfen, was uns angeht und was nicht. Was ein Wort Jesu sein kann und was nicht. Was seinen Geist atmet und was nicht, auch aus den Meinungen und Deutungen jener ersten Autoren. Wir lassen uns von keinem angeblichen »Wort Gottes« das prüfende, kritische, selbstkritische Nachdenken abkaufen. Was uns nicht überzeugen kann, ist vielleicht nicht wahr genug. Wir sollen gesprächsbereit und selbstkritisch, aber unabhängig Klarheit schaffen. Unser Ziel muss ein Glaube sein, der weiß, was er glaubt, warum er gerade das glaubt, was er glaubt, und der zu unterscheiden weiß, ob ein Wort auf ihn zu oder an ihm vorbei ergeht. Und vor allem werden die Autorität und Vollmacht von Menschen uns nur angehen, wenn sie uns treffen. Wir werden auf eigenen Füßen stehen und uns nur dem, was uns überwindet, fügen.

Aber hier kommt es zu einer Gegenbewegung. Auch unser kritisches Nachdenken ist nicht das Einzige, das an geistiger Kraft im Universum am Werk ist. Wer dem geistigen Kosmos dieser Welt gerecht werden will, darf mit seinem Denken nicht zu schmal ansetzen. Es gibt ja nicht nur unseren kleinen Kopf. Es gibt vielerlei Denken überall in der Welt. Auch ein Hund denkt. Auf seine Weise. Jede Stubenfliege denkt. Die ganze Evolution des Lebens auf dieser Erde ist ein unerhört produktives, einfallsreiches und kenntnisreiches Nachdenken in allen Dingen. Überall ist Geist. Und es ist vielleicht doch erlaubt, diese überall wirksame Form des Geistes als den Geist Gottes zu beschreiben. In dem Maß, als wir uns auf die Spur dieses überall gegenwärtigen Gottesgeistes begeben, desto lebendiger wird alles, was in uns denkt.

Wie ist es denn bei uns selbst? Natürlich denkt unser Kopf, was wir selber denken wollen. Er denkt aber auch unabhängig von unserem Bewusstsein. Und wie ist das mit dem Organ, das wir unser »Herz« nennen? Wenn wir lieben, geht uns nicht nur unser Verstand verloren, es erwacht vielmehr ein anderes Denken, ein Denken des Herzens. Und das ist ein reiches, ein sehr differenziertes. Und wie steht es mit dem, was wir unsere Seele nennen? Unser Erfahren und Empfinden? Unsere künstlerische Intuition? Auch sie denkt, auf ihre Weise. Und wie steht es mit unseren Trieben, unseren Instinkten? Auch sie haben ihre eigene Weise, zu wollen und zu wirken – und das heißt nachzudenken. Und am Ende: Wie steht es mit unserem Körper? Unser ganzer Körper ist ein unerhört kluges, geistiges Instrument. Und wenn er nicht seine eigene Weise hätte, zu denken, zu wollen, zu erkennen und zu entscheiden, wären wir schnell am Ende. Nein, wir sind insgesamt, wir Menschen, ein kompliziertes geistiges Wesen, und wir wären schnell am Ende unserer Weisheit, wäre unser kleiner Kopf das einzige geistige Instrument in der Welt oder in uns selbst.

Wir sollen denken. Klar. Kritisch. Und wir sollten immer wissen, dass auch das Ahnen ein Nachdenken ist, das Hoffen, das Lieben, das Hören und Schauen. Darin wird sich das mystische Nachdenken vom rein rationalen Denken unterscheiden: dass es ungleich umfassender geschieht, ungleich vielfältiger, und dass wir von unserem Nachdenken ungleich mehr erwarten dürfen an Klarheit und Wahrheit.

Bin ich bis hierher gekommen, so werde ich viel offen halten, was immer sein und geschehen könnte. Ich werde von nichts sagen: Das ist unmöglich. Ich werde nichts festlegen, nichts ausschließen, nichts besser wissen. Ich werde bereit sein zu sagen: Ich verstehe es nicht, aber es mag wahr sein. Ich werde nichts diskriminieren, auch nicht mit den Mitteln religiöser Vorstellungen, auch nicht mit den Mitteln der Theologie. Ich werde offen sein allem gegenüber, das begegnen will, und es gelassen aufnehmen. Bereit, etwas kennen zu lernen, das mir bislang fremd und unbekannt ist. Und das aus dem einfachen Grund, weil unendlich mehr mir unbekannt ist, als was ich zu verstehen vermag.

Wir werden also auch unseren Gedanken nachgehen, die sich mit Gott beschäftigen. Die ganze Bibel redet von der ersten bis zur letzten Seite im Grunde immer nur von Gott. Es kommt also viel an Nachricht über Gott in unseren Kopf und unser Herz. Und wie über alles, was in unseren Kopf und unser Herz kommt, werden wir auch über Gott uns danach unsere eigenen Gedanken machen.

Was ist das Charakteristische an dem Gottesbild, das der mystische Weg uns eröffnet? Es ist ein Bild in Gegensätzen. Die Mystik denkt nie einfach von Gott, sondern immer so, dass viel in Gott Raum hat, das nach unseren menschlichen Vorstellungen nicht zusammengesehen werden kann. Alles, was zu einfach ist, hat zu wenig

Wahrheit. Gott ist als eine Person zu denken, anzureden, zu hören, zu verstehen. Aber er ist mehr als nur das. Er ist auch ein allgegenwärtiges, alles erfüllendes Meer. Das bedeutet, dass es ebenso wahr ist, dass wir ihm gegenüber sind wie einem Du, wie dass wir in ihm sind, sozusagen in ihm schwimmen. Dass er in uns ist wie um uns her. Und weiter: Gott ist uns Menschen unendlich fern, unerreichbar fremd und anders. Und zugleich ist er unendlich nah, uns näher als wir selbst. Und weiter: Gott ist die Fülle von allem, was ist, nichts kann gedacht werden, was nicht in ihm wäre. Und zugleich kann nichts gedacht werden, was in ihm wäre und was ihm eigen wäre. So hören wir von Mystikern immer wieder den Satz: Gott ist das große Nichts. Ein Nichts für unseren Verstand. Und weiter: Gott stellen wir uns immer irgendwie in der Höhe vor. Über uns. Stark. Überlegen. Mächtig. Aber die Mystik spricht auch davon, Gott sei in der Tiefe. Er sei machtlos. Er herrsche nicht über die Welt der Menschen, sondern leide an ihr, wie Christus an ihr gelitten hat. Und weiter: Es ist uns vertraut, dass Gott das Licht ist. Das ist selbstverständlich und leicht zu verstehen. Aber die Mystik spricht auch davon, Gott sei gleichzeitig die abgründige Finsternis. Beides, das Heil und das Unheil, lägen in ihm bereit. Wie es der Prophet Jesaja sagt: »Gott macht das Licht, und er schafft die Finsternis. Er gibt Frieden und schafft das Unheil. Alles bewirkt er.« Die geistige Einübung, die uns hier Not tut, ist die, Widersprüche, Gegensätze und Rätsel nicht zu fürchten.

In der Mystik enden alle harmlosen, einfachen Gottesbilder. Alle Gegensätze, die wir Menschen zu denken vermögen, werden mitgedacht. Anders gibt es keine Gotteserkenntnis, die etwas von Wahrheit hätte. Wenn ich Gott auf irgendeine Weise beschreibe, werde ich also immer dazu sagen: Das ist wahr. Aber auch das Andere ist wahr. Und wie und was Gott ist, das ist mir unerreichbar. Ich werde am Ende bei dem sehr einfachen und erlösenden Bild Gottes ankommen: Ich habe, wie mir Jesus sagt, einen Vater im Himmel. Auf dieses Wort verlasse ich mich. Auf ihn baue ich mein Leben auf.

Am Ende meines Nachdenkens über Gott werde ich also sachgemäß urteilen: Ich weiß nichts. Ich kann mich nur seinen Gedanken aussetzen. Und wenn sie mich berühren, werde ich vielleicht in die Anfänge einer Gotteserfahrung gelangen.

72   Der fünfte: Den eigenen Willen setzt frei, wer ihn dem größeren Willen eingleicht

Auf der fünften Stufe dieser Meditationsreihe gehe ich davon aus, dass Gott nicht in erster Linie eine bewahrende, vielmehr eine verändernde Kraft sei. Die Weltgeschichte sagt dasselbe. Nichts bleibt über längere Zeit, wie es ist. Alles entwickelt sich, verändert sich, erfährt Umbrüche und Neuanfänge. Alles wächst, erweitert sich, stirbt ab, entsteht neu.

Erfahrungen sind oft, wenn nicht immer, Impulse, die eine Veränderung irgendwelcher Art bewirken wollen. Wer eine Erfahrung macht, weiß unmittelbar, dass sie eine große Veränderung an ihm selbst will. Wer ein Wort hört, weiß sofort, dass er antworten muss, dass aber diese Antwort nicht aus dem Bestand dessen kommen kann, was er gestern gehört hat. Ein mich angehendes Wort geschieht in einem Augenblick und es will eine Antwort, wie sie mir die Stunde eingibt.

Es mag sein, dass mir eine Erfahrung zugespielt wird, die in mir einen Widerstand weckt. Sie ist zu undeutlich, sie fordert zu viel, sie fordert, was ich nicht will. Meine Antwort ist gehindert, sie ist von Vorurteilen oder Abwehr verbaut. Wie gehe ich damit um? Wie finde ich zu dem Ja, von dem ich weiß, dass ich es sprechen muss, will ich dem gerecht werden, was mir begegnet ist? Die Erfahrung läuft gegen meine Pläne, meinen Ehrgeiz, meine Ängste. Wie komme ich auf den Weg, den ich gehen soll?

Wie komme ich also dazu, ohne inneren Widerstand zu hören, was mir aus der Zukunft als Ruf oder Weisung entgegenkommt? Wie komme ich dazu, mich einem Versuch, einem Wagnis, einem Schritt ins Unbekannte anzuvertrauen? Die spirituelle Tradition des christlichen Glaubens kennt einen Schritt, den ich in meiner geistlichen Entwicklung tun muss, eine Anleitung, wie mit meinem eigenen Willen, meinem Beharren, meinem Verweigern achtsam umzugehen sei.

Eine bestimmte Stufe der geistlichen Einübung, wie sie immer schon bedacht worden ist, heißt »conformitas voluntatis«, »Gleichgestaltung des Willens«. Sie meint den Versuch, unseren Willen umzuformen oder umformen zu lassen so, dass er dem Willen Gottes gemäß wird. Oder besser: unseren Willen umformen zu lassen so, dass er Gottes Willen ausdrückt. Es geht also darum, unsere kleinen und großen Willensregungen, Absichten und Pläne abzugeben und Gottes Willen dafür zu unserem Willen zu machen. Es geht darum, den Raum unseres Wollens zu weiten, ihm immer mehr Raum zu geben, bis er den universellen Willen Gottes zu fassen vermag. Wir werden also viel von unseren Meinungen, Bestrebungen oder Widerständen ablegen und nach dem fragen, was von uns erwartet wird. Wer eine Erfahrung gemacht hat, ist damit noch nicht fähig, zu tun, was sie verlangt. Einer plötzlichen Erfahrung die angemessene existentielle Antwort zu geben, bedarf einer ganz und gar nicht selbstverständlichen Freiheit der Willenskräfte eines Menschen. Zu dieser Willensebene in uns zählen auch unsere Wünsche, unsere Absichten, unsere Vorlieben, unsere Triebe, Bedürfnisse und Widerstände jeder Art.

Was aber haben wir danach in der Hand, das wir für den Willen Gottes halten können? Woher wissen wir etwas über diesen rätselhaften Willen? Die Zehn Gebote sind es nicht. Unser eigenes Gewissen ist es nicht. Eine Hierarchie von Werten, christlichen Werten etwa, ist es nicht. Wer uns den Willen Gottes zeigt, kann für Christen nur Jesus sein, der ihn konkret macht durch sein eigenes Sein und Tun, der ihn konkret zeigt in dem Wort, das er zu den Menschen seines Landes gesagt hat. Aber dieser Wille Jesu ist weniger ein moralischer Wille. Jesus war an ganz anderem interessiert als an einer christlichen Moral. Im Ernstfall genügte für Jesus ein schlichtes Vertrauen, mit dem ein Mensch sich ihm hingab. Es ging ihm um die Liebeskraft, die sich mit der Liebe Gottes geeint hat. Er war das Modell dessen, was aus uns werden soll. Er stieg ab zu den Armen und den Leidenden seines Landes, und unten, auf Augenhöhe mit dem Leid, liebte er. Das ist das Muster, dem wir nachgeformt werden sollen.

Dabei werden wir die Erfahrung machen, dass wir auf diese Weise nicht etwa willensschwächer werden, sondern dass unser Wille dabei stärker wird, weil er nicht von einander widerstrebenden Kräften blockiert wird. Er lädt sich auf mit der Kraft des großen Willens Gottes. Wir verbrauchen unsere Kräfte nicht mehr im Widerstand gegen das Gesetz unseres eigenen Schicksals oder gegen Ordnungen und Gesetze, die das Leben uns vorzeichnet. Wir strömen, wenn uns das ein Stück weit gelungen ist, mit im großen Strom und tragen zu dieser Strömung die kleine Kraft bei, die uns mitgegeben ist.

Tun wir das, so werfen wir damit viel Last ab. Denn viel Last, die uns unser Leben auferlegt, hängt damit zusammen, dass wir unseren eigenen Bedürfnissen folgen. Viel Vergeblichkeit damit, dass unser Wille sich nicht durchzusetzen vermag. Viel Enttäuschung, wenn er versagt. Viel Leid, wenn er sich gegen uns wendet. Viel Verzweiflung, wenn er in eine Sackgasse geführt hat. Wer seinem Willen eine sinnvolle Richtung anweisen will, in die hinaus er wirken kann, muss seinen Willen zuerst einmal in den Hintergrund gestellt haben. Welcher Wille soll denn die Zukunft bestimmen? Der meine? Der der anderen? Der Wille der Macht? Der des Geldes? Der der Mehrheit? Oder vielleicht eher jener Wille, in dem der Lauf der Welt seinen Ursprung nahm? Jener Wille, der diesem Lauf der Welt eine sinnvolle Zielbestimmung mitgab? Wenn es einen solchen Willen gibt, ist die Antwort klar. Aber was soll dann noch der Wille, der in mir zur Tat drängt?

Die spirituelle Tradition, wiederum vor allem der Mystik, spricht davon, wir hätten unseren Willen umzuformen oder umformen zu lassen so, dass er dem Willen Gottes, genauer: dem Willen, der will, was wir wollen sollen, ähnlich wird. Diese Eingleichung in den größeren Willen beginnt nahe bei uns selbst. Wir können dann Ja sagen zu uns selbst. Wir können den Menschen bejahen, der wir selbst sind. Wenn es Gott ist, der uns geschaffen hat, der unsere ganze Ahnengalerie gewollt und geprägt hat, dann drückt sich in uns sein Wille aus. Dann empfangen wir uns selbst aus seiner Hand mit allen unseren Kräften und Schwächen. Wir können nicht anders sein wollen, als er uns gewollt hat. Wir sehen aus, wie wir aussehen. Eine andere Gestalt haben wir nicht, und es nützt nichts, von einer Schönheit zu träumen, die uns nun einmal nicht mitgegeben ist. Er hat uns in unser bestimmtes Leben gestellt, und ein anderes haben wir nicht. Er hat uns unser Schicksal zugewiesen, und es nützt nichts, ein anderes zu wollen. Er hat uns mit bestimmten Begabungen ausgestattet, andere hat er uns vorenthalten. Wir wirken also mit unseren Gaben und klagen ihn nicht an derer wegen, die wir nicht haben. Er hat uns unsere Zeit gegeben und unsere Zeitgenossen, also träumen wir uns nicht zurück oder voraus in bessere Zeiten. Es gibt sie nicht. Oder besser: Er ist es, der sie nicht gibt.

Eingleichung in den Willen Gottes hat eine zweite Gestalt. Wir sagen zum Beispiel auch Ja zu den Lebensgesetzen, die in dieser Welt gelten. Es gibt nun einmal solche Gesetze. Wir können sie nicht verändern. Wenn uns die Nacht nicht gefällt, wir können sie nicht abschaffen. Wenn die Zeit kurz ist, wir können sie nicht dehnen. Wenn die Schwerkraft uns hindert, den Rhein zu überspringen, wir können sie nicht aufheben.

Eins zu werden mit dem Willen Gottes hat eine dritte Gestalt. Sie zeigt sich auch in unserer Bereitschaft, nicht zu tun, sondern geschehen zu lassen, was geschehen soll. Wir lassen also unseren Willen ruhen. Wir nehmen unsere kleine Freiheit zurück und geben sie ab um des größeren Gelingens willen. Wir werden dabei frei von viel Angst. Frei für die Weisheit, die in unserem Leben liegt und die uns führen könnte. Wir können das Leben nicht planen, nicht machen und nicht vorauswissen. Aber wenn wir unsere Pläne ruhen lassen, mag es geschehen, dass wir staunen über den Plan, der in unserem Leben sichtbar wird. Wir scheitern an einem Vorhaben und erkennen am Ende, dass es gut ist, so wie es kam.

Wir kommen an Schmerz und Leid nicht vorbei, aber wir erfahren, dass es einen Weg gibt durch alles hindurch. Wir vertrauen, auch wo wir nicht verstehen.

Und noch ein Viertes: Vielleicht erkennen wir irgendwann, dass, was uns zustößt, eine deutliche Entsprechung in uns selbst hat. Was außen gelingen soll, muss innen beginnen. Was in uns selbst ist, zieht Ereignisse, die von außen kommen, an. Nichts gedeiht zwischen uns und den Menschen, das nicht in uns selbst angefangen hat zu gedeihen. Der Mensch und sein Schicksal sind eine Einheit, gleichsam ein zusammenhängendes Schwingungsfeld von Kräften, die vom Willen und Plan Gottes bewegt sind. Die treffen keineswegs »zufällig« aufeinander. Sie sind von vornherein etwas wie Bewegungen in einem Schwingungsmuster, in dem nur geschieht, was in ihm geschehen kann und soll. Für unseren Umgang mit unseren Erfahrungen bedeutet das, dass, was wir erfahren, uns immer nur zum Teil von außen trifft, und sehr viel von innen kommt, aus uns selbst, dass es also über die Welt, in der wir leben, wenig aussagt.

Man muss aber zuerst einen klaren, eigenen Willen haben, um ihn abgeben zu können. Nur, wenn ich weiß, was ich will und was ich wollen soll, kann ich ihn zugunsten eines anderen Willens weglegen. Wir nehmen uns also Großes vor, aber wir nehmen uns nicht vor, wir müssten es vollenden. Wir brauchen nicht die Menschen zu Heiligen zu erziehen. Wir müssen nicht die Welt in das Reich Gottes verwandeln. Wir müssen selbst keine Heiligen werden. Wir lassen also unsere Sorge um das Künftige. Wir verzichten immer wieder darauf, etwas herbeizuzwingen. Wir greifen keiner Entwicklung voraus. Wir nehmen uns nicht vor, alle Welträtsel zu lösen. Wir brauchen nur mit dem Zeitmaß, das Gott uns vorgibt, das zu tragen und das zu tun, was uns zugemutet ist, und auf das gespannt zu sein, was vor uns liegt. Wir lassen dann und wann ein Geheimnis unergründet. Wir lassen dann und wann Widersprüche ungeklärt. Wir bleiben mit den kurzen Schritten, die unsere Beine uns gestatten, an unserem kleinen Ort und in unserer kleinen Zeit, also innerhalb dessen, was Gott in unseren wenigen Sommern durch uns bewegen will. Nicht aus Gleichgültigkeit, sondern darum, weil auf solche Weise, was Gott will, mit größerer Gewissheit erreicht werden kann.

Thomas von Kempen (1380–1471) sagt zu Gott:

»Gib, was du willst,
wie viel du willst und wann du willst.
Tu mit mir nach deinem Belieben
und wie es dir am besten gefällt,
so dass man dich erkennt an dem,
was du an mir tust.

Stelle mich hin, wo du willst,
und schalte frei mit mir in allen Stücken.
In deiner Hand bin ich.
Drehe und wende mich, wohin du willst.

Ich lebe aus deinem Willen.
Ich bin zu allem bereit.
Ich will nicht mir selbst leben, sondern dir,
und zwar ganz und gar
und so, wie es deiner würdig ist.«

Mit diesem fünften Schritt bringen wir uns ein in Gott. Wir sind in Gott. Gott ist in uns. Das heißt auch, was Caspar Schwenckfeld, ein Zeitgenosse Luthers, so ausspricht:

»O Herr, gütiger Vater,
ich begehre nicht, was du mir geben kannst,
sondern dich selbst.
Dich selbst will und suche ich.
Es ist gut so, dass du mir gibst, soviel du willst,
und aus mir machst, was du willst.
Ich will weder sein noch nicht sein,

weder leben noch sterben,
weder wissen noch nicht wissen,
weder haben noch entbehren:
Allein was du willst, wie viel du mir geben willst,
darauf will ich täglich warten und dich gleich lieben.«

Und da wird es geschehen, dass uns das Bild, das wir sehen, prägt.
Wandelt. Klärt. Wir empfangen in dieser Betrachtung unsere eigene Gestalt, wie sie uns zugedacht ist. Ihre Freiheit, ihre Kraft. Ihr Stehvermögen. Ihr Vertrauen und ihre Schönheit. Und wir lernen dabei, groß auch von uns selbst zu denken. Wir sind nicht nur miese Figuren. Das sind wir auch. Wir sind aber auch und vor allem Bilder Gottes. Töchter und Söhne Gottes. Im gleichen Sinn, in dem wir Jesus den »Sohn Gottes« nennen. Sein Maß gibt uns unser Maß. Wie wir unsere Gestalt nach des Paulus Worten von der Gestalt des Christus empfangen.

Wir werden also fähig sein, Erfahrungen zu machen, die eine Wirklichkeit anzeigen. Wir werden etwas sehr Fremdes willig in unser Haus einlassen können. Etwas, das die Veränderung unserer Lebenspläne und Lebensabsichten fordert. Einen Wechsel der Blickrichtung. Einen Impuls, den wir ebenso wach und kritisch aufnehmen wie das fremde, andere Wort, von dem im vorigen Abschnitt die Rede war. Wir werden fähiger sein, Erfahrungen in praktische Schritte umzusetzen.

Gerhard Tersteegen betet:

»Gleichwie ein leichtes Blatt — also gelassen schwebet
in Gottes Luft mein willenloser Sinn.
Kein Wollen sonst in mir als Gottes Wollen lebet,
sein kleinster Wink bläst meinen Willen hin,
zu lassen und zu tun, zu leiden oder nicht.
Es ist mir alles eins, Herr, wenn dein Will' geschicht.«

73 Der sechste: Sich selbst findet, wer von sich Abschied nimmt

»Wer sein Leben lieb hat, wird es verlieren«, sagt Jesus. Das heißt auch: Wem zu viel an ihm selbst gelegen ist, der wird sich selbst aus den Händen gleiten. Wer zu viel an seiner Vervollkommnung arbeitet, wird in der Verwirrung seines Zielbildes enden. Für einen modernen Menschen, dem so unendlich wichtig ist, sich selbst zu finden und zu formen, ist das nur schwer begreiflich.

Sich selbst findet, wer von sich selbst Abschied nimmt – das ist einer der wichtigsten Sätze, wenn wir klären wollen, was denn eine christliche Meditation sei. Und vielleicht kommen wir dieser Eigenheit des christlichen Meditierens näher, wenn wir uns vorstellen, womit einer sich beschäftigt, während er meditiert. Nach christlicher Vorstellung ist das zunächst auf keinen Fall er selbst oder sein eigenes Stillwerden. Auch nicht der Umgang mit seiner eigenen Seele und ihren Erfahrungen, ihren Kämpfen, ihren Schwierigkeiten. Christliche Meditation ist immer und immer wieder ein Verlassen des eigenen Innenraums. Ein Weggehen von allem, was wir selbst sind. Und danach erst eine Wiederbegegnung mit uns selbst.

Die spirituelle Tradition sagt: Lass dein Ich hinter dir. Dein Ich täuscht sich, wenn es behauptet, es sei Du. Es ist nur deine Schale. Dein Panzer. Dein Mittel zur Selbstdurchsetzung. Dein Hilfsmittel, das dir helfen soll, dich in deiner Welt zurechtzufinden. Es ist ein Teil des Instrumentariums, das dir hilft zu überleben. Unser Weg von uns selbst weg ist ein Suchen nach der Gestalt, die unser Leben annehmen soll. Wir finden dabei das wichtige, das seltsame Gesetz der Spiegelung. Paulus sagt: Wir schauen Christus. Und wir verwandeln uns selbst in das, was wir schauen. Wir finden auch das wichtige Gesetz der Prägung: Es tritt ein Bild in uns ein, das uns diese Gestalt vorformt und uns ihr nachbildet, wie sie uns zugedacht ist. Und so meint es Herder, der gesagt hat:

»Vergiss dein Ich!
Dich selbst verliere nie!«

Sich hingeben und lieben. Absteigen zu denen, die in irgendeiner
Tiefe verfangen sind, und lieben. Das ist das Modell eines christlichen Lebensweges. Das ist, vor allem, die Ebene, auf der wir die
wichtigsten unserer Erfahrungen machen werden.

»Willst du dahin gelangen, alles zu kosten,
so suche in nichts Genuss.
Willst du dahin gelangen, alles zu wissen,
behaupte in nichts, etwas zu wissen.
Willst du dahin gelangen, alles zu haben,
verlange in nichts, etwas zu besitzen;
willst du dahin gelangen, alles zu sein,
suche in nichts, etwas zu sein.«

Johannes vom Kreuz

»Wo gelangt denn der hin,
der in Gott hineinhofft,
wenn nicht in sein eigenes Nichts?
Wohin sollte der entschwinden,
wenn nicht dorthin, woher er kam?
Er kam ja aus Gott
und dem eigenen Nichts.
Darum kehrt zu Gott zurück,
wer ins Nichts zurückkehrt.«

Martin Luther

Eine reifere, eine klarere Gestalt sollen wir gewinnen. Wir brauchen nicht so klein zu bleiben, wie wir sind. Wir sind groß gedacht.
Wir sind auf ein Zielbild hin angelegt, das schöner und stärker sein
wird als unser gegenwärtiger Zustand.

Was also die Einübung in die Erfahrung betrifft, so wird es für uns gelten, unsere eigene Identität aus dem prägenden Gegenüber dessen zu gewinnen, was uns als das Bild Gottes gegenübertritt. Wir werden es in den Bildern unserer Erfahrung wiedererkennen.

XVII

Wie uns unser Ziel findet

74 Der siebte Schritt: Die Kontemplation verbindet das Oben und das Unten unserer Erfahrungswelt

Wenn wir vom Ziel einer Meditation sprechen, dann nennen wir es die »Kontemplation«. Kontemplation ist die vollkommene Ruhe, mit der wir in Gott sind. Sie ist das einfache Sein, in dem nichts geschehen muss. Nicht einmal ein Gebet. Es ist alles fraglos. Es muss nichts erklärt werden. Und nichts muss verstanden sein. Da ist Frieden. Da ist Einvernehmen mit allem, was ist.

Das alte Wort Kon-templation spricht von einem Tempel. Aber mit diesem Wort meinten die Menschen der alten Welt vor dreitausend und mehr Jahren nicht das Bauwerk, das in der Mitte einer Stadt und auf einer Erhöhung steht, sondern einen bestimmten, ausgemessenen Bezirk am Sternenhimmel. In ihm sahen die Priester vorgezeichnet, was auf der Erde geschehen werde. Sie gewannen, indem sie die Sterne, vor allem die Bewegung der Planeten beobachteten, Einblick in eine umfassende Ordnung und das Maß für das gebotene, angemessene Verhalten der Menschen auf dieser Erde. Und nun grenzten sie auf der Erde einen bestimmten heiligen Bezirk ab, der die himmlische Ordnung spiegelte, und bauten das himmlische Vorbild als ihren Tempel in diesen abgegrenzten Bezirk. Diese Doppelheit des Wortes Tempel deutet sich noch in dem Psalmwort an:

»Gott ist in seinem heiligen Tempel.
Sein Thron ist im Himmel(!)«
Psalm 11,4

Der »heilige Tempel Gottes« also ist nicht auf der Erde zu denken, sondern in der unzugänglichen Ferne, die »Himmel« heißt.

Als Mose von Gott den Auftrag bekam, ein heiliges Zelt für das in der Wüste wandernde Volk zu gestalten, da wurde ihm bei seiner Begegnung mit Gott auf dem Berg in einer Vision ein Modell gezeigt, dem er es nachzubauen habe. Und es wurde ihm gesagt: »Sieh zu, dass du alles machst nach dem Muster, das dir auf dem Berg gezeigt wurde!« (2. Mose 25,40)

Dem liegt eine uralte Weisheit zugrunde. Diese fand ihren knappsten Ausdruck in dem hermetischen Spruch: »Wie oben – so unten«. Das Obere und das Untere, so sagt er, sind dicht miteinander verwoben. Das Eine, das wir auf dieser Erde sehen und erfahren, und das Andere, das unser Dasein von oben her bestimmt, stehen in Verbindung. Von dem aus, was auf unserer Erde geschieht, können wir auf die göttliche Welt und ihre Gesetze schließen, und von dem aus, was sich am Himmel bewegt, können wir die Ordnungen auf der Erde gestalten. Das Obere ist das Maß, das Untere ist seine Spiegelung. Denken wir von unten nach oben, so gewinnen wir Einsicht. Denken wir von oben nach unten, so gewinnen wir die Richtlinien für unser Handeln. Denn auf allen Ebenen der Wirklichkeit gilt dasselbe Gesetz. Es zeigt sich im Gegensatz von Gleichheit und Unterschied, aber alles hat seine Entsprechung. Die Welt spaltet sich nicht in eine gute und eine böse, eine lichte obere und eine finstere untere, sie ist eins in allen ihren Schichten.

Das Werk des Menschen also muss die Wirklichkeit Gottes spiegeln, auf welche Weise immer, auf die frühe magische, die spätere mythische, die noch spätere rationale, und vor allem auf die in unserer Zeit neu erwachende transrationale Weise. Und wir bringen in dieses Spiel der Spiegelungen jede einzelne unserer Erfahrungen ein.

Wenn wir von Kontemplation reden, dann meinen wir, wir machten uns bereit, das Ganze zu schauen, Gott, das Universum und uns Menschen in ihrer dichten Verbindung. Wir meinen, es gebe ein großes Einvernehmen zwischen Gott und den Menschen, zwischen Gott und den Mächten des Schicksals, zwischen Gott und der Welt. Und wir machen uns bereit für die Erfahrung, dass im Grunde alles gut sei. Wenn wir das Ganze schauen, wissen wir es. Es ist die eigentliche Erfahrung der Gnade.

Als die Kraft des Zusammenhangs zwischen Oben und Unten stellt uns das Evangelium das Bild vom strömenden Gottesgeist vor Augen. Der Geist Gottes bricht von »oben« her in den menschlichen Geist ein, in die Menschengemeinschaft, in die Menschengeschichte auf dieser Erde. Der menschliche Geist aber ordnet sich nach der Maßgabe des Geistes Gottes. Die Übung der Kontemplation hat ihren Sinn darin, das Herz des Menschen zu ordnen nach dem, was ihm vom Herzen Gottes gezeigt wird.

Gott ist der Eine. Der einzig Wirkliche. Ich bin ihm zugehörig. Die Welt und ich sind eins in dem einen Gott. Ich vergesse mich und bin in Gott. Dort verweile ich. Und aus diesem ruhigen und friedvollen Verweilen in Gott erwächst, was wir »Spiritualität« nennen, ein Dasein, das von diesem Frieden in Gott geprägt und gestaltet ist. Und dort, in solcher Offenheit, wächst die Fähigkeit, etwas Fremdes, das ich zugleich selbst bin, zu erfahren.

75   Was wir an Erfahrung gewinnen, geben wir weiter im konkreten Tun

Sind wir damit am Ziel des mystischen Weges? Nein, das ist genau nur die erste Hälfte. Die zweite Hälfte beginnt damit, dass wir, was wir gedacht und empfunden und erfahren haben, in aller Stille zurücklassen und uns auf den Weg machen überall dorthin, wo unser Wort, wo unser Eingreifen, wo unser tatkräftiges Handeln nötig sind. Denn der erleuchtete Mensch beleuchtet nicht sich selbst. Der veränderte Mensch bleibt mit all dem, was an ihm verändert worden ist, nicht in seinem veränderten Innern. Wer die Liebe Gottes erfahren hat, wird fähig sein, zu lieben, und wird es tun. Wer von Gott berührt ist, lässt sich von allem anrühren, was um ihn her oder irgendwo in der Welt geschieht.

Der christliche Glaube führt auf keine Weise in die Resignation. Er führt nach innen, aber er kommt dort nicht zum Stillstand. Er bricht nach außen durch und wird zu einer gestaltenden Kraft.

Geistliches Leben im Sinn der Mystik ist Entrückung in eine andere Welt. Aber sie ist zugleich konkrete Weisung an einen bestimmten Auftrag. Mystik ist Warten und Empfangen, und sie ist eine ungeheure sozialrevolutionäre Kraft. Mystik ist Kritik jedes organisierten und zugleich die Lebenskraft jedes wirklichen Christentums. Was geistlich sich in uns wandelt, wird zur wandelnden Kraft in der Welt, in der wir leben.

Die Mystiker sagen: Vergiss, was du selbst leidest. Steh auf und steh denen bei, die zu leiden haben. Tritt denen entgegen, die die Verhältnisse so bestimmen, dass sie Leiden erzeugen. Widerstehe der Gleichgültigkeit und Phantasielosigkeit derer, die alles so weiterlaufen lassen möchten, wie es läuft. Du bist niemandem Gehorsam und Ehrerbietung schuldig als Gott allein.

09.12.2018
2. Advent.

Was für Weisungen gibt uns denn Jesus für unser Tun? Er gibt im Grunde nur zwei. Die eine sagt: Mach dich weiter, als du bist. Geh immer weiter nach draußen. Liebe dich selbst. Ja. Liebe den Menschen neben dir. Aber nun weite dich: Liebe den Fremden. Liebe den Gegner. Den Feind, bis es niemanden mehr gibt, den du nicht lieben kannst.

Die andere Weisung sagt: Steige ab. Verzichte auf deine eigene Bedeutung, deinen eigenen Rang, das eigene Recht, die eigene Macht, die eigene Würde, den eigenen Erfolg. Setze dich auf den letzten Platz. Die Alten sprachen davon, es gehe um die »conformitas viae« – um die Ähnlichkeit unseres Weges mit dem Weg Jesu Christi. Auf diesem Weg hat Augustinus die Regel gewonnen: Liebe, und tu, was du willst. Du bist frei. Ich möchte dieses Wort, wie schon gesagt, ergänzen: Steige ab, bis du auf Augenhöhe bist mit dem, der deiner Liebe bedarf. Dann liebe. Und dann tu, was du willst. Nichts grenzt deine Freiheit ein. Es ist der Weg, auf dem menschliche Probleme und Konflikte lösbar werden.

Der Mensch, der durch die Schule der Mystik gegangen ist, wird der wandelbare Mensch sein. Der achtsame, der wahrnimmt, was geschieht. Der gütige, der sich allem zuwendet. Und der gelassene, der weiß, dass auch sein noch so energisches Tun nicht das Heil bringt, dass das Heil aber von dem kommt, der ihn, den Menschen, in seinem Innersten verwandelt hat.

Kräfte sind uns zugedacht. Und wir, die Wartenden, sagen: Ich nehme diese Kräfte in Anspruch. Sie sind da. Geist von Gott ist uns zugesagt. Also ist es nicht unbescheiden, zu vertrauen, dass er uns gegeben ist. Gedanken Gottes zu denken ist uns erlaubt. Also denken wir seine Gedanken mit.

Ich kann sagen: Es steht einer zu mir. Der bejaht mich. Ich kann also zu mir selbst stehen. Ich kann mich annehmen. Ich lege meine Unsicherheit ab. Ich atme auf und lebe.

Ich bin gehalten. Mir geschieht nur, was Gott will. Ich kann also Mut fassen. Ich brauche mich nicht zu fürchten, und ich kann auch anderen Mut machen zu ihrem Leben.

Ich werde heil und ganz sein. Was ich in mir an Rissen und Brüchen kenne, soll geheilt werden. »Steh auf!«, sagt mir Jesus. Ich lasse mir also meine Last abnehmen und richte mich auf.

Ich weiß dann: Ich kann vertrauen und meinen Weg sorglos und gelassen gehen. Ich lasse los, was mich bindet und zu Boden drücken will. Gott will mich leicht und fröhlich.

Ich bin ein freier Mensch. Niemand steht über mir außer Gott. Ich kann für meine Überzeugung gegen jeden Trend und gegen jede Macht stehen. Wenn meine Situation es erfordert, bin ich bereit, meine Freiheit abzugeben, ohne mich zu wehren.

Ich bin nicht allein. Ich bin zuhause bei Gott und bei den Menschen. Am Tisch ist ein Platz frei. Das Haus ist offen. Ich stelle mich zu denen, die mit mir zusammen das Haus dieser Erde bewohnen, zu ihrem Leid und ihrer Einsamkeit.

Mir ist ein Auftrag gegeben: Ich soll in der Liebe Gottes leben und sie für andere spürbar machen. Ich bin ein Saatkorn für das Reich Gottes und für seine Gerechtigkeit. Das ist der Sinn meines Lebens.

Ich sehe ein Ziel vor mir. Ich bin gerufen, und ich werde meinen Weg gehen in die größere Welt. Der Tod kann mir nichts anhaben. Christus lebt, und ich werde leben und glücklich sein.

Ich kann nur sagen: Ich muss mich nicht mit Mühe und Anstrengung selbst herstellen. Wer ich bin und was ich werden kann, das gibt mir die Liebe Gottes. Ich brauche nicht auf meine Leistung zu bauen. Ich scheitere nicht an meinem Versagen. Mich hält eine gütige Hand fest, unabhängig von dem, was ich zustande bringe.

Dies beides, zu hören, was das Evangelium mir sagt, und auf meine eigenen Erfahrungen zu achten, ist der Anfang eines lohnenden, eines aussichtsreichen Tuns.

In der Kontemplation kommt die Zeit zur Ruhe. Der Glaube geht in ein Schauen über. Das Strömen der Zeit geht über in die Stille. Und diese ist der Raum des eigentlichen Erfahrens. Zeitstille ist die Fülle der Zeit. Die Erfüllung dessen, was im Flüchten der Zeit gemeint war.

Wenn ich eine alte Kirche besuche, etwa eine der französischen Kathedralen, so ist mein Ziel mehr als der riesige Raum stets die Krypta, die unter dem Kirchenraum und älter als er ist. Manchmal hat sie die Gestalt eines schmalen Ganges unter einer niedrigen Decke, der auf ein kleines Fenster hin angelegt ist, zwischen rohen Säulen. Sie ist oft auch ein kreisrunder Raum in Dämmer oder Dunkelheit, dessen Säulen in einem Kreis um seine Mitte herum gebaut sind. Die Säulen stehen, als wären sie feiernde Menschen, die unter dem rohen runden Gewölbe versammelt sind. Ich trete in ihren Kreis. Ich werde eine von ihnen. Ich stehe. Schweigend und horchend. Ich empfinde nicht, dass ich gekommen bin und dass ich in Kürze wieder gehen werde, sondern dass ich bin. Ja. Ich bin hier. Hier ist mein Ort. Die Stille des Raums geht in mich über. Der Raum ist. Nichts geschieht. Und ich gehe auf in der spürbaren Gegenwart Gottes. Seit tausend Jahren steht dieser Raum. Er sammelt eine ungeheure Unendlichkeit in seiner Runde und wirft sie von dem Kranz der Säulen hinauf in das runde Gewölbe. Kontemplation, Ruhen in einem Raum, der der Ewigkeit Gottes nachgebaut ist, ist Einübung in die Stille der Zeit. Denn Ewigkeit ist nicht unendliche Zeit, sondern Zeitstille. Sie ist Aufhören. Zur Ruhe kommen. Sein.

Im vergangenen Jahr fuhren meine Frau und ich miteinander auf einem Reiseschiff die Donau hinunter bis nach Budapest. Was uns dabei neben viel Schönem, neben Städten, Dörfern, Ufern, Burgen und Bergwäldern berührt und bewegt hat, war das sanfte, fast lautlose und gleichmäßig ruhige Gleiten zwischen den Ufern. Wir saßen oder standen stundenlang mit dem Blick auf das Wasser oder die Uferauen, die sich vor unseren Augen vorbeibewegten. Und manchmal war uns, als stünden wir still und die Ufer zögen an uns vorbei. Was bewegt sich überhaupt in unserem Leben? Und was steht fest? Das Land, das Wasser oder wir selbst?

Es war eine Art von Urerfahrung dessen, was wir die »Zeit« nennen. So gleitet sie, so gleichmäßig, so ohne Pause, so unveränderlich. Und manchmal kommt ein besonderes Bild, eine besondere Kirche, ein Schloss auf einem Berg oder ein weiter Ausblick, so, wie alle Jahre ein Geburtstag kommt oder ein Weihnachtsfest oder ein Neujahr. Und mit ihm immer deutlicher das Wissen, dass alles seine Zeit hat. Irgendwann und irgendwo wird das Schiff anlegen. Das große Fließen wird zur Ruhe kommen. Wir werden aussteigen und auf festen Grund treten. Andere Schiffe werden an uns vorbeigleiten und wir werden alles von einer anderen Seite aus sehen, vom festen Ufer auf den bewegten Strom hin. Und es wird alles auch wieder gut sein. Die Zeit wird sich in Zeitstille wandeln, in die Zeitstille, die wir Ewigkeit nennen.

Wenn man, wie sie und ich, 83 und 86 Jahre alt ist, ist der Zeitpunkt nicht fern, an dem es gilt, an das Land zu treten, besser: an Land geleitet zu werden von einer Hand, die unser Vertrauen hat. Und wir werden wieder die Augen auftun und aus einer ganz anderen Perspektive heraus sehen, wie groß und weit Gottes Welt ist.

Wir erreichen damit das Ziel, das wir uns mit dem Vorsatz gesteckt haben, den Sinn der religiösen Erfahrung aufzuzeigen. Denn diese letzte Gotteserfahrung ist die, dass uns im Zuge unserer Meditation zuwächst, was das Evangelium zeigt: Befreiung, Entlastung, Heilung, Ermutigung, Befähigung. Und vor allem ein Auftrag: nämlich im Namen Gottes zu leben, ihn repräsentierend. Es ist die Erfahrung, dass unsere Gestalt ihn spiegelt, dass unser Herz voll ist von Gott, und damit voll von dem, was größer ist und wichtiger als wir selbst.

Wer betet, wird in seinen konzentriertesten Stunden erfahren: Je wahrer und je tiefer unsere Gebete werden, desto stiller werden sie sein. Wir werden immer weniger reden. Immer weniger dringt aus dem Lärm, der in uns ist, in das Gebet ein, bis es endlich nur noch erwartende Stille ist. Und in dieser Stille wird der Geist Gottes, wie Paulus sagt, das Gebet in uns sprechen.

Bernhard von Clairvaux sagt:

»Die Ruhe Gottes macht alles ruhig.
Und wer sich in Gottes Ruhe hinablässt, ruht.«

Wenn ich danach zurückkehre in meine laute Welt, werde ich die Süßigkeit eines Vogellautes stärker empfinden, als mich irgendein Lärm noch zu irritieren vermag. Ich werde den Frieden, die Erfahrung des stillen Gottes mit mir nehmen.

Meister Eckart sagt:

»Dass ein Mensch ein ruhiges
und nachdenkliches Leben in Gott hat,
das ist gut;
dass der Mensch ein
mühevolles Leben mit Gott erträgt,
das ist besser;
aber dass man Ruhe habe mitten im mühevollen Leben,
das ist das allerbeste.
Ein Mensch gehe übers Feld
und spreche sein Gebet und erkenne Gott,
oder er sei in der Kirche und erkenne Gott.
Denn Gott ist gleicherweise
in allen Dingen und an allen Stätten …«

Wenn ich den Wind höre, der durch diese Zeit geht, so redet er ähnlich. Es geschieht eine Wandlung mit den Seelen der Menschen. Der wehende Geist ist spürbar. Er will uns berühren. Es ist nur eine Frage unserer Achtsamkeit.

Wie soll ich dieses Buch schließen? Vielleicht so, dass ich einer Bäuerin aus der Bretagne das letzte Wort lasse. Es ist Armelle Nikolas, die von 1606 bis 1671 in der Nähe von Vannes gelebt hat. Ihr Buch »Die Schule der reinen Liebe Gottes« trägt den Untertitel: »Den Gelehrten und Ungelehrten eröffnet in dem Wunderleben einer armen, unwissenden Weibsperson, die von Geburt eine Bäuerin und dem Stand nach eine Dienstmagd gewesen.« Veröffentlicht in Augsburg 1736.

»All mein Gut ist Gott allein.
Wie er in mir ruht, so ruhe ich in ihm.
Ich bin ganz in ihn eingeschlossen
und bin nicht mehr ich selbst.
Seine Liebe ist meine Liebe,
sein Reichtum mein Reichtum.
Sein Friede ist meine Ruhe,
seine Wege sind meine Lust.
Nichts könnte ich mehr erbitten,
denn alles ist mir geschenkt.
Ich muss nicht fürchten, es zu verlieren,
denn es gehört ihm allein,
der meine Liebe ist und mein Alles.
Gott ist alles. Ich bin nicht mehr.
Ich bin zurückgekehrt in meinen Ursprung.
Er allein lebt in mir,
ich aber bin nicht mehr in mir selbst, sondern in ihm.«

Dann geh in die Ruhe und lass dich finden.

Personenverzeichnis

Quellennachweis

Die hier wiedergegebenen Zitate gehen auf eine lange Jahre währende Suche zurück. Trotz intensiven Nachforschens war es nicht in allen Fällen möglich, die genaue Quelle bzw. die Rechteinhaber ausfindig zu machen. Das nachfolgende Verzeichnis ist also nicht lückenlos. Für Hinweise sind wir dankbar. Rechtsansprüche bleiben gewahrt.

Den Autorinnen, Autoren und Verlagen, die bei der Suche nach den Quellen wertvolle Hilfe leisteten, sei an dieser Stelle für die freundlicherweise erteilte Abdruckerlaubnis gedankt.

Al Ghasali, Achmed 292–294
Al Halladsch, Husein ibn Mansur 23, 26f.
Weisheit des Islam,
ausgew. u. übers. v. Annemarie Schimmel,
Philipp Reclam jr. Verlag: Stuttgart 1994
Al Iskandari, ibn Ata Allah 317
Arjun 267f.
Arndt, Johann 239
[Vier Bücher Von wahrem Christentumb, Heilsamer
Busse, Hertzlicher Rewe unnd Leid uber die Sünde
und wahrem Glauben], hrsg. v. Johann Anselm Steiger
[u. a.], Nachdruck der Ausgabe Magdeburg 1610,
Olms Verlag: Hildesheim/Zürich/New York 2007

Bateson, Gregory 58
Benz, Ernst 219, 262f.
Die Vision. Erfahrungsformen und Bilderwelt,
Klett Verlag: Stuttgart 1969
Bernhard von Clairvaux 162, 217, 351
Sämtliche Werke, lat.-dt., Bd. I–X,
hrsg. v. Gerhard B. Winkler,
Tyrolia-Verlag: Innsbruck 1990–1999